高等院校商学研究生系列教材
Business Postgraduate Textbook Series

国家社会科学基金一般项目"2020年前我国经济发展与关联减排目标的关系研究"
(项目编号:10BJY012)研究成果

中国低碳发展研究

Study on low-carbon economic development in China

李忠民 主　编
姚宇　王保忠 副主编

中国财经出版传媒集团
经济科学出版社
Economic Science Press

图书在版编目（CIP）数据

中国低碳发展研究/李忠民主编. -- 北京：经济科学出版社，2017.6

高等院校商学研究生系列教材

ISBN 978-7-5141-8195-1

Ⅰ.①中… Ⅱ.①李… Ⅲ.①中国经济－低碳经济－研究生－教材 Ⅳ.①F124.5

中国版本图书馆CIP数据核字（2017）第162180号

责任编辑：范　莹
责任校对：隗立娜
责任印制：李　鹏

中国低碳发展研究

李忠民　主　编

姚　宇　王保忠　副主编

经济科学出版社出版、发行　新华书店经销

社址：北京市海淀区阜成路甲28号　邮编：100142

总编部电话：010-88191217　发行部电话：010-88191522

网址：www.esp.com.cn

电子邮箱：esp@esp.com.cn

天猫网店：经济科学出版社旗舰店

网址：http://jjkxcbs.tmall.com

北京季蜂印刷有限公司印装

710×1000　16开　18.75印张　300000字

2017年8月第1版　2017年8月第1次印刷

ISBN 978-7-5141-8195-1　定价：50.00元

（图书出现印装问题，本社负责调换。电话：010-88191510）

（版权所有　侵权必究　举报电话：010-88191586

电子邮箱：dbts@esp.com.cn）

前　言

全球暖化（global worming）目前已成为世界各国共同关注的环境问题，低碳经济的出现是应对全球气候变化的结果。人们预计，经济的低碳化发展将会成为21世纪人类经济发展的模式。"中国将争取到2020年单位国内生产总值二氧化碳排放比2005年有显著下降"，既是中国作为一个负责人大国的庄严承诺，也是中国应对气候变化的正确选择——走低碳经济发展之路。所谓低碳经济发展就是要发展低碳产业、低碳技术、低碳城市、低碳生活等这一类经济形态的总称，它是以低能耗、低排放、低污染为基础的经济发展模式，其实质是石化能源尤其是替代能源和可再生能源等清洁能源的高效开发利用，追求绿色GDP，促进产品和服务的低碳开发，维持全球的生态平衡，实现以更少的能源消耗和温室气体排放支持经济、社会和环境的协调统一。

我们把发展定义为可选择性增多的过程，可在三维空间中系统演化，其中，三维空间分别是发展的时间维、空间维与逻辑维。时间维是经济发展的生产方式变化过程，以工业化来表征，经历工业化——信息化（知识化）——生态化三个阶段；空间维是经济发展的社会变迁过程，以城市化来表征，经历社会化——城镇化——国际化三个阶段；逻辑维是经济发展的内在逻辑变化过程，以市场化来表征，经历商品化——市场化——金融化（资本化）三个阶段。经济发展的"商品化、市场化、资本化、工业化、信息化（知识化）、生态化、社会化、城市化与国际化"成了100多年来中国经济发展的最强音符。在这里，对发展的一个基本的要求，就是要实现经济社会的生态化发展，坚持用生态生产生态（产品和服务）的方式，建设生态文明，走绿色发展的路子。

2010年开始，我们先后承担了国家社科基金项目、陕西省软课题等项目，重点研究探讨低碳经济的中国含义、发展思路、途径、模式和实践。本书就是对国家社科基金一般项目"2020年前我国经济发展与实现减排目标的关系研究"（项目编号：10BJY012）等相关研究成果的总结。全书包括上下两篇，上篇着重在理论上探讨中国低碳经济发展的目标、模式与路径。明确低碳经济中国含义是同时实现经济发展和碳排放下降两个方向的目标。阐明中国减排目标，以及经济发展和实现减排目标的机制，寻找两者之间的结合点，以期达到经济发展所要求的均衡性。探讨中国当前是否处于经济发展和碳排放减少的分离过程，如何评价这种分离过程。按照当前经济发展态势，中国到2020年是否存在减排缺口，指出实现中国2020年减排目标战略，找到实现中国经济发展和减排目标的最佳战略路径，推进中国2020年减排目标的实现和更加长远的中国含义低碳经济发展的实现。

下篇强调实践，具体是对陕西低碳经济发展的分析和政策设计。陕西省地处中国东西结合部，具有承东启西的作用，是西部大开发的桥头堡、丝绸之路经济带的新起点、内陆型改革开放新高地和全国重要创新型省份，具有丰富的自然资源、能源资源、科教资源、文化资源和生物多样性资源，正处于工业化和城镇化的关键时期，是中国资源工业化的代表性省份。陕西如何走低碳经济发展的路子，对中国其他地区具有一定的借鉴意义和参考价值。本书研究分析了陕西低碳经济发展现状，指出了影响陕西碳排放的各种因素，提出了在陕西要大力发展低碳能源、低碳交通、低碳产业、低碳农业、低碳建筑业、低碳消费等思路。分析了建设低碳城市的可能性和路径，提出了颁布低碳城市建设的指导意见，将低碳城市的建设系统化、制度化，将低碳城市建纳入国家战略规划；加强城市空间布局结构调整，发展建筑节能和综合交通体系；加大城市绿化水平，增加碳汇；建议把关中—天水经济区建设成低碳发展典范区域；率先在全国建设陕西碳交易区域市场；探索低碳经济发展的金融支持体系和技术标准，建立陕西低碳经济发展的政策体系等。

目 录

上 篇
中国低碳发展：目标、模式与路径研究

第一章 绪论 ……………………………………………… 3
  一、研究背景 ……………………………………………… 3
  二、研究意义 ……………………………………………… 11

第二章 问题提出 ………………………………………… 19
  一、低碳经济的第一重含义和产业低碳化研究综述…… 19
  二、低碳经济的第二重含义和消费低碳化研究综述…… 21
  三、低碳经济的第三重含义和低碳约束下的
     国际竞争研究 …………………………………… 22
  四、低碳经济三重含义的综合和区域
     低碳化研究综述 ………………………………… 24
  五、中国发展低碳经济的战略选择和
     进一步研究重点 ………………………………… 26

第三章 中国2020年减排目标战略与路径研究 ………… 27
　　一、中国碳排放与经济发展脱钩测度研究………… 27
　　二、基于弹性脱钩的中国2020年减排
　　　　目标缺口分析………………………………… 39
　　三、中国实现2020年减排目标的战略路径研究 ……… 50

第四章 中国区域低碳发展研究…………………………… 62
　　一、华东地区碳排放与经济发展研究报告………… 62
　　二、华中地区碳排放与经济发展研究报告………… 71
　　三、西南地区碳排放与经济发展研究报告………… 81
　　四、西北地区碳排放与经济发展研究……………… 93
　　五、东北地区碳排放与经济发展研究报告………… 103
　　六、华北地区碳排放与经济增长脱钩分析………… 111
　　七、华南地区碳排放与经济发展研究……………… 124

下 篇

中国低碳发展案例研究：陕西低碳经济发展的路径与政策设计

第五章 陕西低碳经济发展的现状及影响因素分析……… 133
　　一、陕西低碳经济发展的现状……………………… 133
　　二、陕西能源消费影响因素综述…………………… 138
　　三、陕西碳排放影响因素综述……………………… 148
　　四、影响因素综述…………………………………… 154

第六章　陕西产业碳排放发展……………………………… 156
　一、产业发展现状……………………………………… 156
　二、产业比较…………………………………………… 164
　三、产业排列…………………………………………… 166
　四、各产业内部碳排放影响力分析…………………… 168
　五、产业间碳排放影响力分析………………………… 175
　六、结论………………………………………………… 179

第七章　陕西能源低碳化路径与潜力分析…………………… 181
　一、陕西低碳能源发展现状与资源基础……………… 182
　二、陕西低碳能源发展情景与规模预测……………… 186
　三、不同情境下陕西低碳能源发展潜力评估………… 190

第八章　陕西行业低碳化路径与潜力分析…………………… 193
　一、陕西交通业低碳化研究…………………………… 193
　二、陕西建筑业低碳化研究…………………………… 200

第九章　陕西消费低碳化路径与潜力分析…………………… 208
　一、低碳消费概念及其构成…………………………… 208
　二、陕西低碳消费现状以及区域比较………………… 210
　三、消费低碳化的主要途径…………………………… 212
　四、低碳消费的预测与减排潜力分析………………… 216

第十章　陕西城市低碳化路径与潜力分析…………………… 219
　一、低碳城市的概念…………………………………… 219
　二、陕西低碳城市发展状况…………………………… 221
　三、低碳城市建设的路径选择………………………… 226

四、陕西低碳城市发展的政策建议……………………………230

第十一章　陕西低碳经济发展的政策设计和前景展望……233
　　一、低碳经济发展的政策体系……………………………………233
　　二、陕西低碳经济发展的政策设计………………………………236
　　三、陕西低碳经济发展的配套支持体系…………………………254
　　四、陕西低碳经济发展的趋势和前景展望………………………261

参考文献…………………………………………………………274

后　　记…………………………………………………………289

上篇

中国低碳发展：
目标、模式与路径研究

第一章

绪 论

一、研究背景

(一)碳排放、全球暖化和对人类的影响

根据联合国政府间气候变化专门委员会第四次评估报告(以下简称"IPCC")[①],全球暖化已是不争的事实,IPCC的观测数据表明:近百年全球地表平均温度上升了0.74℃,最近50年的升温速率几乎是过去100年的两倍,最近10年是有记录以来最热的10年。同时,IPCC基本认定最近50年的气候变暖是由于工业革命以来人类化石燃料和毁林等活动引起的。IPCC同时对全球气候未来进行了预测:如不采取进一步的温室气体减排措施,21世纪全球气候仍将持续变暖。预测结果表明:到21世纪末全球地表平均温度相对于20世纪后20年大约升高1.1℃~6.4℃,其中以陆地和北半球高纬地区的增暖最为显著;到2100年,全球海平面将上升0.2~0.6米,大部分多年冻土的融化深度增加,北极海冰融化明显。

全球暖化导致极端气候事件趋强趋多,IPCC认为:未来全球气候的持续变暖,将直接导致某些极端气候事件增多增强,影响范围扩大。高温、热浪和强降水事件的发生频率很可能会持续上升,百年一遇洪水的发生频率可能变为50年一遇甚至更短,而在大部分地区、可能会发生从

---

① IPCC. Summary for Policymakers of climate change 2007: mitigation contribution of working group III to the fourth assessment report of the intergovern mental panel on climate change. London: Cambridge University Press, 2007.

未发生过的极端事件。全球暖化将对生态系统和人类社会造成重大影响，未来全球气候持续变暖造成的影响主要包括：一是水资源时空分布失衡的矛盾更加突出，部分地区旱者愈旱、涝者愈涝，将可能影响世界上1/6以上的人口可用水量；二是全球生态系统将可能遭到难以恢复的影响，生物多样性等会受到严重的不利影响，目前所评估到物种的20%可能会灭绝；三是农业和林业生产自然风险加大，大范围严重饥荒的可能性增大，大多数发展中国家将更加依赖粮食进口；四是直接影响到沿海低洼地区的生存和发展；五是疟疾和登革热等低纬度常见流行病，发生范围向更高纬度地区扩展，并将波及世界40%的人口。

全球气候持续变暖，将使人类社会的经济发展的脆弱性增大，实现可持续发展需要付出更大代价。据IPCC估算，如果全球平均温度比1990年升高不足1℃~3℃，气候变化的影响利弊并存，但在低纬度和极地地区，即使温度有小幅升高，也会遭受净损失。如果温度升高超过2℃~3℃，全球所有区域都将以遭受不利影响为主，特别是发展中国家将承受大部分损失；如果全球升温达到4℃，全球平均损失可达GDP的1%~5%。英国发布《气候变化的经济学：斯特恩报告》对全球变暖的经济影响也做了定量评估[1]，其中提到，气候变化的经济代价堪比一场世界大战的经济损失。应对这场挑战，目前在技术上是可行的，在经济负担上也是比较合理的，行动越及时，花费越少，如果现在全球以每年GDP的1%投入，即可避免将来每年GDP5%~10%的损失。

（二）低碳经济的提出和发展

1896年，瑞典科学家斯凡特·阿列纽斯提出由于人类使用化石燃料，向大气排放二氧化碳，使地球温度不断升高。首次将人类活动与大气温度联系在一起，并引发了百年之后的今天的一场浩大的低碳经济革命。

1968年，罗马俱乐部成立；1972年，发表俱乐部的第一份报告——《增长的极限》[2]，由于人口增长、粮食生产、工业发展、资源消耗和环境

---

[1] Stern N. The Economics of Climate Change: The Stern Review [M]. Cambridge, UK: Cambridge University Press, 2006.

[2] 丹尼斯·米都斯等著. 李宝恒译. 增长的极限 [M]. 长春：吉林人民出版社，1997.

污染五项基本因素的运行方式是指数增长而非线性增长,全球的增长将会因为粮食短缺和环境破坏而在21世纪某时间达到极限。

1980年,世界自然保护联盟在《世界自然保护战略》中首次明确提出可持续发展概念;1981年,布朗出版《建设一个可持续发展的社会》;1987年,以挪威首相布伦特兰夫人为主席的世界环境与发展委员会向联合国提交了一份《我们共同的未来》[①]的文件,系统阐述了人类面临的一系列重大经济社会和环境问题,并提出可持续发展的定义,即"既满足当代人的需要,又不对后代人满足其需要的能力构成危害的发展"。

1988年,政府间气候变化专门委员会(IPCC)成立,主要负责收集、整理和汇总世界各国在气候变化领域的研究工作与成果,提出科学评价和政策建议。1990年,IPCC第一次科学评估报告发表,认为持续的人为温室气体排放在大气中累积将导致气候变化,变化的速率和大小很可能对社会经济和自然系统产生重要影响。

1992年6月在巴黎里约热内卢召开了联合国环境与发展会议,153个国家和欧共体签署了《联合国气候变化公约》,明确了"共同但有区别责任"的原则,为了实现人类的可持续发展,要彻底改变工业革命以来的那种"高生产、高消费、高污染"的传统模式,以应对全球气候变暖给人类经济和社会带来的不利影响,建立人与自然和谐发展新观念。

1995年,IPCC第二次科学评估报告发表,证实第一次评估报告的结论,并进一步指出人类活动对全球气候变化具有可辨识的影响。

1996年7月,在瑞士召开第二次缔约方大会,通过了《日内瓦宣言》,赞同IPCC第二次评估报告的结论,呼吁附件一缔约方制定具有法律约束力的目标和做出实质性的排放量削减。

1997年12月,第三次缔约方大会在日本京都召开,通过《联合国气候变化框架公约的京都议定书》(Kyoto Protocol To The United Nations Framework Convention On Climate Change)[②],简称《京都议定书》,这是人类历史上首次以法规的形式规定限制温室气体的排放。议定书规定从2008~2012年期间,主要工业发达国家的温室气体排放量要在1990年的

---

① 世界环境与发展委员会.王之佳,柯金良译.我们共同的未来[M].长春:吉林人民出版社,1997.

② 陈刚.京都议定书与国际气候合作[M].北京:新华出版社,2008:153-155.

基础上平均减少5.2%。

1998年12月，第四次缔约方大会在日本京都召开，通过了《布宜诺斯艾利斯行动计划》，决定于2000年第六次缔约方会议就京都机制问题作出决定。

1999年10月，第五次缔约方大会在日本京都召开，就《京都议定书》生效细则继续磋商，但没有取得实质性进展。

2001年，第六次缔约方大会续会，达成《波恩政治协议》，挽救了京都议定书。

2001年，IPCC第三次科学评估报告，进一步证实气候变化不可避免，并检验了气候变化与可持续发展之间的联系。

2001年10月，第七次缔约方大会在马拉喀什召开，通过《马拉喀什协定》，完成《京都议定书》生效的准备工作，但《京都议定书》的环境效益打了折扣。

2002年10月，第八次缔约方大会在德里召开，通过《德里宣言》，明确提出在可持续发展框架下应对气候变化。

2003年2月24日，英国颁布了能源白皮书《我们能源的未来——创建低碳经济》[1]，是世界上最早提出"低碳经济"的国家。

2003年12月，第九次缔约方大会召开，解决《京都议定书》中操作和技术层面的问题，制定气候变化专项基金的操作规则，以及如何运用IPCC第三次评估报告作为新一轮气候变化谈判的科学依据等。

2004年12月，第十次缔约方大会召开，继续展开减缓全球变暖非正式会议的决议。

2005年2月16日，京都议定书正式生效，后京都谈判将在2005年底前开始。

2005年11月，第十一次缔约方大会召开，启动京都议定书新二阶段温室气体减排谈判，进一步推动和强化各国的共同行动，切实遏制全球变暖的势头。

2006年10月，英国发布《气候变化的经济学：斯特恩报告》[2]对全球

---

[1] UK Government. White Energy Paper, Our Energy Future: Creating a Low Carbon Economy [EB/OL] [2010-03-12] http://www.Berr·gov·uk/file10719·pdf.

[2] Stern N. The Economics of Climate Change: The Stern Review [M]. Cambridge, UK: Cambridge University Press, 2006.

变暖的经济影响做了定量评估。

2006年11月，第十二次缔约方大会在内罗毕召开，达成"内罗毕工作计划"等计划，帮助发展中国家提高应对气候变化的能力。

2007年11月17日，在西班牙瓦伦西亚IPCC会议上，通过IPCC第四次评估报告。报告指出根据全球地表温度的器测资料，最近一百年全球平均地表温度上升了0.74摄氏度。

2007年1月，在达沃斯世界经济论坛年会上，气候变化问题超过恐怖主义、阿以冲突、伊拉克问题成为压倒一切的首要问题。

2007年12月，第十三次缔约方大会在印度尼西亚巴厘岛召开，着重讨论"后京都"如何降低温室气体的排放。

2008年12月第十四次缔约方大会在哥本哈根召开，八国集团（即G8）领导人就温室气体的长期减排目标达成一致。声明八国寻求与《联合国气候变化框架公约》其他缔约国共同实现到2050年将全球温室气体排放量减少至少一半的长期目标。

2009年7月8日，G8峰会提出到2050年发达国家温室气体排放总量应在1990年或其后某一年的基础上减少80%以上，到2050年使全球温室气体排放量至少减少50%。为实现这个目标，全球经济必须转型到低碳经济。

2009年12月7~18日，第十五次缔约方大会在丹麦的哥本哈根召开，与会各国达成《哥本哈根协议》，维护了各国应对气候问题"共同但有区别的责任"原则，就发达国家实行强制减排和发展中国家采取自主减缓行动做出了安排，并就全球长期目标、资金、技术支持、透明度等焦点问题达成广泛共识，这是继《京都议定书》后又一具有划时代意义的全球气候协议书。

（三）低碳经济研究的中国背景

1. 全球暖化对中国的气候和自然生态的影响[①]

观测表明，中国气候变暖趋势与全球基本一致。中国近百年平均气温升高了1.1℃，略高于同期全球平均水平。最近50年中国北方地区增温最为明显，升温最高已达4℃，2007年是中国自1951年有系统气象观

---

① 该书课题组. 2050中国能源和碳排放报告［M］. 北京：科学出版社，2009.

测以来最暖的一年，年平均气温比常年偏高1.3℃，连续第11年高于常年值。预测表明，中国未来仍将呈现继续变暖的态势。据IPCC，中国气候变暖的总体趋势与全球一致。最新模拟结果显示：预计到2020年，中国年平均气温可能比20世纪后20年升高0.5℃~0.7℃；到21世纪末，可能升高2.2℃~4.2℃。如果21世纪末中国平均气温升高3℃左右，这意味着21世纪的增暖将可能超过近千年内的任何时期。

极端气候事件发生的频率和强度变化明显。在气候变暖背景下，近50年来中国极端气候事件的频率和强度产生了明显的变化。一是夏季高温热浪增多，特别是1998年以后，35℃以上的高温日数连续显著高于常年平均日数；二是局部地区干旱加剧，特别是华北地区最近20多年有8年发生干旱，是自1886年以来最严重的；三是强降水增多，20世纪50年代之后长江和淮河流域洪水灾害进入高发期，年平均直接经济损失高达1250多亿元。

气候变化已经对中国自然生态产生了不利的影响。目前已经观测到的明显的气候变化主要包括：20世纪50年代以来，中国沿海海平面每年上升1.4~3.2毫米，渤海和黄海北部冰川等级下降，西北冰川面积减少了21%，西藏冻土最大减薄了4~5米，冰川和积雪的退缩导致绿洲生态受到威胁，某些高原内陆湖泊水面升高，青海和甘南牧区产草量下降；20世纪80年代以来，春季物候期提前了2~4天，亚热带温带北界北移，北方干旱受灾面积扩大，南方洪涝加重；近年来，由于海水温度升高导致近海生态系统退化，海南和广西海域已发现珊瑚白化和死亡现象。

气候继续变化将威胁到中国的生态系统与经济安全。据研究，如果中国未来的气候持续变化，将严重威胁中国的粮食安全和生态安全，直接危害中国沿海地区经济安全和人民生命安全。一是气候变化可能导致农业产量波动幅度增大，农业布局和结构发生变化，如不采取相应措施，到2030年中国种植业生产能力可能会下降5%~10%。二是生态系统的脆弱性大大增加，对物种多样性造成威胁，对三峡水库、青藏铁路、南水北调等重大工程的安全构成威胁，尤其是青藏高原生态系统一旦遭到破坏几乎不可恢复。三是对沿海地区的社会经济发展和人民生命财产安全造成直接冲击。未来中国沿海海平面上升趋势还将进一步加剧，直接威胁到中国沿海地区的生存环境和发展条件。因此，中国发展低碳经济是自然环境对我们提出的迫切要求，必须积极予以应对。

2. 能源危机对中国经济发展的影响

能源禀赋约束已日益成为中国经济发展的"瓶颈"。据统计，中国人均能源资源探明量仅135吨标准煤，为世界人均量的51%，其中，煤、石油和天然气分别为世界人均量的70%、11%和4%。即使水能资源，按人均量也低于世界人均量。据金涌（2008）[1]研究，中国探明化石能源可采储量的保证程度大约是：煤炭80年、石油15年、天然气30年，分别为世界平均水平的1/3和1/2。

同时，中国正处于工业化初期，是发展中国家，经济增长方式粗放、能源结构不合理、能源技术装备水平低和管理水平相对落后，导致单位GDP能耗和主要耗能产品能耗均高于主要能源消费国家平均水平（见表1-1）。1996年，中国已成为能源净进口国；2007年中国全年石油对外依存度接近50%。能源自给率下降，石油净进口量急剧增长，已经影响到了中国国家安全。

表1-1　　　　　　　　中国工业能耗与国际领先水平对比

项目	中国平均水平（标煤）	国际领先水平（标煤）
火电煤耗	379g/kW·h	312g/kW·h
大中钢厂可比能耗	705g/t 钢	610g/t 钢
水泥综合能耗	157g/t 水泥	127.3g/t 水泥
原油加工	112kg/t 原油	73kg/t 原油
乙烯加工	1004kg/t 乙烯	629kg/t 乙烯
大型合成氨	1200kg/t 合成氨	970kg/t 合成氨

资料来源：金涌，王垚，胡山鹰.低碳经济：理念、实践、创新［J］.中国工程科学，2008（9）.

发展低碳经济也是中国应对世界化石能源危机的重要途径，通过调整能源结构、发展清洁能源和采用节能减排技术等方法，降低单位社会产出的化石能源消耗，从而降低碳排放，这正对中国当前转变经济增长方式和突破能源瓶颈的战略目标具有重要意义。

---

① 金涌，王垚，胡山鹰.低碳经济：理念、实践、创新［J］.中国工程科学，2008（9）.

3. 应对新一轮全球竞争的要求

面对气候暖化和能源危机带来的全球经济环境，新一轮基于经济低碳化发展的国际竞争不可避免。自1988年联合国政府间气候变化专门委员会（IPCC）成立以来，气候问题已经日益成为国际讨论的重要内容，1997年12月《京都议定书》的达成首先对发达国家的碳排放提出了强制性约束，2007年达沃斯世界经济论坛年会上，气候变化问题超过恐怖主义、阿以冲突、伊拉克问题成为压倒一切的首要问题。2009年底在丹麦哥本哈根举行的联合国气候峰会上，包括中国在内的发展中国家很难再以独善其身的姿态应付日益严重的全球气候变暖问题，"伞形"国家集团对发展中国家的减排压力不断加大，尽管会议最终未就减排达成一致性意见，但中国领导人依然以一个负责任大国的态度做出了减排承诺。

美国金融危机之后，国际经济格局发生了深刻转变，以金融作为剥削发展中国家工具的时代业已结束，国际经济新秩序正逐步走向技术统治，全球变暖和发展低碳经济可谓为此提供了契机。面对新一轮的全球经济竞争，抢占制高点至关重要，在这方面欧美、日本等发达国家或地区已经先行起步。英国首先将低碳经济作为国家发展战略，一方面力图通过发展低碳技术来实现带动本国经济和解决劳动力就业的国家经济目标；另一方面通过科学报告和《能源白皮书》，不断在世界各地扩大低碳经济的影响和加深人们对低碳的认识。美国作为世界上科技最发达国家也加大了在低碳经济发展上的投入，近8000亿美元的绿色经济复兴计划，将刺激经济增长和增加就业岗位的短期政策同美国的持久繁荣结合，而"黏合剂"就是优先发展清洁能源的绿色能源战略。奥巴马表示：美国要么继续做全球最大的石油进口国，要么成为世界上最大的清洁能源技术出口国。与此同时，发达国家以边境税调整等贸易壁垒重建国际贸易新秩序的计划也在伺机萌动，新一轮的全球经济竞争不可避免。

目前，中国已成为世界二氧化碳年排放量最多的国家之一，面对国际政治压力和未来国际经济竞争新秩序的形成，低碳化发展成为我国经济发展不可回避的障碍，也成为我国经济发展不得不面对的重要命题。

二、研究意义

（一）低碳经济的三重含义

1. 国际组织对低碳经济发展的认识

经济合作与发展组织（OECD国家）2002年出版的名为"Indicators to measure Decoupling of Environmental Pressure from Economic Growth"的报告中[1]提出脱钩概念，并将其用于描述切断产业环境污染与经济增长之间的密切关系。所谓脱钩，即指通过测度经济发展和物质消耗投入与生态环境之间的压力状况，衡量经济发展模式的可持续性。

IPCC第四次评估报告表明温室气体排放、大气温室气体浓度、地球表面温度与气候变化影响直接挂钩，通过这一逻辑性很强的证据链，证明必须采取全球性的长期减排措施，才能避免气候变暖的严重不利影响，并指出，能否减少全球变暖所带来的负面影响，将很大程度上取决于人类在今后二三十年中在削减温室气体方面所做的努力和投资[2]。

2. 不同国家对低碳经济的认识

作为世界上"低碳经济"概念的提出者和全球低碳经济发展的倡导者，英国在2003年的英国能源白皮书《我们能源的未来：创建低碳经济》中[3]，将低碳经济归结为低碳发展、低碳产业、低碳技术、低碳生活等一类经济形态的总称；英国政府则将减排目标定为到2020年在1990年基础上削减碳排放量20%，2050年减排60%；并认为环境产业具有高附加值，可以达到规模3万亿美元，提供100万就业岗位。

日本是另一个低碳经济的倡导者，于2008年6月提出"福田蓝图"，表示日本减排的长期目标是到2050年使本国的温室气体排放量比目前减

---

[1] OECD.Indicators to Measure Decoupling of Environmental Pressure from Economic Growth.2002 [R/OL] http://www.olis.oecd.org/olis/2002doc.nsf/ LinkTo/sg-sd (2002) 1-final.2008-9-26.

[2] IPCC. Summary for Policymakers of climate change 2007: mitigation contribution of working group III to the fourth assessment report of the intergovern mental panel on climate change.London: Cambridge University Press, 2007.

[3] UK Government. White Energy Paper, Our Energy Future: Creating a Low Carbon Economy [EB/OL] [2010-03-12] http://www.Berr·gov·uk/file10719·pdf.

少60%~80%，并将充分利用能源和环境方面的高新技术，把日本打造成为世界上第一个"低碳社会"。同时，日本大力在国内产业推行"节能领跑者制度"，即使本国同类产品成为耗能最低的领跑者，然后以此树立国际标准，并要求所有同类产品在指定时期内必须达到该水准。

法国则一方面强化其支持低碳经济的国际形象，2009年11月宣布将努力在2050年前使工业化国家的排放水平比1990年减少50%；另一方面又加紧推进碳关税国际化的进程，力图建立基于碳排放的国际贸易新秩序，企图借此争得国际社会，特别是欧盟内部的先行话语权和掌控权。

与欧盟、日本相比，澳大利亚、美国等发达国家对于低碳经济态度冷淡。特别是美国，作为发达国家的领头羊，作为世界上主要的温室气体排放国，先是2001年时任美国总统布什宣布退出京都议定书，称减排的目标会对美国经济带来过大的负面影响；后是2007年联合国气候变化大会之后迫于压力，在11月底提出了2020年将比2005年减量17%、到2050年减83%的减排目标，但这一目标若依京都基准年1990年，美国的2020年目标等于只减少4%。

2009年胡锦涛主席在联合国气候变化峰会上阐明了中国立场，即履行各自责任是核心，实现互利共赢是目标，促进共同发展是基础，确保资金技术是关键，并承诺中国将继续采取强有力措施，争取到2020年碳排放强度比2005年显著下降。2009年11月国务院将这一承诺明确为2020年的碳排放强度比2005年下降40%~45%。

巴西政府最早提出累积排放概念，称作"巴西文案"，这一概念考虑了气候变化的历史责任，"巴西文案"针对发达国家完成自己工业进程导致的温室气体累积，产生温室效应的历史责任予以追究，更好地体现了发展的公平性。

作为另一个发展中大国，印度对于发展低碳经济的立场与中国相似，印度坚持发展中国家和发达国家应实行差异化的减排量设定，同时也将减排承诺建立在碳排放强度之上，并承诺到2020年印度碳排放强度比2005年降低20%~25%。

3. 学者对低碳经济的认识

2006年公布的《斯特恩报告》[①]中，斯特恩爵士评价了全球暖化与经

---

① Stern N. The Economics of Climate Change: The Stern Review [M]. Cambridge, UK: Cambridge University Press, 2006.

济发展的关系，认为如果在未来几十年不能及时采取行动，全球暖化带来的经济和社会危机所带来的损失将达到全球每年5%~20%的GDP，如立即采取有力减排措施，其成本可以控制在每年全球GDP的1%左右。

英国环境专家鲁宾斯德（2008）的阐述：低碳经济是一种正在兴起的经济模式，其核心是在市场机制基础上，通过制度框架和政策措施的制定和创新，推动提高能效技术、节约能源技术、可再生能源技术和温室气体减排技术的开发和运用，促进整个社会经济朝向高效能、低能耗和低碳排放的模式转型。

中国环境与发展国际合作委员会2009年发布的年度报告中将低碳经济概括为："一个新的经济、技术和社会体系，与传统经济体系相比在生产和消费中能够节省能源，减少温室气体排放，同时还能保持经济和社会发展的势头"[①]。

国家循环经济立法小组组长冯之浚教授（2009）[②]将低碳经济概括为"是低碳发展、低碳产业、低碳技术、低碳生活等一类经济活动的总称，其基本特征是低能耗、低排放、低污染，基本要求是应对碳基能源对于气候变暖的影响，基本目的是实现经济社会的可持续发展"。

4. 低碳经济的三重含义

低碳经济作为一个经济发展去碳化的过程，不同国家、组织和不同学者给出了不同的解释，本书认为，依据国情基础和发展目的的不同，可以将其概括为低碳经济的三重含义：第一重含义是一种相对低碳发展的经济定义，即单位经济产出的碳排放逐步降低，从而实现碳排放与经济发展相分离；第二重含义是绝对低碳发展的经济定义，人类遏制全球暖化的最终目标，即在确定碳排放下实现经济发展，这时碳排放和碳吸收的差额不再足以导致全球暖化；第三重含义是基于低碳发展的经济发展定义，即依靠人类应对全球暖化的契机大力发展节能减排和碳汇产业，从而达到发展本国经济的目的。

---

① 转引自，中国人民大学气候变化与低碳经济研究所. 低碳经济[M]. 北京：石油工业出版社，2010：52.

② 冯之浚. 低碳经济的若干思考[J]. 中国软科学，2009（12）：18-23.

（二）三重含义的差别和中国含义的低碳经济

低碳经济的三重含义具有不同的适用性，持第一重含义认识的主要是发展中国家，其共同特点是人均国内生产总值低，经济发展速度快。表1-2反映了发展中国家与发达国家之间的人均GDP和经济增长速度的比较。

表1-2　世界主要国家经济增长率和人均国内生产总值比较

国家	人均国内生产总值（2007年）	国内生产总值增长率								
		2000年	2001年	2002年	2003年	2004年	2005年	2006年	2007年	2008年
世界	7958	4.7	2.4	3.0	3.9	4.0	3.4	3.9	3.8	2.1
中国	2360	8.0	7.5	8.3	9.3	10.1	10.4	11.6	13.0	9.1
印度	950	5.4	4.0	4.7	7.4	7.9	9.2	9.8	9.3	7.3
日本	37670	2.8	0.4	−0.3	2.7	2.7	1.9	2.0	2.4	−0.6
南非	5760	3.5	2.7	3.6	1.9	4.9	5.0	5.3	5.1	3.1
美国	46040	3.7	0.5	2.2	3.1	3.6	2.9	2.8	2.0	1.1
巴西	5910	4.4	1.3	1.9	−0.2	5.7	3.2	4.0	5.7	5.1
法国	38500	4.2	2.1	1.2	0.2	2.2	1.9	2.4	2.1	0.7
德国	38860	2.9	0.8	0.2	−0.1	1.2	0.8	3.0	2.5	1.3
俄罗斯	7560	10.0	5.1	4.7	7.3	11.5	9.4	10.0	8.6	10.0
英国	42470	3.8	2.1	1.7	2.3	2.8	2.1	2.8	3.0	0.7

资料来源：根据《世界统计年鉴》整理。

发展中国家所面临的首要问题是发展，是通过经济发展使人民生活摆脱贫困、走向富裕，而化石能源消费目前而言是经济增长的必要条件，这是与发达国家有着重大差别的。工业革命以来，世界经济总量快速增长和经济结构不断变化，带动了能源消费总量增长，能源消费与经济增长呈现显著的正相关性。中国的情况同样如此，表1-3显示了这一相关性。

表1-3　　　　　　　　中国能源消费与GDP相关关系

年份	能源消费（亿吨标准油当量）	GDP（10亿美元，2000年美元不变价）
1975	4.84	55.4
1980	5.99	75.9
1985	6.94	126.4
1990	8.67	184.6
1995	10.52	329.1
2000	11.23	497.5
2004	16.09	711.9
2006	19.02	868.5

资料来源：魏一鸣，刘兰翠，范英，吴刚等著.中国能源报告（2008）：碳排放研究[M].北京：科学出版社，2009.

发达国家多主张第二重含义的低碳经济，这是因为在经历经济快速发展之后，发达国家经济整体保持在一个相对稳定的状态，经济增速缓慢，对其而言两重含义相对一致。同时，从公平发展的立场，发达国家在发展过程中已经进行了大量的碳排放，发达国家的碳足迹显著高于发展中国家，英国和美国的人均历史排放量约达1100吨CO_2，而中国和印度的人均水平分别为66吨和23吨CO_2[①]。

碳排放的技术差异同样决定了低碳经济在不同国家的不同含义，英国、日本的碳排放控制技术全球领先，低碳技术应用和低碳社会制度已在其国内被普遍接受，低碳产品开发已具备其作为国家竞争比较优势的条件，其当然的选择了低碳经济的第三重含义。与之相反，发展中国家由于实物资本的技术锁定和低碳技术的发展水平，低碳产品开发处于比较劣势，基于第一重含义的低碳经济认识更利于国家经济和国际竞争力的长久发展。

与发达国家的工业化进程早已结束不同，中国作为一个发展中国家，目前正经历着经济二元转化的高速发展时期，工业化是历史发展趋势、是经济增长的动力，落后的社会生产力和人民群众日益增长的物质文化需求是社会的基本矛盾，不论从经济发展的历史阶段，还是从国家发展

---

① 转引自，张坤民.低碳世界中的中国：地位、挑战与战略[J].中国人口资源环境，2008（3）：1-7.

需要，实现经济发展与碳排放的逐步分离都适合于中国国情，是中国含义的低碳经济。

(三) 研究意义

自张培刚 (1945) 在其博士论文《农业与工业化》中开创性的提出发展中国家工业化实现问题之后；刘易斯 (1954)、乔根森 (1961)、拉克西特 (1982) 等发展经济学家反复论证了工业化是经济发展的必然阶段。作为一个发展中国家，中国正处在农业国的工业化进程当中，工业化和城镇化是经济发展的根本驱动力。新中国成立之后，特别是改革开放三十年以来，工业始终是最具活力的、引领中国经济前行的主要力量，工业不但比重大，而且增速快，1978~2008年中国工业增加值增速为11.8%，超过GDP增速。表1-4列示了近十年来中国工业增加值总量、增速和在GDP中的比重。

表1-4　　　　　　　　1999~2008年中国工业发展状况

年份	增加值（亿元）	增速（%）	占GDP比重（%）
1999	39570	9.6	44.26
2000	42607	8.7	44.41
2001	52982	9.9	51.74
2002	61778	12.5	52.94
2003	72387	11.1	53.02
2004	86208	11.4	47.28
2005	102004	12.5	48.7
2006	121381	13.4	49.2
2007	146183	9.3	48.6
2008	156958	9.5	46.8

目前，中国的工业化进程还远未完成，首先是二元转化尚未完成，2009年农业人口比重依然达到53.4%，农村年人均收入仅达到5153元，据郭金兴 (2008) 研究中国现有农业剩余劳动力仍保有1亿人；同时，中国整体经济还处于工业化初期，人均资本占有率达不到发达国家的30%。因此，今后很长一段时间中国仍将处于经济发展的工业化阶段，

以工业化和城镇化为根本驱动力的经济发展模式要求了中国必须走中国含义的低碳经济之路。

中国含义的低碳经济就是同时实现经济发展和碳排放下降两个方向的目标。一方面，要保证经济的持续发展，只有发展才有出路。落后的社会生产力与人民日益增长的物质文化需求依然是中国当前社会的主要矛盾，邓小平同志说"发展才是硬道理"，发展是实现二元经济转化的动力所在，这一根本目标不可动摇。另一方面，又要面对能源危机和自然环境的制约，需要降低碳排放。面对全球变暖、能源瓶颈和国际竞争环境的新变化，依靠传统粗放型和高能耗的经济发展方式已经难以为继，必须坚决果断地调整中国的发展战略、加快经济发展方式转变，从而更好地适应国际竞争环境和可持续地实现经济发展。

在2009年9月23日联合国气候峰会闭幕会上，胡锦涛向100多位领导人表示："中国将争取到2020年单位国内生产总值（GDP）二氧化碳排放比2005年有显著下降"。胡锦涛降低中国"碳排放强度"的发言，要求中国政府拓展在2006年5年计划中给出的承诺（到2010年将每单位经济产出的能耗降低20%），从而达到承诺到2020年把碳排放强度（在2005年的基础上）降低45%。降低碳强度和实现经济发展与碳排放的分离，这是中国政府基于中国经济发展的历史阶段和中国经济的国际环境对于中国含义低碳经济的战略回答。如何实现这一战略正是本课题的研究意义和研究目标所在。

实现以上研究意义，本研究期望解决的具体问题包括以下内容：

（1）明确低碳经济中国含义和减排目标本身的内涵，极其一系列的衍生问题，如减排目标提出的背景或者说是原因何在。

（2）经济发展和实现减排的中间纽带作何种解释，其相互联系的机制是什么。

（3）经济发展和实现减排之间的关系表现为何种方式，相互促进抑或此消彼长。

（4）在作用机制发展的前提下，如何寻找两者之间的结合点，相互促进，达到经济发展所要求的均衡性。

（5）中国当前是否处于经济发展和碳排放减少的分离过程，如何评价这种分离过程。

（6）按照当前经济发展态势，中国到2020年是否存在减排缺口。

（7）在实现中国2020年减排目标过程中，战略路径重点是经济发展的哪一方面。

在综合研究的基础上，希望找到实现中国经济发展和减排目标的最佳战略路径，从而推进中国2020年减排目标的实现和更加长远的中国含义低碳经济的实现。

第二章

问 题 提 出

一、低碳经济的第一重含义和产业低碳化研究综述

持低碳经济的第一重含义的主要是发展中国家,工业化是这些国家经济发展的主要阶段,摆脱贫困和实现经济发展是这些国家的首要目标,实现经济增长与碳排放的脱钩是基于现实的必然选择。与发达国家加工型企业的日渐衰落不同,工业是发展中国家经济的主导,是经济增长的主要动力,实现低碳经济的第一重含义首先在于实现产业低碳化。

将产业GDP与碳排放联系起来,实现产业发展与碳排放的脱钩是产业低碳化的首要目的。经济合作与发展组织(OECD,2002)建立了基于驱动力(driver)—压力(pressure)—状态(state)—影响(influence)—反映(response)框架而设计的DPSIR结构的OECD脱钩指标,能够很好地衡量经济增长与环境压力之间的关系[1];赫克(Herry,2003)和塔皮奥(Tapio,2005)发展了OECD的脱钩模型,并对1970~2001年欧洲的交通业经济增长与运输量、温室气体之间的脱钩情况,以及芬兰的交通业脱钩情况进行了研究。[2]对苏格兰地区经济增长、交通运输量与二氧化碳排放之间的脱钩情况做过研究(David Gray,Jillian Anable,Laura Illingworth

---

[1] OECD.Indicators to Measure Decoupling of Environmental Pressure from Economic Growth.2002[R/OL].http://www.olis.oecd.org/olis/2002doc.nsf/LinkTo/sg-sd(2002)1-final.2008-9-26.

[2] Tapio P.Towards a theory of decoupling: Degrees of decoupling in the EU and the case of road traffic in Finland between 1970 and 2001[J].Journal of Transport Policy,2005(12):137-151.

and Wendy Graham），对如何评价产业的低碳高碳给出了一个标准。台湾学者李坚明等（2005）对台湾地区产业的二氧化碳排放与经济增长的脱钩指标进行了研究。李忠民、姚宇和庆东瑞的研究（2010）将低碳产业脱钩测评和产业如何低碳化两个方面联系在了一起提出了构造产业低碳化因果链思路和弹性脱钩分析框架（简称LYQ分析框架）。①

如果说产业发展与碳排放脱钩的研究是产业低碳化的目的和原因研究，那么产业结构调整、产业转型和产业节能就是产业低碳化的路径研究。张雷（2008）通过建立产业与碳排放模型、能源与碳排放模型对过去50多年中国产业机构变化规律、能源工业发展规律与中国不同地区的碳排放进行了相关性分析，认为中国一次能源消费的部门结构越来越集中于能源工业部门。魏一鸣等（2008）人对能源消费和碳排放进行定量分析，其利用LMDI方法围绕中国碳排放的变化以及演变规律，针对中国电力部门、物质生产部门和工业部门的碳排放情况进行了定量测算分析。郎春雷（2009）对全球背景下中国产业低碳化发展面临的压力进行了分析，认为以重化工业为主导的工业化进程不可避免的要消耗大量能源和资源。余政达等（2008）利用LEAP能源模拟系统对台湾地区工业部门节能及二氧化碳减量潜力做了评估。张颖、王灿等（2007）应用LEAPChina模型评估中国电力行业CO_2减排潜力，应用自底向上的方法模拟分析了3种不同政策情景下行业2000~2030年的CO_2排放情况。李忠民、姚宇和韩翠翠（2010）基于KAYA公式的修正对山西建筑业的碳排放影响因素进行了分析。此外，还有大量学者多从具体的产业出发，分析研究在低碳经济时代如何发展该类产业。丑洁明和叶笃正（2006）、马友华等（2009）、冯国亮（2008）、庄贵阳（2007）等通过对农业、建筑业、汽车业等具体行业目前的发展状况进行研究，结合分行业提出了产业低碳化发展的建议。唐蓉等（2009）则立足于区域低碳产业整体构建与发展视角，以崇明为例，分析了崇明发展低碳经济的必要性和可能性，提出适合在崇明发展的低碳产业。

总体来看，目前国内学者大多停留在对产业低碳化的探讨层面，缺

---

① OECD. Indicators to Measure Decoupling of Environmental Pressure from Economic Growth. 2002［R/OL］.http://www. olis. oecd. org/olis/2002doc. nsf/LinkTo/sg-sd (2002) 1-final. 2008-9-26.

乏具体详细的产业低碳发展指标与实施步骤，相关政策建议较为表面，可操作性不强，究其原因在于对具体产业和产业间比较的低碳发展状态认识并不深入，导致对不同产业目前所存在的状况无法给出具有针对性的原因，进而也就无法针对所产生问题的原因予以矫正改善。

二、低碳经济的第二重含义和消费低碳化研究综述

持低碳经济第二重含义的主要是发达国家，经济上需求拉动和以第三产业为主导的经济发展是这些国家的基本特点，同时在经历高速发展之后，经济快速增长也不再是这些国家的主要目标，实现低碳经济对其而言重点在实现消费的低碳化。

韦伯、帕乔里等（Weber.C, 2000; Pachauri.S, et al., 2002）利用投入—产出模型分析了人们行为方式对能源消费及对CO_2排放量的直接影响和间接影响。穆海林、宁亚东等（2002）建立了各地区人口及GDP预测模型，其根据各地区人口和GDP增长率及由CGE模型预测的两种计算方案下的各部门各燃料类别的能源消费量估算了现况及到2030年的SO_2、NO_X和CO_2的排放情况。赵敏、张卫国等（2009）根据联合国政府间气候变化专门委员会2006年版碳排放计算指南中的计算公式和碳排放系数缺省值，计算了上海市1994~2006年能源消费碳排放量。陈滨、孟世荣（2006）等人利用生命周期评价方法计算出了1999年中国住宅中由于家用电器的使用、冬季集中供暖及农村生活能源消费所造成的温室气体排放量。通过数据分析得出住宅中主要能源消耗所产生的二氧化碳排放量约占全国总排放量的34.3%。在低碳经济的发展过程中，微观消费主体的行为模式是否能有效转变无疑起着决定性的作用。目前只有少数学者对微观消费主体之一的家庭碳消费做出了一些相关研究，这些研究主要在家庭食物碳消费和能源碳消费方面运用生命周期评价法等理论方法做出了一些研究。刘晶茹、王如松（2002）则用生命周期方法计算了中国家庭1985年和1998年因生活用电而间接产生的CO_2、SO_X和烟尘的排放情况，但研究只是对消费结果做出实证性的分析，对其影响因素和必要

的引导方式缺乏研究。罗婷文、欧阳志云等（2004）则基于实地采样和数据收集获得的生活垃圾数据，分析了海口市生活垃圾碳输出的现状和趋势，可谓视角独特。罗婷文、欧阳志云等（2005）根据政府宏观统计数据，分析了北京城市化进程中城市家庭食物碳消费的变化趋势和影响因素。在低碳经济的发展过程中，微观消费主体的行为模式是否能有效转变也无疑起着决定性的作用。但目前针对低碳经济下的消费引导方面的专门研究，只有陈晓春和张喜辉的文章。陈晓春和张喜辉（2009）阐述了低碳经济下消费引导的必要性，分析了低碳经济对消费的影响并提出了相应的引导消费行为的建议。

总体而言，目前对于低碳消费研究主要集中于宏观层面的整体研究，对微观的消费主体研究不足，但微观消费主体的行为恰恰对整个经济实现消费低碳化起着关键作用，低碳消费研究只有关注个体行为，才能为消费的低碳化进行理论的指引。

三、低碳经济的第三重含义和低碳约束下的国际竞争研究

以英国、日本和法德为首的国家主要持低碳经济的第三重含义，即通过推行低碳技术实现推动本国经济发展和解决本国劳动力就业问题，实现这一意图的首要前提就是建立包含低碳标准的国际经济新秩序，低碳约束下的国际竞争关乎每个国家在未来发展中的切身权益，值得深入研究。

以国家政治实体为单元，围绕以低碳为标准下利益实现问题的争论，从联合国气候变化框架公约到哥本哈根会议的整个过程中，核心的争论就是各国责任以及未来排放权的分配。发达国家按照《京都议定书》[①]采

---

① 《京都议定书》规定，在特殊情况下，少数国家允许选择其他基准年。《京都议定书》主要缔约方达成的减排目标为：欧盟减排8%、日本6%、美国7%，其中，欧盟作为整体承诺的减排目标通过内部谈判进一步分解到各成员，如英国减排12.5%、德国减排21.7%等。2001年，美国宣布退出该议定书，因此其在议定书下的减排义务不具有法律效力。详细情况参见《京都议定书》文本（http://unfccc.int/）。

用的就是国家碳排放总量的指标，但这一指标忽略了人口众多的正处于工业发展阶段的发展中国家的利益，而且对个体上的公平性未予考虑。发达国家在发展中国家学者提出了人均温室气体排放的概念之后，又通过提出"紧缩与趋同（contraction and convergence）"①方案来维护自己的利益。这个方案中发达国家人为地给发展中国家设定了排放上限，而且忽略了历史的责任。巴西政府最早提出累积排放概念，称作"巴西文案"②，这一概念考虑了气候变化的历史责任，"巴西文案"针对发达国家完成自己工业进程导致的温室气体累积，产生温室效应的历史责任予以追究，更好地体现了公平。③但累积排放只考虑国家的排放总量同样忽略了个体，在体现人际公平方面仍然存在不足。后来，中国气候科学领域的学者刘世锦（2009）等在"巴西文案"的基础上提出"人均历史累积排放"概念。对上述方案进行了综合，兼顾历史排放责任、现实发展阶段差异、未来发展需求等因素，更具公正、公平含义。一些研究机构也提出了相应的方案，如温室气体排放权（GDR）方法④，强调只有富人才有责任和能力减排等。

学者们则主要关注那些方案的效率、公平、可实施性等指标。赫尔（1991）和巴雷特（1994）及其追随者为代表大都认为，在适当的假定下，

---

① "紧缩趋同"是一种基于人均碳排放的减排思路，具有一定影响，国内外学者有多种不同的设计。包括：1990年，全球公共研究所（GCI）提出的"紧缩与趋同方案"；2005年，陈文颖等提出的"一个标准，两个趋同"方案；2006年，霍恩等提出的"共同而有区别的紧缩方案"。2008年4月，斯特恩新报告《打破气候变化僵局：低碳未来的全球协议》中的方案也是基于此原则，主张2050年各国人均排放上限2吨，发达国家先行减排，发展中国家2020年开始制定减排目标。

② 巴西文案是巴西政府在京都会议前夕向公约秘书处提交的一份有关减排义务分担方法的建议。Brazil, Proposed Elements of a Protocol to the UNFCCC," presented by Brazil in response to the Berlinmandate, 1997 (FCCC/AGBM/1997/MISC.1/Add.3), Bonn: UNFCCC.http://unfccc.int/cop4/resource/docs/1997/agbm/misc01a3.htm.Accessed on July 2, 2009.

③ 陈文颖，吴宗鑫，何建坤．全球未来碳排放权"两个趋同"的分配方法［J］.清华大学学报（自然科学版），2005（6）：850~855.

④ P.Baer, T.Athanasiou, S.Kartha and E.Kemp-Benedict, The Greenhouse Development Rights Framework: "The Right to Development in a Climate Constrained World," 2008 (revised second version) .http://www.ecoequity.org/docs/TheGDRsFramework. pdf.Accessed on July 2, 2009.

由全体国家都参与的国际合作是很难实现的，但部分合作即由部分国家达成的协议和组成的联盟是有可能出现的。他们进一步论证了由数目较少国家参与的合作更有现实可能性的基础上，如何增强合作的稳定性并在此基础上扩大参与国的数目。以卡拉罗和西尼斯卡尔科（Carraro and Siniscalco，1993）则认为，通过合作联盟内部的财政转移，如实旁支付计划就可以吸引合作联盟外非签字国家的参与，从而使现有联盟的规模扩大。通常情况下，参与合作的国家数目越多，合作就越难维系。陈刚（2006）则将集体行动逻辑引入，认为气候谈判中国家具有"中间集团"的特征，国家以公共利益之外的选择性激励因素和能够获得的非集体性收益为目标来参与合作，并对"伞型"国家集团、欧盟、77国集团加中国、小岛国联盟、石油输出国、中欧11国集团、非洲国家集团等主要的气候公约相关议题所产生的利益集团在理性基础上采取的基本主张进行了分析。国内大多数学者更多地关注国际气候制度与国际利益的实现。崔大鹏、潘家华、陈迎、庄贵阳等学者都从不同视角出发，重点分析和探讨了中国在国际气候谈判中的两难困境以及未来中国的责任和战略选择。

总体而言，国内学者更多地关注国际气候制度的演进，以及气候制度构建过程中各方的意志与利益，但对各种方案的评析与实施效果缺乏细致分析，对不同利益集团在碳约束下国际竞争新秩序中的诉求对中国的影响研究不足，从而还不能起到指导中国参与国际气候谈判和指导下一步经济发展的作用。

四、低碳经济三重含义的综合和区域低碳化研究综述

低碳经济三重含义在确定空间的结合即是低碳区域的构建。尽管不同国家和地区所处的经济发展阶段不同，所持低碳经济的观点也并不相同，但作为整体的碳排放测评和原因分析仍有意义，其对评价区域碳排放和发现减排着力点具有重要意义。

在IPCC研讨会上有学者提出通过一种简单的数学公式将经济、政策和人口等因子与人类活动产生的CO_2联系起来，从而发现不同影响因

素对碳排放的不同影响力,这就是后来著名的"Kaya恒等式"(Yoichi Kaya,1989)。胡安·安东尼奥·杜罗和艾米利奥·帕迪拉(Juan Antonio Duro, Emilio Padilla,2006)运用Kaya公式分解方法,分析国际间与各国内的人均CO_2排放的不平衡性,并且得出人均CO_2排放的不平衡主要是由收入水平决定的结论。中国学者也将Kaya公式引进到了国内低碳经济的研究,如查冬兰、周德群(2007)在对中国28个省区1995~2005年能源利用效率的差异性进行了比较基础上引入Kaya因子,深入研究能源消耗导致的地区间人均CO_2排放的差别;张坤民(2008)用碳排放Kaya公式分析中国目前低碳经济的发展以及面临能源禀赋、发展水平、总量突出和锁定效应等挑战提出相应政策。

除Kaya公式外,不同学者也采用其他方法研究区域低碳化问题。魏一鸣(2005)等通过用"SPRIPAT"模型对世界发达、中等发达、发展中等五个层面的国家碳排放进行了测度,分析了财富、技术、人口等因素对不同国家碳排放驱动力的强弱,研究也在一定程度上符合人均财富与碳排放之间的EKC假设。沙菲克和班迪(Shafik and Bandy,1992)通过对149个国家1960~1990年相关数据的研究,认为二氧化碳的排放与人均收入之间呈正向的线性关系。徐国泉等人(2006)基于碳排放量的基本等式,采用对数平均权重Disvisia分解法,建立中国人均碳排放的因素分解模型,定量分析了1995~2004年,能源结构、能源效率和经济发展等因素变化对中国人均碳排放的影响。谭丹、黄贤金(2008)使用了灰色关联的方法,对中国东中西部经济发展与碳排放的关联性进行测度和比较分析。胡初枝、黄贤金(2007)从区域经济增长、产业结构、经济政策取向、贸易等方面对江苏三大区域碳排放差异进行了分析和比较。范英等(Fan Ying et al.,2007)利用STIRPAT模型对1975~2000年不同发展水平国家的人口、经济发展和技术水平对碳排放的影响进行了分析,认为这些因素对不同发展水平国家碳排放的影响作用是不同的。

不难看出,当前的区域低碳化研究主要秉承着低碳经济的第二重含义,即如何在总量和绝对量上降低碳排放,而对低碳经济的第一种含义即实现碳排放与经济增长的分离很少涉及,这主要是因为低碳经济的提出首先在于英国、日本等发达国家,出于其自身经济发展和国际竞争需要,其当然选择了低碳经济的第二重含义,而这一含义对于中国显然并不适用。

五、中国发展低碳经济的战略选择和进一步研究重点

基于以上对低碳经济文献的分析和评述，可以将中国发展低碳经济的战略选择和进一步研究的重点概括如下。

从低碳经济发展的横向重点上，产业低碳化是中国发展低碳经济的重点。研究产业低碳化的关键在于两点：一是在尽可能地使用原有资本存量条件下进行节能减排，确保经济发展的平稳性和实现社会节约；二是在未来的发展中大力发展低能耗、高附加值的战略性新兴产业，适时地调整产业结构。这其中前者的研究在于产业内的低碳化研究，后者的研究在于整体产业和产业间的低碳化研究。同时，消费低碳化和碳排放约束下的国际经济新秩序也都需要加以研究，其中前者由于中国人口基数大，尽管个体的碳排放远小于发达国家，但作为总量却影响较大，而后者关系国家基本权益，随着全球暖化的普遍共识，碳约束下的国际经济新秩序的建立已提上日程，需要积极应对。

从低碳经济发展在区域纵向综合上，坚持低碳经济的第一重含义，坚持中国含义的低碳经济发展方向，研究和探讨碳排放与经济发展的分离趋势、分离机制、分离驱动力以及推进分离的政策机制设计应当作为中国低碳经济发展研究的重点。其统领着横向的低碳经济研究方向，不论产业低碳化、消费低碳化还是碳排放约束下的国际经济新秩序研究都应当以中国含义低碳经济为基础。在2009年9月23日闭幕的哥本哈根联合国气候峰会上，胡锦涛总书记提出的"中国将争取到2020年单位国内生产总值（GDP）二氧化碳排放比2005年有显著下降"就是对这一研究方向的充分肯定。这一研究方向也构成了本课题的研究目标，即通过对中国碳排放与经济发展分离过程、分离趋势和分离机制的分析，计算2020年减排目标缺口和确立实现2020年减排目标的战略路径。

第三章

中国2020年减排目标战略与路径研究

一、中国碳排放与经济发展脱钩测度研究

(一)脱钩的概念及两种脱钩指标构建方法

1. 脱钩的概念

经济合作与发展组织(OECD)的研究与实践对以往采用绝对排放量测评进行了重大革新,2002年出版的报告中指出:"脱钩是指中断环境好处(经济增长)与环境坏处(环境污染)之间的联系。"(The term decoupling refers to breaking the link between "environmental bads" and "environmental goods")[1],由此创立了"脱钩"概念,并将其用于描述切断产业环境污染与经济增长之间的密切关系。脱钩适用于衡量产业发展的"去碳化"状态,是衡量产业低碳化程度的有效测度指标。通过建立旨在描述环境压力(状态)与驱动力变化的关系,以及衍生政策拟定的问题的脱钩模型,OECD对30个成员39个指标作为其环境与经济脱钩的整体代表得出OECD总脱钩率约为52%的结论。脱钩概念开启了国际社会构建各类经济活动脱钩指标理论研究的先河,脱钩也随即成为测度经济发展与物质消耗或生态环境之间的压力状况、衡量经济发展模式可持续性的工具。脱钩指标的构建有两种模式,即OECD脱钩指标构建模式

---

[1] Organization for Economic Co-operation and Development(OECD).Indicators to Measure Decoupling of Environmental Pressure and Economic Growth [R]. Paris: OECD,2002.

和Tapio脱钩指标构建模式。

2. OECD脱钩指标

OECD指标构建模式主要是描述环境压力（状态）与驱动力变化的关系，以碳排放为例，碳排放为环境压力（environmen pressure, EP），GDP为经济驱动力（driving factors, DF），如果碳排放量的增长率快于GDP增长率，则称两者呈现脱钩关系。脱钩关系分为两种状态，如果两者的增长速度都为正，但经济增长率高于二氧化碳排放增长率，称为"相对脱钩"；如果经济稳定增长而碳排放量反而减少则为"绝对脱钩"。OECD为衡量脱钩指标构建变化，建立了脱钩指数与脱钩因子，见式（3.1）和式（3.2），下标0表示基期，T表示末期。

$$\text{脱钩因子} = \frac{EP_T}{DF_T} \Big/ \frac{EP_0}{DF_0} \quad (3.1)$$

$$\text{脱钩因子} = 1 - \text{脱钩指数} \quad (3.2)$$

赫克（Herry，2003）等首先应用该模型对奥地利的经济增长与运输业需求情况做了脱钩分析。朱肯斯（Juknys，2003)进一步将其分解为初级脱钩（primary decoupling）和次级脱钩（second decoupling），前者表示自然资源利用与经济增长之间的脱钩，后者表示环境污染与自然资源的脱钩。OECD脱钩指标的不足在于基期选择的差异会直接导致评价结果的不同，常常使研究失去可比较性。

3. Tapio脱钩指标

塔皮奥（Tapio，2005）在研究1970~2001年欧洲经济发展与碳排放之间的关系时引入交通运输量作为中间变量，将脱钩弹性指标分解为运输量与GDP之间的脱钩弹性和运输量与总体碳排放量之间的脱钩弹性（一般称为产业发展弹性和产业排放弹性），将两式相乘，便得到一般的脱钩指标计算公式，见式（3.3）。

$$e_{(CO_2, GDP)} = \left(\frac{\Delta V}{V} \Big/ \frac{\Delta GDP}{GDP} \right) \left(\frac{\Delta CO_2}{CO_2} \Big/ \frac{\Delta V}{V} \right) \quad (3.3)$$

式（3.3）中，$e_{(CO_2 GDP)}$表示经济发展与碳排放之间的脱钩弹性指标；V为交通运输量。Tapio根据脱钩弹性值的大小定义了八种脱钩状态，如表3-1所示。

表3-1　　Tapio（2005）的八种脱钩状态划分与对应的弹值

状 态		ΔCO_2（环境压力）	ΔGDP（经济增长）	弹性 e
负脱钩	扩张负脱钩	> 0	> 0	> 1.2
	强负脱钩	> 0	< 0	< 0
	弱负脱钩	< 0	< 0	0 << 0.8
脱钩	弱脱钩	> 0	> 0	0 << 0.8
	强脱钩	< 0	> 0	e < 0
	衰退脱钩	< 0	< 0	e > 1.2
连结	增长连结	> 0	> 0	0.8 <<
	衰退连结	< 0	< 0	0.8 << 1.2

通过以上分析不难发现，Tapio脱钩指标构建模式具有OECD脱钩指标难以比拟的优势。首先，OECD脱钩指标构建模式对时间段基期的选择过于敏感，选择不同的基期计算出的脱钩指标结果常常差别很大，缺乏一定的稳定性，不利于脱钩状态的判定；其次，Tapio脱钩指标构建模式本质上是同一种弹性分析，这种分析方法不受统计量纲变化的影响，并且利用恒等式构建脱钩指标还可以对其进行完全无剩余的分解，清楚地看出不同因素的变化对脱钩指标变化的作用，这对制定合理的减排政策和措施，完成中国向国际社会做出的减排承诺显然更有意义；最后，Tapio脱钩指标构建模式相对于OECD脱钩模型而言对脱钩状态的划分也更为精细，能更精确地反映出不同地区及同一地区不同时段经济发展与碳排放之间的关系。

Tapio之后，还有些学者应用Tapio模型对苏格兰地区经济增长与交通运输量及二氧化碳排放之间脱钩情况做了实证分析（David Gray, Jillian Anable, Laura Illingworth and Wendy Graham, 2006）。国内脱钩的研究目前主要集中在应用阶段与对经济发展与相关研究对象的测评，研究领域也相对集中于节能和环境测评两方面。台湾学者李坚明等（2005）也应用该模型对台湾地区多个产业的二氧化碳排放与经济增长的脱钩指标进行了测评。王明霞（2006），赵一平、孙启宏、段宁（2006）等学者运用脱钩理论评价不同国家、不同产业的经济增长与物质消耗或者环境影响之间的联系，并构建相应的脱钩评价指标体系。庄贵阳（2007）运用Tapio

脱钩指标对包括中国在内的全球20个温室气体排放大国在不同时期的脱钩特征进行了分析。李忠民、姚宇、庆东瑞（2010）在研究产业低碳测评中，将弹性脱钩分析框架引入，提出了构造产业低碳化因果链思路，并对山西建筑业进行了案例分析。姚宇、韩翠翠（2011）进一步系统化提出了基于逻辑因果链的弹性脱钩LYQ分析方法并应用在了碳强度下降的成因分析当中。

（二）模型构建与数据来源

1. 模型构建

采用Tapio脱钩指标并运用恒等式对其进行因果链分解，将碳排放与经济增长之间的脱钩弹性分解为三组中间变量弹性的乘积，即碳排放与能源消费量之间的弹性、能源消费量对工业总产值（gross industrial output, GIO）之间的弹性和工业总产值对GDP弹性，分别称为减排脱钩指标、工业节能脱钩指标和工业发展脱钩指标。其中碳排放与能源消费量之间的弹性表达式如下：

$$e_{(CO_2,E)} = \left(\frac{\Delta CO_2}{CO_2} \Big/ \frac{\Delta E}{E} \right) \quad (3.4)$$

因为不同种类能源的碳排放系数不同，所以该指标主要与能源消费结构有关。由于在主要能源种类中煤炭的碳排放系数最大，而我国能源结构中以煤为主，煤炭在能源消费总量中的比重增大将导致这一指标的上升，后面的实证分析也证实了这一点。能源消费量对工业总产值之间的弹性是衡量工业能源利用效率的主要指标，二者的弹性值如下所示：

$$e_{(E,GIO)} = \left(\frac{\Delta E}{E} \Big/ \frac{\Delta GIO}{GIO} \right) \quad (3.5)$$

不同产业单位产值的能耗不同，相对而言，每单位工业产值的能耗要大于农业和服务业，同样，每单位重工业的产值要大于轻工业，所以产业结构的变化通过每单位能耗的变化进而影响碳排放量。工业增加值与GDP之间弹性表达式如下：

$$e_{(GIO,GFP)} = \left(\frac{\Delta GIO}{GIO} \Big/ \frac{\Delta GDP}{GDP} \right) \quad (3.6)$$

将式（3.4）、式（3.5）、式（3.6）相乘可得：

$$e_{(CO_2 \cdot GDP)} = e(CO_2, E) \times e_{(E,GIO)} \times e_{(GIO,GDP)} \quad (3.7)$$

通过以上介绍不难发现，利用恒等式构建Tapio脱钩指标的实质就是引入一个或多个与碳排放和经济发展有关的中间变量，例如能源消费量或（和）某一产业的发展状况，不同变量之间弹性乘积的最终结果为碳排放与经济发展之间的脱钩弹性指标，进而构造对脱钩弹性指标进行分解的因果链，从不同中间变量之间弹性与1的大小比较中可以看出其对脱钩指标变化的作用，若大于1，表示对碳排放与经济发展之间的脱钩弹性指标的上升起正向作用；反之，则起负向作用。

2. 数据来源

本研究GDP、工业生产总值的数据来源于《中国统计年鉴》（1996~2008年），能源消费数据来源于《中国能源统计年鉴》（1996~2008年），GDP和工业总产值按2008年的不变价格计算。碳排放量采用IPCC（2006）推荐的方法计算得到。由于目前中国没有直接的碳排放量监测数据，大部分研究都是基于能源消费量的测算得来。经济系统终端能源消费品种主要包括煤炭、焦炭、焦炉煤气、原油、汽油、煤油、柴油、燃料油、液化石油气（PLG）、天然气、炼厂干气、热力12类能源。计算公式如下：

$$C = \sum_{i=1}^{12} C_i = \sum_{i=1}^{12} A_i B_i D_i (1 - E_i) F \times \frac{44}{12} \quad (3.8)$$

式（3.8）中，C为碳排放总量；C_i为第i种燃料碳排放量；A_i为第i种燃料固碳燃料量；B_i为第i种燃料换算成标准煤的系数；D_i为第i种燃料碳排放系数；E_i为第i种燃料固碳率；F_i为第i种燃料氧化率，常数C_i、B_i、D_i、E_i、F_i均来源于IPCC（2006）。

（三）中国省域碳排放与经济发展脱钩的实证测度

通过计算各省区1999~2008年十年间碳排放量、GDP、能源消费量和工业增加值的平均变化率，我们得到了表3-2。

表3-2　1999~2008年中国各省区碳排放量、GDP、能源消费量和工业总产值的平均变化率

地区	碳排放年均变化率	GDP年均变化率	能源消费总量年均变化率	工业总产值年均变化率
海南	0.131	0.101	0.105	0.184
内蒙古	0.130	0.172	0.141	0.226
宁夏	0.120	0.139	0.126	0.170
浙江	0.114	0.146	0.101	0.201
福建	0.109	0.121	0.105	0.193
山东	0.105	0.145	0.104	0.214
云南	0.099	0.115	0.087	0.106
广东	0.097	0.155	0.094	0.203
青海	0.092	0.131	0.097	0.183
贵州	0.091	0.124	0.075	0.156
江苏	0.091	0.139	0.080	0.184
河南	0.091	0.138	0.087	0.183
河北	0.082	0.137	0.083	0.168
陕西	0.081	0.147	0.026	0.198
广西	0.075	0.105	0.079	0.129
新疆	0.074	0.125	0.071	0.179
山西	0.065	0.142	0.044	0.181
天津	0.060	0.152	0.053	0.180
湖北	0.059	0.111	0.061	0.132
江西	0.059	0.131	0.063	0.178
湖南	0.058	0.119	0.056	0.162
甘肃	0.057	0.137	0.051	0.120
安徽	0.057	0.107	0.049	0.139
上海	0.054	0.140	0.065	0.147
四川	0.054	0.101	0.061	0.140
辽宁	0.053	0.115	0.046	0.157
重庆	0.051	0.104	0.062	0.131
吉林	0.047	0.129	0.044	0.152
北京	0.037	0.170	0.048	0.135
黑龙江	0.035	0.107	0.036	0.128

资料来源：根据《中国统计年鉴》《中国能源统计年鉴》和IPCC（2006）计算得到。

为了方便分析，我们对表格以碳排放年均变化率为标准进行了降序排列。从表3-3可以看出，近十年来中国各省区碳排放量均呈现出增长的态势，但增长率不尽相同，其中海南、内蒙古和宁夏三省区增长最快，反映了其经济增长方式的粗放和不可持续，而作为重工业基地的吉林、辽宁和黑龙江三省碳排放量增长率位于各省的后列，反映了实施振兴东北老工业基地战略以来其经济增长方式的明显好转。为了判断各省区经济发展和碳排放之间的脱钩关系，用各省区碳排放量平均变化率除以GDP的平均变化率，我们得到了各省区1999~2008年的碳排放与经济发展之间的脱钩指标，并对脱钩指标进行了因果链分解。

表3-3 1999~2008年我国各省区碳排放量与经济发展之间脱钩弹性及其分解

地区	脱钩弹性指标	状态	减排弹性	状态	工业节能弹性	状态	工业发展弹性	状态
海南	1.297	扩张负脱钩	1.247	扩张负脱钩	0.574	弱脱钩	1.812	扩张负脱钩
福建	0.892	增长连结	1.035	弱脱钩	0.545	弱脱钩	1.587	扩张负脱钩
云南	0.861	增长连结	1.135	增长连结	0.824	增长连结	0.921	增长连结
宁夏	0.859	增长连结	0.948	增长连结	0.740	弱脱钩	1.226	扩张负脱钩
浙江	0.780	弱脱钩	1.124	增长连结	0.504	弱脱钩	1.377	扩张负脱钩
内蒙古	0.755	弱脱钩	0.925	增长连结	0.622	弱脱钩	1.312	扩张负脱钩
贵州	0.732	弱脱钩	1.214	扩张负脱钩	0.481	弱脱钩	1.255	扩张负脱钩
山东	0.726	弱脱钩	1.005	增长连结	0.487	弱脱钩	1.482	扩张负脱钩
广西	0.710	弱脱钩	0.943	增长连结	0.614	弱脱钩	1.226	扩张负脱钩
青海	0.701	弱脱钩	0.949	增长连结	0.529	弱脱钩	1.397	扩张负脱钩

续表

地 区	脱钩弹性指标	状态	减排弹性	状态	工业节能弹性	状态	工业发展弹性	状态
河 南	0.655	弱脱钩	1.039	增长连结	0.476	弱脱钩	1.324	扩张负脱钩
江 苏	0.651	弱脱钩	1.135	增长连结	0.434	弱脱钩	1.321	扩张负脱钩
广 东	0.628	弱脱钩	1.032	增长连结	0.464	弱脱钩	1.310	扩张负脱钩
河 北	0.600	弱脱钩	0.984	增长连结	0.496	弱脱钩	1.231	扩张负脱钩
新 疆	0.592	弱脱钩	1.034	增长连结	0.399	弱脱钩	1.435	扩张负脱钩
陕 西	0.553	弱脱钩	1.315	扩张负脱钩	0.313	弱脱钩	1.344	扩张负脱钩
四 川	0.536	弱脱钩	0.888	增长连结	0.437	弱脱钩	1.383	扩张负脱钩
安 徽	0.532	弱脱钩	1.166	增长连结	0.352	弱脱钩	1.297	扩张负脱钩
湖 北	0.531	弱脱钩	0.969	增长连结	0.459	弱脱钩	1.194	增长连结
重 庆	0.496	弱脱钩	0.824	增长连结	0.474	弱脱钩	1.267	扩张负脱钩
湖 南	0.485	弱脱钩	1.032	增长连结	0.346	弱脱钩	1.361	扩张负脱钩
辽 宁	0.458	弱脱钩	1.152	增长连结	0.291	弱脱钩	1.368	扩张负脱钩
山 西	0.451	弱脱钩	1.469	扩张负脱钩	0.243	弱脱钩	1.264	扩张负脱钩
江 西	0.446	弱脱钩	0.935	增长连结	0.352	弱脱钩	1.356	扩张负脱钩
甘 肃	0.418	弱脱钩	1.120	增长连结	0.425	弱脱钩	0.878	增长连结
天 津	1.393	弱脱钩	1.130	增长连结	0.294	弱脱钩	1.182	增长连结

续表

地　区	脱钩弹性指标	状态	减排弹性	状态	工业节能弹性	状态	工业发展弹性	状态
上　海	0.390	弱脱钩	0.832	增长连结	0.446	弱脱钩	1.051	增长连结
吉　林	0.366	弱脱钩	1.062	增长连结	0.291	弱脱钩	1.183	增长连结
黑龙江	0.328	弱脱钩	0.987	增长连结	0.279	弱脱钩	1.192	增长连结
北　京	0.220	弱脱钩	0.776	弱脱钩	0.358	弱脱钩	0.790	弱脱钩

资料来源：根据公式（3.7）计算得出。

同样，为了便于分析，我们对表格以脱钩弹性指标为标准进行了降序排列。从表3-3可以看出，除海南外的大部分省区碳排放与经济发展之间的脱钩关系处于弱脱钩状态，说明其经济增长速度快于其碳排放增长的速度，减排工作初见成效；绝大部分省区的工业节能弹性小于0.8，处于弱脱钩状态，说明工业总产值的增长速度快于能源消费量的增长速度，近十年来工业领域能源利用效率有了显著提高，这一点在作为能源基地的山西和作为重工业基地的东北三省表现特别明显，工业能源利用效率的提高为近十年来全国总体能源和碳排放增长速度的减缓起到了主要作用。但超过一半省区的工业发展弹性和减排弹性都大于1，处于扩张负脱钩或增长连结状态，说明经济规模的扩大和经济结构呈现"重型化"倾向以及在新能源开发领域的不足，导致煤炭等高排放能源品种在能源结构中的主体地位进一步加强，能源消费结构呈现恶化的趋势，所有这些会对以后减排工作形成不小的挑战。

（四）中国东中西部碳排放与经济发展脱钩的实证测度

本研究东中西部三大区域的划分不仅仅考虑到地理位置的因素，更充分考虑到各省区的经济发展水平、资源禀赋与产业结构、技术条件等因素。其中，东部包括北京、天津、河北、山东、江苏、浙江、福建、海南、辽宁、广东、上海11省市；中部包括山西、吉林、黑龙江、安徽、江西、河南、湖南、湖北8省；西部包括内蒙古、广西、重庆、四川、贵州、云南、陕西、宁夏、青海、甘肃、新疆11省区，因西藏缺乏完整的数据资料，在此不予计算在内。

通过计算三大区域1995~2007年四个时间段内碳排放量与GDP平均变化率的比值，得到三大区域碳排放与经济发展之间的脱钩指标值，并根据Tapio对脱钩状态的界定对其进行了划分，结果见表3-4。

表3-4　1995~2007年中国中东西部区域碳排放与经济增长之间的脱钩关系

时　段	东部 脱钩弹性	东部 状态	中部 脱钩弹性	中部 状态	西部 脱钩弹性	西部 状态
1995~1997	0.086	弱脱钩	0.078	弱脱钩	0.314	弱脱钩
1998~2000	0.478	弱脱钩	0.018	弱脱钩	−0.179	强脱钩
2001~2003	0.767	弱脱钩	0.984	增长连结	1.414	扩张负脱钩
2004~2007	0.704	弱脱钩	0.612	弱脱钩	0.658	弱脱钩

资料来源：根据公式（3.7）计算得出。

从表3-4可以看出，中国中西部地区在1995~2007年经济发展与碳排放之间脱钩关系发生了明显的变化，其中1995~2000年西部地区由弱脱钩转向强脱钩状态；中部地区虽然一直处于弱脱钩状态，但脱钩指标弹性值明显减小。在2001~2003年，三大区域的脱钩指标弹性值都明显上升，说明全国这段时期内碳排放与经济发展之间的关系出现恶化，西部地区表现最为明显，从强脱钩状态转向扩张负脱钩状态；2004~2007年中东西三地区的脱钩指标弹性值虽然有所变小，但占我国碳排放总量绝大部分的东部和中部弹性值并未发生大的变化，三大地区都处于弱脱钩状态。为了对三大区域脱钩状态发生变化的原因进行解释，需要对脱钩指标进行因果链分解，结果见表3-5。

表3-5　1995~2007年不同区域脱钩指标的变化及其分解

时　段	东部 脱钩弹性	东部 减排弹性	东部 工业节能弹性	东部 产业发展弹性	中部 脱钩弹性	中部 减排弹性	中部 工业节能弹性	中部 产业发展弹性	西部 脱钩弹性	西部 减排弹性	西部 工业节能弹性	西部 产业发展弹性
1995~1997	0.086	0.77	0.14	0.78	0.078	−1.65	−0.04	1.07	0.314	1.03	0.38	0.80
1998~2000	0.478	1.08	0.26	1.68	0.018	0.15	0.08	1.56	−0.179	−0.48	0.24	1.53
2001~3003	0.767	0.97	0.45	1.75	0.984	1.04	0.59	1.60	1.414	1.21	0.77	1.53
2004~2007	0.704	1.10	0.43	1.48	0.612	2.03	0.15	1.96	0.658	1.08	0.32	1.92

资料来源：根据公式（3.7）计算得出。

1995~2000年，中部和东部的减排弹性指数增大，证实了第三部分关于煤炭消费比例上升导致经济增长与碳排放之间整体脱钩弹性指标恶化的预言，其中的原因可能是受亚洲金融危机和1998年特大洪灾的影响，新能源产业的发展受到影响，导致煤炭在总体能源消费中的比例上升，碳排放的增长速度大于经济增长速度，脱钩状态出现恶化趋势；西部在该时期内减排弹性为负值，这主要是由于石油、天然气资源的大量发现和开采，一定程度上弱化了煤炭作为主要能源的位置，优质能源的出现有利于单位能源碳强度出现下降的趋势；2001~2007年全国整体减排弹性都基本上大于1，这一方面是因为该时期中国经济高速增长对能源的需求大幅度上升；另一方面中国在新能源开发方面存在不足之处，导致煤炭在总体能源结构中的主体地位进一步强化，传统能源在满足经济增长需要的同时也带来巨大的环境隐患。

基于以上分析可得如下结论：

（1）从表3-4可以看出，中国东中西三大地区脱钩弹性指标及其影响因素存在着巨大差别。例如，1998~2000年东部地区的脱钩弹性为0.478，而同时段西部地区的脱钩弹性为-0.179，这说明，由于自然条件及社会经济发展机遇的巨大差异，中国不同区域之间经济社会发展存在巨大的差异和不平衡性，因此，在制定区碳减排和发展低碳经济政策时应因地制宜。东部发达省区经济技术条件较成熟但资源匮乏，应着力发展技术和资金密集型产业，为中国温室气体减排做出主要贡献；中西部省区经济技术条件落后但资源丰富，减排的重点和目标应以提高能源利用效率，降低碳排放强度为主。

（2）大部分时期内，三大区域的工业节能弹性都小于0.5，表明近10年来工业领域能源利用效率有了显著提高。对比其他两个中间弹性，可以发现工业节能弹性是影响脱钩弹性发生变化的主要原因，这一点在作为能源化工基地的山西、陕西、内蒙古和作为重工业基地的东北3省表现得特别明显。工业能源利用效率的提高为近10年来全国总体能源和碳排放增长速度的减缓起到了主要作用，也说明了现阶段开展能源工作与实施减排的一致性，节能成为减排的重要途径和手段。

（3）三大区域绝大多数时期内产业发展弹性都大于1，说明工业作为国民经济的主导产业的作用进一步强化。这一方面说明我国正处在工业化的加速时期；但另一方面，工业在国民经济中比重的上升通过能源消费量的增加进而造成碳排放量上升，导致环境压力加大。总体经济规模的扩大、经济结构的"重型化"发展趋势和在新能源开发领域的不足导致煤炭在总体能源结构中的主体地位进一步强化，对以后的节能减排工作形成挑战，须引起相关政府部门及研究学者的高度关注。

（五）结论与建议

第一，开展节能减排工作与发展低碳经济应因地制宜。不同省区各驱动因素对碳排放变化的贡献率差别很大，说明各省区经济社会发展水平及条件存在巨大差异，因此在制定各省区碳减排和发展低碳经济政策时，应按各区域不同条件进行调整和制定发展方向。

第二，利用科技提高能源效率和优化能源结构，发展可再生、清洁能源是现阶段减排的重点和有效途径。根据Kaya恒等式，碳排放的变化主要取决于四方面的因素即人口、人均GDP、能源强度和能源结构。由于人口增长具有很强的惯性，短时期内不可能出现大的改变，而人均GDP是一国或地区政府努力追求的发展目标。因此，中国要想在短时期内减缓碳排放，只有充分利用技术上的节能减排空间。首先，加大在提高能源利用效率和传统能源清洁化利用技术方面的投资与研发力度；其次，实施能源结构多元化战略，加大对可再生能源的投资，重点发展如生物质能、太阳能、水能、风能等低碳或无碳能源。此外，对能源结构以煤为主的中国而言，碳捕获和封存技术（CCS）也是值得关注的领域。

第三，积极开展制度创新，发挥市场机制的作用，实现减排与发展经济的双赢。适宜的气候作为一种宝贵的资源，其最大属性就是公共物品属性，如果缺乏有效的制度安排，必然会出现"搭便车"的现象，最终导致"公地悲剧"的发生。《京都议定书》所倡导的清洁发展机制（CDM）、联合履行（JI）和国际碳排放交易机制（IET）对近年来减缓全球碳排放增长发挥了重要作用。在国内我们也可以设计类似的市场减排机制，不同发展水平的地区、省份或区域之间可以开展类似清洁发展机制、联合履行的合作项目，而企业则可以作为主体加入到碳排放交易的行业中来。只有将减缓碳排放的要求与发展地方经济、提高人民生活水平和企业竞争力结合起来，才能最终实现经济社会的可持续发展。

第四，加大对节能减排的宣传力度，使每一个公民都能行动起来，为节能减排做出应有的贡献。人是经济社会发展的最基本元素，节能减排离不开全体国民的参与。建议政府加大电视、广播等媒体在温室气体减排方面的宣传力度；将温室气体减排的理念、方法和技术纳入中小学课程中，使公民从小就树立起节能减排的良好道德风尚；定期组织开展节能减排的社会公益活动，使群众感受到温室气体减排的重要意义和必要性。

二、基于弹性脱钩的中国2020年减排目标缺口分析

（一）1979~2008年中国碳排放脱钩状况分析

1. 评价方法和指标选择

Tapio脱钩模型在OECD脱钩模型基础上发展而来，是目前研究经济脱钩关系的最主要研究方法，其克服了OECD脱钩模型在基期选择上的困境，采用"弹性概念"可以动态的反映变量间脱钩关系。本研究采用Tapio脱钩指标对改革开放国三十多年来经济发展与二氧化碳排放水平进行了分析。

GDP与二氧化碳弹性脱钩的公式如下：

$$t_{CO_2,GDP} = (\Delta CO_2/CO_2)/(\Delta GDP/GDP) \times 100\% \quad (3.9)$$

考虑到价格因素的影响，选取1990年不变价格对各年GDP数据进行平减化处理，剔除价格因素影响；二氧化碳排放数据采用能源消费产生的二氧化碳排放总量，参照IPCC温室气体排放估算方法[①]，换算系数采用《综合能耗计算通则》（GB/T 2589—2008）所列各种能源折算标准煤参考系数，采用该换算系数将各类能源消费量折算为标准煤，以标准煤计量的能源消费量计算温室气体排放量，参照了IPCC的推荐方法。

弹性脱钩评价采用Tapio（2005）构建的脱钩指标分类和评价标准（见表3-6）。

---

① Revised 1996 IPCC Guidelines for National Greenhouse Gas Inventories, J.T.Houghton et al., IPCC/OECD/IEA, Paris, France [M/OL]. http://www.klima.ph/resources/IPCC/GL/invs6.htm：1-20.

表 3-6　　　　Tapio（2005）8个等级与弹性值比照

状　态		Δx_{i-1}	Δx_i	弹性 t
负脱钩	扩张负脱钩	>0	>0	>1.2
	强负脱钩	>0	<0	<0
	弱负脱钩	<0	<0	0<t<0.8
脱　钩	弱脱钩	>0	>0	0<t<0.8
	强脱钩	<0	>0	<0
	衰退脱钩	<0	<0	>1.2
连　结	增长连结	>0	>0	0.8<t<1.2
	衰退连结	<0	>0	0.8<1.2

资料来源：本研究根据Tapio P.Towards a theory of decoupling: Degrees of decoupling in the EU and the case of road traffic in Finland between 1970 and 2001［J］. Journal of Transport Policy, (12), 2005:137-151整理。

2. 近三十年来中国碳排放脱钩状况

基于式（3.9）和选定的指标计算方法，整理并计算相关统计数据并采用表3-6的标准评价，得到表3-7。

表 3-7　　　　1979~2008年中国碳排放与经济发展脱钩状况

年份	二氧化碳排放量（mt）	ΔCO_2（%）	GDP（1990年不变价）亿元	Δ GDP（%）	弹性	状态
1978	1480.560	—	6584.06	—		
1979	1512.646	2.17	7082.66	7.57	0.29	弱脱钩
1980	1477.054	−2.35	7638.04	7.84	−0.30	强脱钩
1981	1462.900	−0.96	8038.51	5.24	−0.18	强脱钩
1982	1566.796	7.10	8766.55	9.06	0.78	弱脱钩
1983	1652.706	5.48	9717.98	10.85	0.51	弱脱钩
1984	1796.206	8.68	11192.78	15.18	0.57	弱脱钩
1985	1948.149	8.46	12700.02	13.47	0.63	弱脱钩
1986	2048.909	5.17	13823.52	8.85	0.58	弱脱钩
1987	2187.144	6.75	15424.73	11.58	0.58	弱脱钩
1988	2345.433	7.24	17164.73	11.28	0.64	弱脱钩

续表

年份	二氧化碳排放量（mt）	ΔCO₂（%）	GDP（1990年不变价）亿元	ΔGDP（%）	弹性	状态
1989	2385.575	1.71	17862.17	4.06	0.42	弱脱钩
1990	2399.246	0.57	18547.90	3.84	0.15	弱脱钩
1991	2519.553	5.01	20250.40	9.18	0.55	弱脱钩
1992	2643.338	4.91	23134.20	14.24	0.34	弱脱钩
1993	2786.765	5.43	26364.73	13.96	0.39	弱脱钩
1994	2958.533	6.16	29813.42	13.08	0.47	弱脱钩
1995	3198.093	8.10	33070.53	10.92	0.74	弱脱钩
1996	3340.102	4.44	36380.40	10.01	0.44	弱脱钩
1997	3288.861	−1.53	39762.70	9.30	−0.17	强脱钩
1998	3107.405	−5.52	42877.45	7.83	−0.70	强脱钩
1999	3255.523	4.77	46144.64	7.62	0.63	弱脱钩
2000	3337.721	2.52	50035.22	8.43	0.30	弱脱钩
2001	3419.912	2.46	54188.31	8.30	0.30	弱脱钩
2002	3626.275	6.03	59109.73	9.08	0.66	弱脱钩
2003	4268.549	17.71	65035.70	10.03	1.77	增长负脱钩
2004	5037.304	18.01	71594.58	10.09	1.79	增长负脱钩
2005	5547.758	10.13	79063.86	10.43	0.97	增长连接
2006	5861.962	5.66	88272.14	11.65	0.49	弱脱钩
2007	6246.549	6.56	99782.04	13.04	0.50	弱脱钩
2008	6533.554	4.59	116560.43	16.82	0.27	弱脱钩

资料来源：中国统计年鉴；世界银行数据库2。本研究参考Tapio P.Towards a theory of decoupling: Degrees of decoupling in the EU and the case of road traffic in Finland between 1970 and 2001［J］. Journal of Transport Policy, (12), 2005: 137–151整理。

  1978年以来中国二氧化碳排放与经济增长基本上一直处于弱脱钩状态。改革开放以来中国经济增长基本稳定，二氧化碳排放与经济增长基本呈正相关关系，实际GDP的平均增长速度一直保持在10%左右，而二氧化碳排放平均增长速度也保持5%左右，GDP增长高于二氧化碳排放增长保证了中国大部分年经济增长与二氧化碳排放一直处于弱脱钩状态。

下面我们参考表3-7，对比国家五年计划，分阶段对1978~2008年以来中国二氧化碳与经济增长脱钩状态进行分析讨论。

第一阶段是1978~1985年，这段时期经济进入稳步持续增长，碳排放呈现波动性增长，经济发展与碳排放总体呈现弱脱钩状态。1978年中国开始实行对外开放以及经济体制改革，经济增长稳步提升。而这段时间由于全国推广家庭联产承包责任制、极大地释放了农业生产力，中国的第一产业呈上升趋势，第二产业比重基本稳定。同时，计划生育政策开始实施，人口增长逐渐放缓。这两个主要因素影响二氧化碳排放出现波动甚至下降。促进了这段时间脱钩状态的维持。

第二阶段是1985~1990年，这段时期经济增长与碳排放基本呈现稳定增长，经济增长速度大于碳排放增长速度，总体保持弱脱钩状态。总体经济由于通货膨胀压力的不断上升（1988年通胀率为20%左右），经济增长速度降低，到1989年实际经济增长仅为4.06%，但这段时间中国第三产业发展迅速，占经济比重由25%增长到32%，一次能源结构的改善，能源强度的继续下降，使中国碳排放增长也急速降低，到1989年陡然降低到1.71%，经济增长与碳排放总体下降，并呈现弱脱钩状态。

第三阶段是1991~1995年，这段时期整体呈现经济的高增长、生产效率高的状态，排放增长速度逐步提升，并与经济增长呈现弱脱钩状态。90年代初，由于国际形势发生重大变化，中国经济发展国际形势转好，经济增长速度不断加快（1992年达14%）。这一阶段，由于经济持续高速发展推动的能源消费是二氧化碳排放增长的主要推动力，而经济增长的高速，能源效率的提高，以及1993年后中国成为石油产品净进口国而带来的能源结构的优化等因素则降低了中国的二氧化碳排放增长速度。一些研究分析数据显示，能源结构优化和能源强度变化是这段时期二氧化碳最主要的负影响因素。

第四阶段是1996~2000年，这段时期经济增长速度的放缓，受能源结构、生产效率等二氧化碳排放负影响因素作用的影响，总体呈负脱钩甚至1997年、1998年呈强脱钩。1997年以后，由于受亚洲金融危机和1998年百年不遇的洪水的影响，中国的经济增长速度明显降低，1997~2000年均经济增长只有8%，经济增长对二氧化碳排放的推动力明显减小。而且，这一时期伴随着国家大力整治低水平重复建设，关停高能耗、高污染、低效率"十低五小"等企业，同时，由于企业的市场化改革受到一定反弹和金融危机导致出口需求的下降等因素的影响。这段时期中国工业产出增长减缓，能源效率得到提高和产出结构一定的优化，这些因素给二氧化碳排放带来一定负的影响。而且，国家从1998年开始正式实施《节能法》，促使中国能源效率提高，推动了煤炭、炼油相关行业进行创新改革，煤炭质量不断提高、洗选煤、洗精煤、焦炭等产品比重不断提高，煤炭品种结构不断优化，这些措施促进了能源结构的改善，降低了中国二氧化碳排放。

第五阶段是2001~2005年，这段时期二氧化碳排放强劲增长，经济发展平稳增长，出现了增长连接，甚至增长负脱钩情况。随着国际经济形势的好转和2001年末中国加入WTO，中国的经济重新开始加速增长，2003年、2004年和2005年的GDP增长率分别高达10.03%、10.09%和10.43%。这种快速增长主要在出口需求大量增长的刺激下，钢铁、水泥、电解铝等领域固定投资的迅猛增加。基础产业部门的扩张，导致了中国这段时期对能源的需求高速增长。以钢铁行业为例，投资过热使得对焦炭的需求呈现爆炸式的增长，使之前一直下降的吨钢能耗在2003年增加了11千克标煤。虽然这段时期我国开始了能源结构的大力调整，水电与核电都在大力发展，2005年国家又通过《可再生能源法》，能源机构得到优化。但是由于能源需求的强劲增长，能源结构低碳化的积极效应被抵消，二氧化碳排放大幅增加，年均增长率高达10.9%。

第六阶段2006~2008年，这段时期较短，中国经济增长保持了高速增长，碳排放增长基本稳定，总体呈弱脱钩状态。中国于2005年开始进行二氧化碳减排行动，国家在《十一五规划纲要》中更是明确提出国内生产总值单位能耗要降低20%，单位GDP能耗的降低意味着二氧化碳排放的减少。经济的持续高速增长，与二氧化碳排放增长有限，保证了这段时期弱脱钩状态的实现。

（二）2020年中国碳排放缺口预测

1. 预测的基本框架

本研究的基本思路是基于近30年碳排放与经济发展数据的历史分析，通过选取不同条件下的脱钩状况和经济发展速度，预测2020年的碳排放状况。

基本模型框架如下：

$$v_{co_2} = \Delta CO_2/CO_2 \times 100\% = v_{GDP} \times t_{CO_2GDP} \quad (3.10)$$

$$预测碳强度 = \frac{CO_2 \times (1 + v_{co_2})^n}{GDP \times (1 + v_{GDP})^n} \quad (3.11)$$

式（3.10）是式（3.9）的变形，v_{GDP} 表示经济发展速度的预期，即（ΔGDP%/GDP），v_{co_2} 表示碳排放的变化速度；式（3.11）基于碳强度定义（碳强度=CO_2/GDP），预测包含经济发展和碳强度变化下的碳强度，其中 n 表示预测期。

2. 指标选取

本研究的指标选取采用历史分析和未来预测相结合，其中GDP和碳排放的基期数据为2005年数据，即中国减排承诺的基期年份，预测期为中国的承诺减排时限2020年；$t_{CO_2,GDP}$ 的选取基于历史数据分析的结果，分别选取过去30年中脱钩状况最好10年均值、最差10年均值和中间10年均值三个数据进行预测；v_{GDP} 选取林毅夫、解三明、许宪春等对中国2010~2020年经济发展测算数据（见表3-8）的最高值、最低值和均值进行预测。

表3-8　　2010~2020年中国学者对经济增长速度预期

学者	经济增长速度预测	来源
林毅夫（北京大学中国经济研究中心）	8%~10%	《21世纪中国经济问题专家谈》，河南人民出版社
李京文（中国社会科学院）	6%	《21世纪中国经济问题专家谈》，河南人民出版社
解三明（国家计委宏观经济研究院）	7%~7.5%	《中国经济增长潜力和经济周期研究》，中国计划出版社
许宪春（国家统计局国民经济核算司）	6.5%	《中国未来经济增长及国际经济地位展望》，经济研究
王小鲁（北京国民经济研究所）	6.22%	《中国经济增长的可持续性》，经济科学出版社

资料来源：本研究整理。

将以上数值整理可得表3-9。

表3-9　　　　　　GDP增速和脱钩弹性预测变化

单位：%

脱钩弹性	GDP增速		
	快	中	慢
强	0.03, 9	0.03, 7	0.03, 6
中	0.49, 9	0.49, 7	0.49, 6
弱	0.92, 9	0.92, 7	0.92, 6

资料来源：本研究整理。

将数值分别带入式（3.9），可以得到一个碳排放增速的预测矩阵（表3-10）。

表3-10　　　　　　碳排放增速预测变化

单位：%

脱钩弹性	GDP增速		
	快	中	慢
强	8.28	6.44	5.52
中	4.41	3.43	2.94
弱	0.27	0.21	0.18

资料来源：本研究整理。

3. 2020年中国碳排放缺口预测

选取碳排放增速预测表（表3-2）中前三位、中间三位和后三位的均值，进行2020年中国碳排放缺口的预测，可以得到数据表3-11。

表3-11　　　　　　GDP增速和碳排放增速预测变化

单位：%

碳排放增速	GDP增速		
	快	中	慢
快	6.75, 9	6.75, 7	6.75, 6
中	3.59, 9	3.59, 7	3.59, 6
慢	0.22, 9	0.22, 7	0.22, 6

资料来源：本研究整理。

将基期数据和表3-11数据带入式（3.10）可以得到对中国2020年碳排放强度的一个预测矩阵（表3-12）。

表3-12　　　　　　　2020年碳排放强度预测

单位：百万吨/万元

碳排放增速	GDP增速		
	快	中	慢
快	0.0513	0.0677	0.0780
中	0.0327	0.0432	0.0497
慢	0.0199	0.0263	0.0303

资料来源：本研究整理。

预测值与承诺减排目标（以上限45%计算）的缺口可表示为表3-13~表3-15。

表3-13　　　　　　2020年预测碳排放强度与承诺值缺口

单位：百万吨/万元

碳排放增速	GDP增速		
	快	中	慢
快	−0.0127	−0.0292	−0.0394
中	0.0059	−0.0046	−0.0111
慢	0.0187	0.0123	0.0083

资料来源：本研究整理。

表3-14　　　　2020年预测碳排放强度占基期碳强度的百分比

单位：%

碳排放增速	GDP增速		
	快	中	慢
快	73.13	96.55	111.16
中	46.60	61.52	70.82
慢	28.37	37.46	43.12

资料来源：本研究整理。

表3-15 2020年预测碳排放强度占基期百分比与承诺值缺口

单位：%

碳排放增速	GDP 增速		
	快	中	慢
快	−18.13	−41.55	−56.16
中	8.40	−6.52	−15.82
慢	26.63	17.54	11.88

资料来源：本研究整理。

4. 数据分析

一是中国承诺的减排目标完成有着巨大压力，在历史碳排放强度增速取较快值状态下，经济发展不论处于任何一种增长状态，到2020年中国还存在至少20%以上的巨大缺口；即使碳排放增速处于中等水平，仍有较大可能出现缺口；碳排放增速历史最强年份出现在2003年，其原因主要是由于出口需求引致的投资剧增。2008年以来中国为应对世界经济危机，投入超过4万亿的资金，大力推动内需，而且资金流向主要是基础设施、工业等高碳产业部门，这样带来的产出规模的扩张，势必会继续推动中国碳排放增长，导致中国未来二氧化碳排放增长也会保持在较高水平，实现承诺压力巨大。

二是表3-13和表3-15矩阵中，对角线基本呈现负值，表明中国经济增长对二氧化碳排放的正向推动力量要大于二氧化碳排放减速的负向推动力量。当经济增长与二氧化碳排放强度同处于强或弱状态下，实现完成承诺具有一定困难。

三是二氧化碳排放增速降低将是中国实现减排承诺最重要的手段。表3-13和表3-15矩阵中，当二氧化碳排放增速处于历史较低状态下，三种经济增长状态下，中国都能够顺利地实现承诺。目前，世界经济都从金融危机中缓慢复苏，而中国在世界分工格局中仍处低端，未来中国还面临巨大的出口拉动，工业生产规模将进一步扩大，工业化程度还将提升，技术水平相对还落后，这就导致中国不能将二氧化碳强度保持在历史最低水平，实现承诺只是一种理想状态。

四是当碳排放增长处于中间状态下时，中国要实现承诺则需要保持经济处于最好状态下的持续增长。按照世界经济发展规律，中国未来要想保证9%~10%的经济增长速度难度巨大，实现承诺，困难重重。

总之，基于数据分析可以看到，要在2020年实现二氧化碳减排40%~45%的承诺，压力巨大；经济规模扩大、基础设施投资、工业化进一步发展是推动碳排放的主要推动力，技术进步特别是能源效率的降低则是我国实现二氧化碳排放强度的主要手段，在保证经济增长的同时实现碳强度降低任重而道远，转变经济增长方式势在必行。

（三）政策建议

通过以上的分析，可以得出以下几点重要的结论：实现减排承诺，承担大国责任，已经成为中国面向低碳社会必须迈出的坚实步伐，但中国还是发展中国家，实现经济发展、人民生活水平提高是我们的历史任务，因此中国的低碳经济之路必须在发展中实现。

第一，改变发展理念，正确理解环境与经济发展的辩证关系，保障经济增长的同时实现低碳经济。1978年以来，中国经济的快速发展，改善了人民生活水平，取得了举世瞩目的成就，但中国现已成为世界上二氧化碳排放量最多的国家之一。在全球低碳化发展趋势下，作为发展中大国，国际压力越来越大，只顾发展经济而不顾环境的约束，高投入、高消耗、高污染、低效率的粗放增长方式不仅会给中国带来巨大的环境污染，也必然使中国在国际竞争和国际贸易中处于被动地位，传统的粗放型经济增长方式必须进行根本变化。但作为发展中国家，要考虑中国特定发展阶段实现经济增长，提高人民生活水平所产生的"生存和发展排放"必须坚持，只有经济发展才能投入足够的人力、财力和物力，保证二氧化碳减排战略的落实，实现发展与减排的良性循环与社会经济的可持续发展。

第二，以节能减排为主要手段，提高能源效率，促进二氧化碳减排。当前国际社会提出的主要减排措施之一是提高能源利用效率。特别在中国以煤炭为主能源结构调整短期内很难改变的情况下，提高能源效率、节约能源必然成为中国应对低碳经济，实现经济增长与二氧化碳降低双赢的战略方针，这从目标上符合中国经济增长方式从粗放型向集约型根本转变的需要，而且有利于降低经济增长对能源的依赖，维护中国能源安全。

第三，发展技术，促进能源消费结构改善。技术发展和现实国情决定了中国短期内以煤炭为主的能源结构很难改变。但由于煤炭碳排放系数远高于其他能源，因此一次能源结构的逐步改善对中国二氧化碳减排有着至关重要的作用。国家统计局资料显示2008年中国煤炭在一次能源结构中的比重为69%，石油和天然气在一次能源结构中的比重为22%，新能源、核能风能等非化石能源可再生能源在一次能源结构中的比重为9%。OECD国家年煤炭仅占26.6%，核能、风能等非化石能源比重达25.4%，所以中国清洁能源发展潜力巨大，技术是主要限制因素。因此，清洁燃料及清洁煤技术发展，可再生能源的开发利用，完善可再生能源法律法规建设等将是未来中国减排二氧化碳的重要战略选择。

第四，开展低碳宣传，提高民众意识，引导低碳社会生活方式，倡导公众节能减排、低碳消费、低碳经营的理念，引导公众选择低碳生活方式。人类经济活动是全球气候变暖的主要驱动因素，未来温室气体排放关系每一个人的生活方式，研究证明个人的消费方式可以影响到45%的能源消费。更重要的是个人需求的改变可以促使生产方式的转型，通过公众的低碳需求来带动，以促进低碳技术的应用，带动低碳经济的发展，为在全国建设低碳社会探索新的发展模式。

第五，加强金融对低碳经济的支持，积极发展碳金融市场。金融机构的贷款和投资行为，会直接影响到各个行业和项目的能源消耗和二氧化碳排放。一方面，金融机构需要探索建立一种应对气候变化的信贷模式，加强对低碳项目的融资、投资。另一方面，金融机构可以积极参与到碳金融市场中来。欧盟排放贸易机制（ETS）的交易价值达500亿美元。按照《斯特恩报告》中倡导的限额与交易机制力量，会产生从发达国家到发展中国家资金流在2020年大约为每年200亿~750亿美元。因此，金融机构需要通过碳信用等制度的创新，为即将到来的碳金融市场的发展创造条件。

总之，中国能否实现增长方式的变革，完成和谐社会的构建，很大程度上取决于中国应对低碳经济发展调整的能力，哥本哈根会议让中国走上了低碳经济发展的高速路，中国必须尽积极主动应对这种严峻的挑战，发展低碳经济。优化能源结构、提升低碳技术体系和完善低碳产业结构，建立与低碳发展相适应的生产方式、消费模式和法规制度，争取最终实现由"高碳"时代到"低碳"社会发展的转变，真正实现中国经济社会、人与自然和谐发展。

三、中国实现2020年减排目标的战略路径研究

（一）主要研究思路

面对全球气候变暖、国际能源日益短缺和中国转变经济增长方式的多重要求，哥本哈根会议之后，中国政府已经将以碳强度下降为目标的减低碳排放工作作为了一项重要工作任务。2009年11月25日，国务院总理温家宝主持召开的国务院常务会议决定，到2020年单位国内生产总值二氧化碳排放比2005年下降40%~45%，并提出相应的政策措施和行动。同时，基于中国低碳经济发展和国家减排目标实现路径的研究也在近年来广泛展开。

中国针对减排目标实现的研究首先主要针对"十一五"规划所提出的以二氧化硫为典型污染物减排目标的实现。刘笑萍、张永正、长青（2009）[1]以二氧化硫作为典型污染物，检验了中国二氧化硫排放和经济增长之间的关系，认为其并没有明显的EKC效应，不能依靠现有的机制内生调整，需要外部干预才可以做到不损害经济增长同时又使污染物排放减少。该研究作为经济总量与污染物总量的相关关系研究，一定程度上有利于把握污染物排放的变化规律，但单纯的外在统计规律不能揭示具体影响因素，不能为减排路径研究提供指导方法。魏楚、杜立民、沈满洪（2010）[2]基于DEA方法对中国各省区的以二氧化硫为代表的污染物排放与经济增长关系进行了分析，并对不同地区的相对节能潜力进行了分析。该研究尽管不是针对碳排放，但以污染强度为目标、基于区域结构调整的减排路径设计具有借鉴性，该研究的不足在于DEA方法作为一种地区横向比较缺乏预测的直接性。

其后，学者们将研究重点主要放在了2020年碳减排目标的实现上。何建坤（2010）定性地分析了当前中国经济增长与碳排放的相关关系，指出碳强度下降是基于中国国情实现低碳发展的核心内容和重要切入点。

---

[1] 刘笑萍，张永正，长青. 基于EKC模型的中国实现减排目标分析与减排对策[J]. 管理世界，2009（4）：75-82.

[2] 魏楚，杜立民，沈满洪. 中国能否实现节能减排目标：基于DEA方法的评价与模拟[J]. 世界经济，2010（3）：141-160.

该研究全面分析了碳强度目标实现的路径，但不足在于对各种路径缺乏定性分析，政府着力点更应在哪一方面入手等分析不足。林伯强、孙传旺（2011）采用索洛增长模型和KAYA公式分别预测了2020年中国经济总量和碳排放总量，并将两者综合得到了2020年中国碳强度，其分析认为，2020年单位GDP二氧化碳排放量较2005年可下降43.15%，这与政府的低碳目标基本吻合。该研究的不足之处在于没有关注经济增长与碳排放的相关关系，这一点即体现在对2020年碳强度的预测上，更体现在其对减排路径的分析上，并没有关注路径的实施对经济增长的影响。潘仁飞、陈柳钦（2011）采用能源弹性系数法对不同能源结构调整下的二氧化碳排放情况进行了测算，并对不同能源消费结构下能否实现我们的碳减排目标进行了检验，得出在无约束条件下几乎不可能实现减排目标，在能源规划约束下基本可以实现40%的减排目标，而要实现45%的减排目标则存在较大难度。该研究的不足在于将减排目标的成因单一化为能源结构，而将降低能耗和提高生产附加值等因素完全搁置。另外，齐培潇、郝晓燕和乔光华（2011）还从评价中国低碳经济综合发展水平的指标体系角度进行了尝试性的研究。

综上来看，目前的研究尽管取得了许多突破，分析方法科学严谨，但尚不能全面揭示影响我国减排目标中经济增长与碳排放的相关关系，以及如何对减排方案进行科学分解，寻找影响中国减排的关键路径。李忠民、陈向涛和姚宇（2011）采用弹性脱钩方法和Tapio评价标准，以历史经验数据为基础，结合权威经济学者对经济发展的不同预期，根据不同发展情境构建中国2020年碳排放强度缺口的计算模型，对中国实现承诺减排目标进行分析，结果表明中国要在2020年实现二氧化碳减排40%~45%的承诺压力巨大，转变经济增长方式势在必行。该研究采用脱钩方法预测了经济增长与碳排放的相关关系，其不足在于不能提出适宜中国的减排路径。本研究希望对此进行尝试性的分析。

（二）研究方法与指标选择

1. 模型构建

OECD在2002年开始采用脱钩方法来研究碳排放与经济增长的相关关系，脱钩反映单位经济产出的碳排放量减少，即碳强度降低。Juknys（2003）和Tapio（2005）对这一方法分别进行了发展，提出了弹性脱钩的分析方法，有效规避了绝对脱钩在基期选择上的困难。与以往单纯减排的研究方法不同，脱钩方法将经济增长与碳排放的相关关系作为研究目标，直接针对发展中国家发展与治理的矛盾问题，满足低碳经济的中国含义，即在碳排放与经济增长的脱钩过程中实现经济增长和碳强度降低两重目标。

基于李忠民、姚宇、庆东瑞、韩翠翠和陈向涛等人（2010，2011）关于碳排放与经济发展脱钩关系的逻辑因果链分析方法，可以进一步将目标函数与反映影响因素的中间变量之间的变量关系一般化。因果链构造可以选择一个中间变量，也可以选择多个中间变量，但变量之间应具有明确的逻辑相关关系，通过两个连续变量之间弹性脱钩值的相乘可以得到最终经济驱动力与环境驱动力之间的脱钩关系，而每两个连续变量之间弹性脱钩值大小可以说明该影响因素对最终结果的影响程度，由此可以得到基础的LYQ分析模型，即公式（3.12）：

$$T_{X_0, x_n} = \prod_{i=1}^{n} T_i \qquad (3.12)$$

式（3.12）中 $T_i = (\%\Delta x_{i-1}/x_{i-1})(\%\Delta X_i/X_i)$。

基于弹性脱钩的定义，式（3.12）可以进一步表达为式（3.13）：

$$T_{X_0, x_n} = \prod_{i=1}^{n} \frac{V_{x_{i-1}}}{V_{x_i}} \qquad (3.13)$$

式（3.13）中 $V_i = (\%\Delta x_i/x_i)$。

通过对等式两边分别求log值，可以将各影响因素的影响力程度标准化，得到式（3.14）：

$$1 = \sum_{i=1}^{n} \log_{T_{X_0, x_n}} T_i \qquad (3.14)$$

通过定义影响因素的权重函数，可以达到对不同因素影响力的直接判断，即公式（3.15）：

$$w_{T_i} = \begin{cases} -\log_i^{T} {}_{T_{X_0, xn}}, & \text{当 } T_{X_0, xn} > 1 \text{ 时} \\ \log_{T_{X_0, xn}}^{T_i}, & \text{当 } T_{X_0, xn} < 1 \text{ 时} \end{cases} \qquad (3.15)$$

式（3.15）中，$\left|\sum_{i=1}^{n} w_{T_i}\right| = 1$ 确保了对影响力评价的标准化和可比较性。

本研究将基于这一模型对经济增长与碳排放脱钩的各影响因素的影响力和变动趋势进行分析，探寻中国实现2020年减排目标的路径。

2. 分析方法

与以往基于LYQ模型对于产业低碳化的研究不同，形成区域最终经济驱动力与环境驱动力之间的脱钩关系影响因素更为复杂，考虑到经济规模因素、通货膨胀因素和人民币汇率因素等都会对目标函数的最终结果形成影响，可以构造区域低碳经济发展的逻辑因果链，即地区碳排放——地区能耗（减排因素）——地区经济规模（节能因素）——地区实际经济产出（价值创造能力因素）——地区名义经济产出（通货膨胀因素）——国际评价的经济产出（汇率因素）。基于这一因果链，区域碳排放与国际评价下的GDP增长脱钩关系的因素包括五个，即能源结构改善（减排）、节能技术改善、经济价值创造能力提升、通货膨胀影响和人民币汇率提高。由于中国的碳强度降低目标只针对实际GDP，故本研究不考虑通货膨胀因素。基于以上分析思路，应用构建模型可以得到中国碳强度变化主导因素分析方法，即式（3.16）：

$$T_{co_2:SGDP} = T_{co_2:E} \times T_{E:S} \times T_{S:GDP} \times T_{GDP:SGDP} \qquad (3.16)$$

式（3.16）中，$T_{co_2:SGDP}$代表碳排放与经济增长整体脱钩弹性，脱钩反映单位经济产出的碳排放量减少，即地区的碳强度降低；$T_{co_2:E}$代表减排脱钩弹性，脱钩反映单位能耗的碳排放量减少，其主要决定于地区能源结构改善；$T_{E:S}$代表节能脱钩弹性，脱钩反映单位地区生产规模的能耗降低，其主要决定于能源使用效率提高；$T_{S:GDP}$代表价值创造能力脱钩弹性，脱钩反映单位经济产出的地区经济规模减小，其主要决定于地区产业的价值创造能力增强；$T_{GDP:SGDP}$代表汇率变化弹性，脱钩反映国际评价下单位产出所对应本币产出减小，其主要决定于本币汇率提升。

同时，各因素脱钩值越接近于1，反映该因素状态越稳定，越缺乏变化，越不具备调节的可能性；脱钩值越远离于1，反映该因素状态越不稳定，越富于变化，越具备调节的可能性。

基于脱钩定义，式（3.16）还可以表达为式（3.17）：

$$T_{co_2:SGDP} = \frac{V_{co_2}}{V_E} \times \frac{V_E}{V_S} \times \frac{V_S}{V_{GDP}} \times \frac{V_{GDP}}{V_{SGDP}} \qquad (3.17)$$

式（3.17）中，V_{CO_2}代表碳排放增长速度，V_E代表能耗增长速度，V_S代表经济规模增长速度，V_{GDP}代表GDP增长速度，V_{SGDP}代表国际评价下GDP增长速度。

为研究某一较长时期的主导性因素，可以通过如下方法计算该时期内相关变量的变化速度：

$$i_t = i_0 \times (1 + V_i)^t \qquad (3.18)$$

式（3.18）中，i_t代表变量i的t时期数据；V_i代表变量i的基期数据，代表变量i在0到t时期的变化速度。由此，可以利用公式（3.15）求得影响整体脱钩的主导因素。

3. 指标选择

本研究对碳排放、能耗、地区经济规模、地区经济产出和国际评价下的地区经济产出等变量分别选择二氧化碳排放量、以标准煤计量的能源消费总量、工业生产总值、实际GDP和以当年汇率计算的美元计价GDP作为指标。其中，经济规模变量考虑到中国经济的生产性特征，没有采用Kaya公式和Ipat公式等以人口为指标的衡量，而以工业总产值反映地区经济规模；经济产出采用了目前国际普遍应用的属地性指标GDP，国际评价下的经济产出采用了国际较为公认的美元计价。

（三）研究结果与分析

1. 不包含汇率变动弹性的主导因素数据分析

由于中国1994年才取消了外汇调剂价格，开始执行人民币汇率改革，在此之前无法客观衡量国际评价下的国内经济产出，无法进行30年的中国碳强度变化主导因素分析，本研究首先对不包含汇率变动因素的1978~2008年中国碳强度变化主导因素进行分析。

基于公式计算可得1978~2008年碳排放、能耗、工业总产值和实际GDP增速分别为：5.07%、5.58%、14.24%和9.92%，对应的脱钩弹性状态和影响力如表3-16所示。

表3-16　1978~2008年中国不包含汇率变动碳强度变化主导因素脱钩状态

状态	影响力	弹性值	弹性状态
减排脱钩弹性	0.91	增长连结	0.14

续表

状态	影响力	弹性值	弹性状态
节能脱钩弹性	0.39	弱脱钩	1.40
价值创造脱钩弹性	1.44	扩张负脱钩	−0.54
整体脱钩弹性	0.51	弱脱钩	1.00

资料来源：本研究弹性状态评价采用了Tapio（2005）给出的脱钩弹性值评价标准。

不难看出，在不考虑汇率影响因素时，1978~2008年中国的碳强度呈明显下降趋势，整体脱钩弹性值0.51，表现为弱脱钩状态，符合地区经济工业化和现代化进程的一般特点，即经济产出与碳排放共同增长，而前者增速更快，但实证表明（李忠民、陈向涛、姚宇，2011）这一脱钩速度还不足以实现中国减排目标。脱钩过程中的主导因素来自于节能环节，其弹性脱钩值为0.39，远离于1，正向贡献1.40，其实质是由于技术改善而导致的单位生产规模耗能在减少。由于能源结构改善对整体脱钩所做的贡献尽管正向，但影响甚微，其脱钩弹性值0.91，影响力0.14；价值创造能力的持续衰退严重制约了中国碳强度下降，其弹性脱钩值为1.44，远离于1，表现为扩张负脱钩状态，对整体脱钩的影响力是负的0.54。

2. 包含汇率变动弹性的主导因素数据分析

1994年，中国实行以市场供求为基础的、单一的，有管理的浮动汇率制度，实行银行结售汇制，取消外汇留成和上缴，建立银行之间的外汇交易市场，取消了外汇调剂价格。在此之后，汇率变动可以较好的反映国际评价下的国内经济产出，因此本研究可以进一步对包含汇率变动因素的1994~2008年中国碳强度变化主导因素进行分析。

基于公式计算可得1994~2008年碳排放、能耗、工业总产值、实际GDP增速、美元计价GDP增速分别为：5.82%、6.37%、13.85%、9.94%、11.65%，对应的脱钩弹性状态如表3-17所示。

表3-17　1994~2008年中国包含汇率变动碳强度变化主导因素脱钩状态

状态	弹性值	弹性状态	影响力
减排脱钩弹性	0.91	增长连结	0.13
节能脱钩弹性	0.46	弱脱钩	1.12

续表

状态	弹性值	弹性状态	影响力
价值创造脱钩弹性	1.39	扩张负脱钩	−0.48
汇率变动弹性	0.85	增长连结	0.23
整体脱钩弹性	0.50	弱脱钩	1.00

资料来源：本研究整理。

不难看出，在考虑汇率影响因素时，1994~2008年中国的碳强度仍然呈明显下降趋势，整体脱钩弹性值0.50，与前面分析相差不大，表现为弱脱钩状态，主导因素依然来自于节能环节，其弹性脱钩值为0.46，远离于1，正向贡献1.12，较之前面分析有所下降。由于能源结构改善对整体脱钩所做的贡献依然是正向且影响甚微，其脱钩弹性值0.91，影响力0.13，变化不大；价值创造能力仍然呈持续衰退状态，是制约碳强度下降的重要因素，其弹性脱钩值为1.39，远离于1，表现为扩张负脱钩状态，对整体脱钩的影响力是负的0.48；汇率变动弹性的正向作用抵消了节能因素的下降，尽管其本身呈增长连结状态，但影响力是正向的，为0.23。

3. 讨论

碳强度变化主导因素的分析为中国减排目标实现战略路径的确立提供了基础，但仍需要分析和讨论历史上经济环境变化与政策机制实施对各影响因素是否具有改善的可能，从而发现一条切实可行的路径以实现中国实现2020年减排目标。

从表3-18的数据分析可以看出，减排脱钩弹性状态1978~2008年一直并不稳定，脱钩、连结和负脱钩状态呈现相互交错，反映了基于能源结构的碳排放受政策影响十分显著，政策严厉时呈现为强脱钩状态，但很快就会出现强劲的反弹，几乎强脱钩之后必是负脱钩，比如1996年的《关于环境保护若干问题的决定》和1997年制定的《节能法》，关停高能耗、高污染、低效率"十低五小"等企业，实现了减排弹性强脱钩，但随后1999年就是扩张负脱钩。而从长期看减排弹性呈现出增长连结状态，可见基于中国"多煤少油少气"的能源结构在长期内不会改变，减排因素的调整空间十分有限。其中的特例发生在20世纪80年代中后期，由于水电产业的大力发展，一次能源结构有一定改善，形成了1989年和1990年的减排弱脱钩，并且在之后的1991年脱钩值小于1没有出现反弹，可见当存在可规模开发的清洁能源时，减排因素会产生不可逆的正向作用。

表3-18　1978~2008年中国不包含汇率变动碳强度变化各因素逐年脱钩状态

年份	减排因素 脱钩值	减排因素 脱钩状态	节能因素 脱钩值	节能因素 脱钩状态	价值创造因素 脱钩值	价值创造因素 脱钩状态	汇率因素 脱钩值	汇率因素 脱钩状态
1979	0.79	弱脱钩	0.31	弱脱钩	1.16	增长连结	—	—
1980	−0.88	强脱钩	0.29	弱脱钩	1.19	增长连结	—	—
1981	−0.19	强脱钩	1.15	增长连结	0.82	增长连结	—	—
1982	1.44	扩张负脱钩	0.63	弱脱钩	0.86	增长连结	—	—
1983	1.11	增长连结	0.44	弱脱钩	1.03	增长连结	—	—
1984	1.76	扩张负脱钩	0.30	弱脱钩	1.07	增长连结	—	—
1985	1.71	扩张负脱钩	0.23	弱脱钩	1.59	扩张负脱钩	—	—
1986	0.95	增长连结	0.47	弱脱钩	1.32	扩张负脱钩	—	—
1987	0.94	增长连结	0.40	弱脱钩	1.53	扩张负脱钩	—	—
1988	0.99	增长连结	0.35	弱脱钩	1.84	扩张负脱钩	—	—
1989	0.40	弱脱钩	0.50	弱脱钩	2.10	扩张负脱钩	—	—
1990	0.31	弱脱钩	0.24	弱脱钩	2.02	扩张负脱钩	—	—
1991	0.97	增长连结	0.35	弱脱钩	1.61	扩张负脱钩	—	—
1992	0.95	增长连结	0.21	弱脱钩	1.73	扩张负脱钩	—	—
1993	0.87	增长连结	0.23	弱脱钩	1.95	扩张负脱钩	—	—
1994	1.06	增长连结	0.24	弱脱钩	1.85	扩张负脱钩	—	—
1995	1.18	增长连结	0.34	弱脱钩	1.86	扩张负脱钩	0.75	弱脱钩
1996	1.45	扩张负脱钩	0.18	弱脱钩	1.66	扩张负脱钩	0.95	增长连结
1997	−6.28	强脱钩	0.04	弱脱钩	1.41	扩张负脱钩	0.97	增长连结
1998	−18.59	强脱钩	0.02	弱脱钩	1.37	扩张负脱钩	0.98	增长连结
1999	1.48	扩张负脱钩	0.28	弱脱钩	1.52	扩张负脱钩	1.00	增长连结
2000	0.72	弱脱钩	—	—	—	—	1.00	增长连结
2001	0.74	弱脱钩	0.26	弱脱钩	1.55	扩张负脱钩	1.00	增长连结
2002	1.01	增长连结	0.32	弱脱钩	2.06	扩张负脱钩	1.00	增长连结
2003	1.16	增长连结	0.60	弱脱钩	2.55	扩张负脱钩	1.00	增长连结

续表

年份	减排因素 脱钩值	减排因素 脱钩状态	节能因素 脱钩值	节能因素 脱钩状态	价值创造因素 脱钩值	价值创造因素 脱钩状态	汇率因素 脱钩值	汇率因素 脱钩状态
2004	1.12	增长连结	0.67	弱脱钩	2.38	扩张负脱钩	1.00	增长连结
2005	0.96	增长连结	0.80	弱脱钩	1.17	扩张负脱钩	0.91	增长连结
2006	0.59	弱脱钩	0.25	弱脱钩	3.02	扩张负脱钩	0.80	增长连结
2007	0.78	弱脱钩	0.35	弱脱钩	1.70	扩张负脱钩	0.72	弱脱钩
2008	1.18	增长连结	0.23	弱脱钩	1.78	扩张负脱钩	0.48	弱脱钩

注：2000年国家关于工业总产值统计口径由一般企业转为规模以上企业，数据发生非正常变化，分析不能说明实际意义。

节能脱钩弹性状态1978~2008年一直非常稳定，除1981年外均呈弱脱钩状态，反映了节能技术改善可以在长时期内发生作用，并且波动性也说明其不受国家政策的过渡影响，具有经济内生的改进性，能耗降低有利于企业成本控制和盈利增加，但问题是这样的内生动力还能不能推进其进一步的节能。看到其稳定的同时，数据也说明在30年间节能脱钩弹性值呈现三个阶段，第一个十年其弹性值较大、脱钩不明显，均值为0.457；第二个十年弹性值显著下降、脱钩趋势加强，均值为0.235；到了近十年其弹性值又有所抬头、脱钩减弱，均值为0.375。这种趋势与国内和国际能源价格变动并不一致，而与经济规模扩张速度直接相关；改革开放之后社会需求迅速扩张，经济总量要求快速发展，头一个十年的节能脱钩弹性值较高；80年代末和90年代初随着国家宏观调控和不良的国际贸易环境，经济发展有所放缓，节能脱钩弹性值有所下降；2001年之后，随着中国"入世"，外部需求急剧扩张，节能脱钩弹性值又再度上升；可见在过去30年里企业关注的首先不是节能，而是依靠规模所带来的收益增长。同时，30年里节能政策有力地促进了节能因素趋向于脱钩，并且正向性具有稳定性，不发生反弹，如1997年《节能法》的颁布和2006年《国务院关于加强节能工作的决定》的颁布，节能弹性急剧下降之后并没有出现反弹。

价值创造脱钩弹性状态1978~2008年变化趋势非常明显，即价值创造能力不断下降，除1981年和1982年略有改观外，呈现出一种不可逆且日益加强的趋势，脱钩弹性状态由增长连结逐步转化为扩张负脱钩，并且扩张负脱钩的弹性值也是不断增加，第一个十年弹性均值为1.241，第二个十年弹性均值为1.756，最近一个十年弹性均值为1.97。不断下降的价值创造能力说明了中国同等经济规模的经济附加值在持续减少，规模优先是中国三十年经济发展的总体特征，粗放式经营既带来了经济总体规模的扩张，却也带来了利润创造能力的持续衰退，面对越来越多的发展中国家加入到初级工业品生产行列，中国原有的竞争优势正在逐步丧失，如果任由价值创造能力持续下降，则不仅仅是对碳排放与经济增长整体脱钩的严重抑制，更将影响到我国经济的长期可持续发展，必须加以有效抑制。

自1994年汇改以后，汇率变动弹性呈现了一个三阶段的走势，在汇改头一年人民币升值压力较大，汇率变动弹性0.75呈现弱脱钩状态，而自此之后汇率变动弹性一直稳定在0.9~1，呈现增长连接状态，2006年之后面对国际上巨大的人民币升值压力，汇率变动弹性又一次呈现出弱脱钩状态，特别是2008年其弹性脱钩值甚至达到了0.48。如果将汇率变动因素纳入到整体脱钩弹性之中，可以发现汇率变动因素尽管对整体脱钩弹性状态没有实质变化，但其影响力在2006~2008年明显增加，分别达到0.22、0.30和0.50，而在此之前影响力都是0或接近于0。未来而言，维护人民币汇率稳定、建立一个健康的国际经济环境仍然是中国经济发展的先决条件，依靠人民币升值进而实现国际评价下的碳强度下降的路径不可取，也不可能达到。

（四）结论和中国实现2020年减排目标的战略路径设计

1. 研究结论

基于研究分析可以得到如下简要结论：长期来看，节能因素和价值创造能力因素是影响中国碳强度下降的主导因素，其分别通过正向影响和负向影响分别作用于碳强度，影响力远高于其他影响因素，而汇率变动因素和减排因素则影响力非常有限。同时，长期来看节能脱钩弹性制和价值创造脱钩弹性值都远离于1，说明这两个因素本身都具有较大的不稳定性和可改进性。

2. 中国实现2020年减排目标的战略路径设计

针对本研究所做实证分析，设计中国实现2020年减排目标的战略路径如下：

第一，转变经济增长方式，大力发展战略性新兴产业，不断提高经济效益，全力扭转价值创造能力的下降趋势。其原因有二：一方面，价值创造能力因素长期以来是抑制中国碳排放与经济增长脱钩的主要原因，同时价值创造能力因素的脱钩弹性值大部分年份远离于1，说明该因素富于变化具有调节和改进的可能性；另一方面，面对严峻的国际竞争新形势，依靠规模扩张的经济时代已经过去，转变经济增长方式势在必行，其关乎国家的长久发展，需要强有力的政策对价值创造能力衰退予以根本的扭转。即使仅要求价值创造能力在未来保持不变（即没有负向贡献），在汇率稳定前提下按照近十年的减排弹性和节能弹性，在快、中、慢三种GDP增速预测下[①]，中国实现2020年减排目标实现也是基本有保证的。但价值创造能力的保持也殊为不易，在竞争性的世界市场条件下，经济效益和价值创造能力如同逆水行舟：一方面，国际金融危机之后，发达国家世界经济发展整体趋缓、甚至停滞，中国依靠外需的传统产业产品需求受到极大抑制；另一方面，初级工业品生产技术在发展中国家日趋外溢，其供给能力正在得到不断提升；供给和需求两方面的压力都要求我国经济尽快实现技术更新和产业升级。转变经济增长方式的核心在于大力发展战略性新兴产业。国务院总理温家宝2010年9月8日主持召开国务院常务会议，审议并通过《国务院关于加快培育和发展战略性新兴产业的决定》。会议指出，加快培育和发展以重大技术突破、重大发展需求为基础的战略性新兴产业，对于推进产业结构升级和经济发展方式转变，提升中国自主发展能力和国际竞争力，促进经济社会可持续发展具有重要意义。

第二，大力推进节能技术，淘汰高耗能设施设备，不断推进节能政策，保持和提高节能在减排目标实现中的正向作用。历史经验表明，在节能政策推进和企业内在要求的双重作用下，节能因素对减排产生了长期的正向主导作用，大部分年份节能脱钩弹性值远离于1，说明该因素富于变化具有调节和改进的可能性。但这并不意味着节能工作不加推进，未来这一趋势会一直保持。节能政策是中国政府长期以来一直常抓

---

① 依据《基于弹性脱钩的中国减排目标缺口分析》中所总结的相关专家对中国经济发展增速的预测。

不懈的一项重要工作，从1978年至今，国家先后出台了《关于加强节约能源工作的报告》(1980)、《对工矿企业和城市节约能源的若干具体要求（试行）》(1981)、《国家经委关于开展资源综合利用若干问题的暂行规定》(1985)、《节约能源管理暂行条例》(1986)、《企业节约能源管理升级（定级）暂行规定》(1987)、《中华人民共和国节约能源法》(1997)、《中国节能产品认证管理办法》(1999)、《能源中长期规划纲要（草案）》(2004)、《关于做好建设节约型社会近期重点工作的通知》(2005)、《国务院关于加强节能工作的决定》(2006)和《"十一五"资源综合利用指导意见》(2007)。这些法律、规定和通知从生产、生活和社会宣传不同角度对国家的节能工作提出了标准和要求，是过去节能因素在减排过程中正向贡献的基础，未来要保持这一趋势还需要政策上坚定不移地进一步提高节能要求并坚定执行，坚决推广节能技术和淘汰各类高耗能设施设备。

第四章

中国区域低碳发展研究

一、华东地区碳排放与经济发展研究报告

华东地区的上海、江苏、浙江、安徽、福建、江西,以及山东,是中国经济发展最快的部分地区,2009年华东地区年生产总值达到136345.28亿元,占全国的27.18%,其中江苏省经济发展水平最高,年生产总值344573.3亿元。2009年能源消耗总量达到357235万吨标准煤,华东地区整体能耗水平偏高,其中以山东32420万吨标准煤为首,占全国总量的9.08%。全国能耗主要集中于煤炭、焦炭和原油,具体分布如表4-1统计结果所示。因此,研究华东地区的经济发展与碳排放关系意义重大。

表4–1　　　　　2009年不同种类能源消耗量

单位:万吨标准煤

地区	煤炭	焦炭	原油	汽油	煤炭	柴油	燃料油	天然气
全国	351182	33274.7	39123.2	8389.8	1624.9	14885.7	3719.9	968.4
华东	99511	8545.7	13859.1	2605.0	544.4	4405.8	1856.4	177.3
比重(%)	28.34	25.68	35.42	31.05	33.50	29.60	49.90	18.31

资料来源:2010年中国能源统计年鉴。

（一）文献回顾

目前关于能源消耗、碳排放及经济增长之间的关系研究的文献较多，主要分为两类：第一类是关于能源消耗与经济增长的研究。国外研究如阿萨夫-阿加叶（Asafu-Adjaye，2000）、乔治·亨得利等（George Hondroy iannis et al.，2002）、艾温平和考农·普洛斯（McAvinchey and Yanno Poulos，2003）等分别对各研究对象的能源消耗和经济增长进行标准单位根检验和协整检验，主要考察能源消耗与经济增长的长期均衡和短期动态调整。国内研究如林伯强（2003）则通过协整分析考察了不同时期中国能源需求与经济增长的关系；王海鹏等（2006）运用协整理论和Granger因果关系检验实证研究了中国电力消耗与经济增长之间的协整关系与因果关系；赵进文等（2007）利用近年来发展的非线性STR模型技术具体应用于中国能源消费与经济增长之间内在结构依从关系的研究，进行了严格的经济计量学检验。

第二类是关于二氧化碳排放与经济增长之间的研究。比较具有代表性的研究如库恩多和丁道（Coondoo and Dinda，2002），他们首次利用Granger因果检验等现代计量经济学方法对经济增长与二氧化碳排放的因果关系进行了检验；库恩多和丁道（Coondoo and Dinda，2006）在面板协整分析框架下，对88个国家在1960~1990年的经济增长与二氧化碳排放的Granger因果关系展开了深入研究。国内的研究如谭丹等（2008）分析中国东、中、西三大地区的碳排放量，通过灰色关联度的方法分析三大地区之间生产总值与碳排放之间的关系，进而解释他们之间碳排放存在差异的原因，从而为中国低碳经济提出一些政策建议；杜婷婷等（2007）以库兹涅兹环境曲线（EKC）及衍生曲线为依据，对中国二氧化碳排放量与人均收入增长时序资料进行统计拟合得出中国经济发展与二氧化碳排放变化之间的相依关系；王峰等（2010）深入研究了中国经济发展中二氧化碳排放量增长的驱动因素，运用了Divisia指数分解法，把1995~2007年中国能源消费的二氧化碳排放增长率分解为11种驱动因素的加权贡献，得出人均GDP增长是二氧化碳排放量增长的最大驱动因素。

以上研究基本是在研究能源消耗和碳排放与经济增长之间的二维关系，而将这三者结合在一起的文献较少（陈诗一，2009；杨子晖，2011），其分析方法大多也是基于传统时间序列或面板分析计量的研究方法，但是对于增长—能源—排放问题，区域间的作用会产生较大的影响。由于中国区域地理条件、经济、社会等空间差异显著，这种空间差异使得研究对象不同，所得出的结果也会存在很大的差别。同时在研究方法上，传统的时间序列回归不再适合于解释能源消费、碳排放与经济增长之间的空间相关性，我们不能孤立地去研究区域内部各因素的相关性，温室气体的排放是跨区域影响的，所以我们更多的要考虑区域间的相关性。本书以中国华东地区二氧化碳排放为研究对象，分析经济增长、能源消耗与二氧化碳排放量之间的相互影响，以及在气候变化的前提下，利用能源消耗、经济增长和碳排放之间的关联，为华东地区制定低碳政策，形成有效的减排体系提供参考。

（二）指标体系确定

1. 空间权重矩阵的构建

在区域间影响因素研究中，将空间效应引入其研究过程。在建立空间计量经济模型进行空间统计分析时，一般要用空间权重矩阵W来表示空间相互作用，在实际的数据分析中，该矩阵的选择是外生的，原因是n×n维的W包含了关于区域i和区域j之间相关的空间连接的外生信息，不需要通过模型来估计得到它，只需要通过权重计算出来就行了。为了减少或消除区域间的外在影响，权值矩阵被标准化$w_{ij}^{*} = \left(\dfrac{w_{ij}}{\sum_{j=1}^{n} w_{ij}} \right)$各行元素之和为1。空间权重矩阵W的确定方法有多种，一般可将现实的地理空间关联或者经济联系考虑到模型中来，W_{ij}可用矩阵表示如下：

$$W = \begin{pmatrix} w_{11} & w_{12} & \cdots & w_{1n} \\ w_{21} & w_{22} & \cdots & w_{2n} \\ \vdots & \vdots & \vdots & \vdots \\ w_{m1} & w_{m2} & \cdots & w_{mn} \end{pmatrix}$$

本书将基于以下两种权重矩阵定义方式进行分析。

（1）二进制空间权重矩阵

根据相邻标准，我们可以将W_{cont}定义为二进制权重矩阵：

$$W_{cont} = \begin{cases} 1 & \text{当区域i和区域j相邻；} \\ 0 & \text{当区域i和区域j相邻；} \end{cases}$$

其中，i=1, 2, ⋯, n; j=1, 2, ⋯, m; m=n 或 m≠n，列出二进制权重矩阵后，最后将其行标准化，使得其各行元素之和为 1。

（2）人口数量空间权重矩阵

除了空间的二进制相邻关系，地区人口数量是影响经济增长的最根本的因素，为了分析人口对区域间经济空间溢出效应，本书构建了华东地区六省一市之间的人口数量权重矩阵 W_{pop}，计算公式如下：

$$w_{ij} = \frac{\frac{1}{|X_i - X_j|}}{S_i} S_i = \frac{\sum_j 1}{|X_i - X_j|}$$

其中，X_i 表示第 i 个区域人口总数，本书借鉴博尔内特（Boarnet，1998）提出的方法，最后再将其行标准化，使得各行元素之和为 1。

2. 区域经济增长及决定因素

（1）GDP：本书选取实际 GDP 作为衡量经济发展的最终指标，具体来说是选取某一年名义 GDP 作为基期数据，并且通过 CPI 平减转化为相应年份的实际 GDP。

（2）碳排放量：在生产、运输使用及回收该产品时所产生的平均温室气体排放量，而动态的碳排量，则是指每单位产品累积排放量的温室气体，同一产品的各个批次之间会有不同的动态碳排放量。

（3）人口：人口因素在众多研究文献中作为一个重要因素对经济增长进行相关分析。近些年来，随着社会公众的收入和生活水平的不断提高，公众消费对经济产生了巨大的拉动作用。

（4）终端能源消耗：经济总量的增长依赖于能源消费的增长，而能源消耗对经济增长产生影响的有效部分是终端能源消耗。在能源消费研究的文献中，能源消耗被认为是经济增长（以国内生产总值衡量 GDP，亿元）最重要的决定因素，一般认为，能源消费与 GDP 之间存在显著且稳定的正相关关系。

（三）空间面板数据模型建立

1. 面板数据计量模型

为了更好的建立空间面板数据模型我们首先建立标准面数据对其变量关系进行有效的分析描述，我们以各地区 GDP 作为被解释变量，人口、终端能源消耗（简称"能源消耗"）和碳排放作为解释变量，考虑一

个标准的面板数据模型,则我们可以用以下公式表示:

$$GFP = f(POP, ECD, CBE, \mu) \tag{4.1}$$

式(4.1)中POP、ECD、CBE和μ分别表示人口、能源消耗、碳排放量和残差项。对其两边同时取自然对数,则变为经验分析函数模型:

$$LnGDP_{it} = A_i + \alpha_i LnPOP_{it} + \beta_i LnECD_{it} + \gamma_i LnCBE + \mu_{it} \tag{4.2}$$

式(4.2)中,α_i表示第i个地区的人口对该地区经济增长的弹性系数;β_i表示能源消费弹性系数;γ_i表示碳排放的弹性系数。

2. 空间自相关模型检验

全域空间自相关(global spatial autocorrelation)是从区域空间的整体刻画区域能源消费的空间分布情况。在实际的空间相关分析应用研究中,Moran′sI指数主要针对全域空间相关性分析。Moran′sI定义如下:

$$Moran′sI = \frac{[\sum_{i=1}^{n}\sum_{j=1}^{n}W_{ij}(Y_i - \overline{Y})]}{[S^2 \sum_{i=1}^{n}\sum_{j=1}^{n}W_{ij}]} \tag{4.3}$$

式(4.3)中,$S^2 = \dfrac{1}{n\sum_{i=1}^{n}(Y_i - \overline{Y})}$,$\overline{Y} = \dfrac{1}{n\sum_{i=1}^{n}Y_i}$;$Y_i$表示第i个地区的观测值(即为GDP);n为地区总数。本书研究的是华东地区之间的空间相关性,因此地区总数单位是省域。W_{ij}是前文定义的空间权重矩阵,本书按照其定义的两种方式进行计算。Moran′sI可看作各地区观测值的乘积和,其取值范围为$-1 \leq Moran′I \leq 1$。若各地区间的观测值是空间正相关,则其数值应当较大;负相关则较小。当目标区域数据在空间区位上相似的同时有相似的属性值时空间模式在整体上就显示出正的空间自相关性;反之则呈现为负空间自相关性;零空间自相关性出现在当属性值的分布与区位数据的分布相互独立时。对于Moran′I的指数计算结果,我们可以采用渐进正态分布进行检验,其标准化形式为:

$$Z(d) = \frac{Moran′I - E(Moran′I)}{\sqrt{VAR(Moran′I)}} \tag{4.4}$$

如果Moran′I的正态统计量的Z值均大于正态分布函数在0.05(0.01

水平下的临界值1.65（1.96），表明GDP与碳排放量在空间分布上有着明显的正向相关关系，正的空间相关性代表相邻地区的类似特征值出现空间依赖性。

3. 空间滞后和误差模型

最小二乘法不适合用来估计空间计量经济模型，这是因为在模型包含空间滞后误差项的情况下，虽然OLS估计量是无偏的，但不再有效；在模型包含空间滞后被解释变量的情况下，OLS估计量不仅是有偏的而且非一致，面板的OLS本质上仍然是一种时间序列的处理方法，序列可能存在伪相关，因此，并不是面板数据正确的回归方法。

我们引入前文建立好的空间权重矩阵建立空间计量模型。根据模型设定时对"空间依赖性"的体现方法不同，空间计量模型主要分成两种：

空间滞后模型（spatial lag model, SLM）：主要是探讨各变量在一地区是否有扩散现象（溢出效应）。SLM模型的表达式为：

$$y = pW_y + X\beta + \varepsilon \tag{4.5}$$

式（4.5）中，y为因变量；X为n×k的外生解释变量矩阵（人口、能耗以及碳排放量）；W_y为空间滞后因变量，为一内生变量；p为空间回归系数，反映样本观测值中的空间依赖作用，即相邻区域的观测值W_y对本地区观测值y的影响方向和程度，可以揭示因变量在一地区是否有扩散现象（溢出效应）；W为n×n阶的空间权值矩阵；ε为随机误差项向量；参数β反映了自变量X对因变量T的影响。区域能源消费以及碳排放量受到经济环境及与空间距离有关的迁移成本的影响，具有很强的地域性，由于SLM模型与时间序列中自回归模型相类似，因此SLM也被称作空间自回归模型（spatial autoregressive model, SAR）。

（四）实证分析

1. 数据选择

本书采用年度数据，旨在研究和检验近年来华东六省一市间经济增长与人口、能源消费与碳排放量之间的关系。名义GDP已通过CPI平减为以2000年为基期的实际GDP。选择样本区间为：2000~2009年，资料来源为《中国统计年鉴2010》《中国能源统计年鉴》（2001~2010），以及华东各省市自治区统计年鉴。为了便于数据的可比较和减少异方差，所有数据均采用自然对数形式。数据使用MATLAB7.0计算得出，Moran′sI散点图使用空间统计分析软件GEODA绘制。

2. 结果及分析

表4-2是包括空间权重矩阵的两个不同定义方法所估计出的人口、能源消耗，以及碳排放量的固定效应和随机效应及其检验值。基于两种权重的Huasman检验值分别为：-123.67、-234.56，均接受了随机效应，拒绝了固定效应的估计值。从随机效应模型所估计的结果来看，在二进制的空间权重矩阵W_{cont}模型估计结果中，其中人口、能源消耗及碳排放量的产出弹性结果相差比较大。人口的产出弹性仍然最大，为0.5831；能源消耗的产出弹性为0.2391；碳排放量的是0.1119，即人口每增加1万人，将导致GDP增加58.31万元，能源消耗与碳排放量每增加1万元，将分别导致GDP增加23.91万元和11.91万元。在人口数量空间权重矩阵W_{pop}估计结果中仍然以人口数量对经济增长的弹性最大，为0.2329；碳排放的产出弹性最小，为0.0375。这基本也符合大量文献中的数据结果，即人口增长是促进经济的最根本因素，而碳排放量对经济增长具有一定的滞后作用。

表4-2　基于两种空间权重矩阵下的空间滞后模型面板数据的估计结果

溢出效应	变量	面板数据 固定效应	面板数据 随机效应	检验结果
W_{pop}	人口	0.0425**	0.5831**	固定效应模型 Wald F 检验： $F(29, 266)=34.65$
		1.03	4.1332	
	能源消耗	0.7977**	0.2391**	
		11.88	5.4779	
	碳排放量	0.2358**	0.1119**	随机效应模型的 LM 检验： $chi2(3)=371.75$
		3.5072	2.7045	
	W_{pop}	-0.008	-0.7076**	
		-0.4514	-27.6203	
	常数项	-0.798	-5.218	判断固定效应与随机效应模型的 Huasman 检验：-123.67
		-2.4653	-4.7465	
	R^2	0.8294	0.9886	

续表

溢出效应	变量	面板数据 固定效应	面板数据 随机效应	检验结果
W_{pop}	人口	−0.028	0.2329**	固定效应模型 Wald F 检验： F（29，267）=31.27
		−0.6723	2.6766	
	能源消耗	0.7025**	0.1410**	
		11.1521	4.2505	
	碳排放量	0.2016**	0.0375**	随机效应模型的 LM 检验： chi2（3）=379.31
		3.4761	1.1826	
	W_{pop}	0.2819**	−0.8589**	
		5.8398	−47.7409	判断固定效应与随机效应模型的 Huasman 检验： chi2（3）=−234.56
	常数项	−1.5243	−2.1826	
		−4.6709	−3.2408	
	R^2	0.8531	0.9932	

注：***、**、*分别表示通过10%、5%、1%水平下的显著性检验。

经空间权重矩阵转换过的外地碳排放可以用来分析碳排放的空间溢出效应。在二进制空间权重矩阵W_{cont}构建的模型中，外地碳排放的产出弹性为−0.7076，外地的碳排放对本地的经济增长具有负的空间溢出效应。在人口空间权重矩阵构建模型中，外地碳排放的产出弹性为0.8589，也表明外地的碳排放对本地经济增长具有负的空间溢出效应。这正也说明了碳排放具有空间的相关性，本地的碳排放一方面会促进本地的经济发展，另一方面也会影响相邻省份经济的发展，而这些在面板的OLS方法中是不能得出的。

从表4-3中我们可以看出人口数量的Moran′I均为正值，且从2000的0.1927上升到2009年的0.2039，虽然在2002年有所下降，但是整体趋势是增长的，从全局Moran′I我们可以看出实际GDP在地理上具有空间的自相关性，从Moran′I的检验值Z可以看出其均为正值，且P值均小于0.05，这表明2000~2009年实际GDP这一指标存在正的空间自相关，且均显著，相似的观测值趋于空间聚集。

表 4-3　实际 GDP 与碳排放量的 Moran'I 指数及其检验值

年份	实际 GDP Moran'I	Z	P	碳排放量 Moran'I	Z	P
2000	0.1927	1.6490	0.04	0.2603	1.8398	0.05
2001	0.1933	1.6533	0.04	0.2850	2.1223	0.01
2002	0.1691	1.4795	0.05	0.2694	1.9620	0.01
2003	0.1950	1.6666	0.04	0.2008	1.4629	0.01
2004	0.1971	1.6814	0.04	0.2286	1.6232	0.02
2005	0.2001	1.7043	0.03	0.2617	1.9738	0.01
2006	0.2015	1.7147	0.03	0.2734	2.0875	0.04
2007	0.2034	1.7296	0.02	0.1465	1.0155	0.06
2008	0.2038	1.7334	0.02	0.2479	1.8980	0.02
2009	0.2039	1.7285	0.02	0.2297	1.7561	0.03

碳排放量是环境发展程度的重要指标，可以表示经济活动以及环境影响在一个地区的频繁与密集程度，碳排放量的 Moran'I 也均为正值，虽然这一指标呈现上下波动趋势，但是整体大于实际 GDP 的 Moran 指数值，这表明碳排放量的空间自相关性较实际 GDP 明显，也就是说发展经济先是造成了六省一市间的碳排放污染，然后才发展了经济，有一个滞后作用。另外，Moran'I 的检验值 Z 值均为正，其 P 值除了在 2007 年为 0.06 大于 0.05，其余年份均小于 0.05，这也表明碳排放量存在正的空间自相关性。

（五）基于空间计量经济学的结论

本书基于空间计量经济学，在空间权重的选择上通过二进制和人口数量两种定义方法对华东六省一市的人口、能源消耗及碳排放量对其经济的空间影响效应进行了分析，得出了以下结论：

（1）华东地区各种指标对经济的空间影响效应差异较大。人口对经济的空间影响较大，能源消耗次之，碳排放量的影响最小。这也与我们之前的估测相符，人口依然是影响经济发展的最根本的因素，人口增长的空间溢出效应较明显，而碳排放量对经济的空间溢出效应尽管为正，但是最小，存在一定的滞后效应。

（2）碳排放量的空间相关性较经济明显。华东地区在中国内陆具有代表性，由本书所估计出的实际GDP和碳排放量的Moran′I指数我们一方面对华东地区各种指标对经济的空间影响的结论进行了验证，同时得出省域之间碳排放空间相关性较明显。这也与政府"十二五"规划中的政策导向一致，节能减排，才能降低区域间的空间相关性。

与大多数基于时间序列的面板分析结果类似，区域间人口、能源消耗以及碳排放对经济的正向影响在空间维度上比较显著，中国处于经济快速发展阶段，华东地区走在中国经济发展的前列。但是其人口增长幅度基本处于一个较稳定的阶段，人口基数大，能源消耗也保持一定的增长幅度，根据前文的分析，碳排放成为唯一可以减少的因素。政府规划纲要中也提出实现2020年单位国内生产总值（GDP）二氧化碳排放比2005年减少40%~45%的目标，促进区域间经济协调可持续发展。因此，减排才能最大限度地降低华东地区间的碳排放的空间关联性，实现华东地区经济的可持续发展。

二、华中地区碳排放与经济发展研究报告

作为国家"中部崛起"战略实施的主要省份，位于中国中部的河南、湖北、湖南三省在该战略实施的规划期内应抓住机遇努力发展经济，强大自身。那么在减排的前提下，如何发展好经济，实现中部崛起，是十分重要的问题。因此，对华中三省经济发展与碳排放脱钩关系的研究，有着十分重要的现实意义。

目前，关于碳排放与经济发展的分析有从整个国家层面角度考虑的，也有不少关于省域层面的面板分析，其中关于中部省份的碳排放研究还很少见：任杰等（2011）对河南省影响低碳经济发展的因素做了分析；王珊珊（2010）对河南省电力行业减排现状做了量化分析，并对未来减排潜力作了预测；吴彼爱等（2010）从产业结构和能源结构角度对碳排放进行分析，认为工业部门是碳排放的主要部门，煤炭是碳排放的主体；尤会杰（2010）通过Kaya公式，从人口、人均GDP、单位GDP能耗和单

位能耗碳排放角度分析了中部六省碳排放的现状；李臣等（2011）运用动态面板模型分析中部各省碳排放的影响因素，认为产业结构、出口和城市化率对碳排放具有正效应，人均收入和能源价格为负效应。以上的分析基本都是从较为宏观的角度对影响碳排放的因素做基本的梳理，并未从因果的角度上对影响碳排放的因素做较为精确的衡量，鉴于此本书在Tapio脱钩指标基础上构建LYQ分析框架，对华中三省碳排放与经济发展脱钩指标进行因果链分解和指标测评，以便更准确的找出造成碳排放脱钩的原因并形成对策。

（一）LYQ分析框架构建

Tapio脱钩指标：塔皮奥（Tapio，2005)在研究1970~2001年欧洲经济发展与碳排放之间的关系时引入交通运输量作为中间变量，将脱钩弹性分解为运输量与GDP之间的脱钩弹性和总体碳排放量与运输量之间脱钩弹性，将两式相乘，便得到一般的脱钩指标计算公式，见式（4.6）。

$$e(CO_2, GDP) = \left(\frac{\Delta V}{V} \bigg/ \frac{\Delta GDP}{GDP}\right)\left(\frac{\Delta CO_2}{CO_2} \bigg/ \frac{\Delta V}{V}\right) \quad (4.6)$$

式（4.6）中，$e(CO_2, GDP)$表示经济发展与碳排放之间的脱钩弹性指标；V为交通运输量。Tapio根据脱钩弹性值的大小定义了八种脱钩状态，如表4-4所示。

表4-4　　　　　Tapio（2005）8个等级与弹性值

状　态		ΔCO_2（环境压力）	Δ GDP（经济增长）	弹性 t
负脱钩	扩张负脱钩	> 0	> 0	> 1.2
	强负脱钩	> 0	< 0	< 0
	弱负脱钩	< 0	< 0	0 < t < 0.8
脱钩	弱脱钩	> 0	> 0	0 < t < 0.8
	强脱钩	< 0	> 0	< 0
	衰退脱钩	< 0	< 0	> 1.2
连结	增长连结	> 0	> 0	0.8 < t < 1.2
	衰退连结	< 0	< 0	0.8 < t < 1.2

资料来源：根据Tapio P.Towards a theory of decoupling: Degrees of decoupling in the EU and the case of road traffic in Finland between 1970 and 2001［J］. Journal of Transport Policy, (12), 2005: 137–151整理。

LYQ分析框架：根据Tapio脱钩指标，利用恒等式构建弹性指标分析，其实质就是引入多个与最终变量有关的中间变量，且变量之间有明确的逻辑相关关系，将两个连续变量之间脱钩弹性值相乘即为所要分析的脱钩弹性指标，进而可以构造出对脱钩弹性指标进行分解的因果链并进行指标测评。将碳排放与经济增长之间的脱钩弹性分解为三组中间变量脱钩弹性的乘积，即碳排放与能源消费量之间的脱钩弹性、能源消费量对工业总产值[①]之间的脱钩弹性和工业总产值对地区GDP的脱钩弹性，分别称为减排脱钩弹性、节能脱钩弹性和价值创造脱钩弹性。用公式表示为：

$$e_{(CO_2,GDP)} = \frac{\left(\frac{\Delta CO_2}{CO_2}\right)}{\left(\frac{\Delta GDP}{GDP}\right)} \times 100\%$$

$$= 减排脱钩弹性 \times 节能脱钩弹性 \times 价值创造脱钩弹性 \quad (4.7)$$

其中各影响因子可以分别表示如下：

$$减排脱钩弹性 = \frac{\left(\frac{\Delta CO_2}{CO_2}\right)}{\left(\frac{\Delta EC}{EC}\right)} \times 100\% \quad (4.8)$$

EC表示的是能源消费量，该弹性是碳排放量的增长率除以能源消费量的增长率，当弹性值处于脱钩状态说明碳排放量增长率小于能耗的增长率，减排效果明显，反之则减排效果较差。该弹性也反映了低碳技术改善因素在经济低碳化发展当中的影响，即产业"减排"发展的脱钩状态，其值越接近脱钩状态反映减排效果越明显[②]。

[①] 之所以选用工业总产值一方面是出于构建因果链的需要，另一方面是因为工业用能占我国总体能源消费量的绝大部分，工业领域的能源利用效率在很大程度上代表了总体的能源效率高低。

[②] 姚宇，韩翠翠.陕西工业产业低碳化影响因素分析［J］.新西部，2010（20）：22-23.

$$节能脱钩弹性 = \frac{\left(\frac{\Delta EC}{EC}\right)}{\left(\frac{\Delta GIO}{GIO}\right)} \times 100\% \qquad (4.9)$$

GIO表示工业总产值，该弹性是能耗的变化率除以工业总产值的变化率，当弹性值处于脱钩状态时说明能耗的增长率小于工业总产值的增长率，节能效果明显，反之则说明减排效果较差。该弹性也反映了产业生产方式、产业结构和生产技术的改善因素在产业低碳化发展当中的影响，即产业"节能"发展的脱钩状态，其值越接近脱钩状态反映节能效果越明显[1]。

$$价值创造脱钩弹性 = \frac{\left(\frac{\Delta GIO}{GIO}\right)}{\left(\frac{\Delta GDP}{GDP}\right)} \times 100\% \qquad (4.10)$$

该弹性表示工业总产值与地区GDP之间的弹性脱钩关系，是覆盖稀缺生产要素在社会经济中价值创造能力的变化。其值越接近连接状态反映覆盖生产要素规模越大，价值创造能力越弱；越接近脱钩状态反映覆盖生产要素规模越小，价值创造能力越强。

通过以上介绍不难发现，LYQ分析框架可以很好地对脱钩指标进行因果链分解和指标测评，进而可以准确地找出造成脱钩的原因，并对症下药，提出对策。在以上分析中，若对所形成的恒等式两边取对数（底为最终的脱钩弹性值），则等式左边就是1，根据等式右边各因素的正副值以及大小，可分别判断各因素对弹性值的正负影响，及其决定性。

GDP、工业总产值的数据分别来源于2001~2011年《河南省统计年鉴》《湖北省统计年鉴》《湖南省统计年鉴》，能源消费数据来源于2001~2011年的《中国能源统计年鉴》，碳排放量采用IPCC（2006）推荐的方法计算得到。该方法不仅考虑了不同能源碳排放率的不同，而且还考虑到其在固碳率、氧化率等方面的差异。经济系统终端能源消费品种主要包括煤炭、焦炭、焦炉煤气、原油、汽油、煤油、柴油、燃料油、液化石油气、天然气、炼厂干气、热力、电力等种类的能源。

---

[1] 姚宇，韩翠翠.陕西工业产业低碳化影响因素分析［J］.新西部，2010（20）：22-23.

（二）实证分析

基于以上的分析，我们分别用2001~2011年河南、湖北、湖南三省碳排放量的变化率除以地区GDP的变化率，得到十年间各省碳排放与经济增长之间的脱钩关系，并用LYQ分析框架对该脱钩指标进行了因果链分解。依据Tapio脱钩指标的8种状态进行划分，如表4-5~表4-7所示。

1. 河南省碳排放与地区GDP脱钩弹性分析

在表4-5中，纵向来看2001~2010年，河南省工业减排弹性处于强脱钩、弱脱钩和扩张负脱钩状态，在经过了2004~2006年碳排放量增速快速增加之后，近几年碳排放增速明显放缓，但也出现了如2009年一样的反弹，说明河南省十年间"减排"存在反复；十年来节能弹性始终处于弱脱钩状态，而且脱钩的均值小于0.5。

表4-5　　2001~2010河南省碳排放量与经济发展脱钩弹性及其分解

年份	减排弹性	状态	节能弹性	状态	价值创造弹性	状态	脱钩弹性	状态
2001	0.7368	弱脱钩	0.4933	弱脱钩	1.0488	增长连结	0.3812	弱脱钩
2002	-0.0472	强脱钩	0.3275	弱脱钩	1.3194	扩张负脱钩	-0.0204	强脱钩
2003	0.5443	弱脱钩	0.3997	弱脱钩	1.6556	扩张负脱钩	0.3602	弱脱钩
2004	1.2180	扩张负脱钩	0.7844	弱脱钩	1.4208	扩张负脱钩	1.3574	扩张负脱钩
2005	1.3922	扩张负脱钩	0.6699	弱脱钩	1.7222	扩张负脱钩	1.6062	扩张负脱钩
2006	1.0079	增长连结	0.4236	弱脱钩	2.1730	扩张负脱钩	0.9277	增长连结
2007	0.2878	弱脱钩	0.2772	弱脱钩	1.7817	扩张负脱钩	0.1422	弱脱钩
2008	-0.3702	强脱钩	0.1146	弱脱钩	1.6724	扩张负脱钩	-0.0709	强脱钩
2009	1.3089	扩张负脱钩	0.5719	弱脱钩	1.4266	扩张负脱钩	1.0678	增长连结

续表

年份	减排弹性	状态	节能弹性	状态	价值创造弹性	状态	脱钩弹性	状态
2010	−0.0706	强脱钩	0.3929	弱脱钩	1.4962	扩张负脱钩	−0.0414	强脱钩
均值	0.6008	弱脱钩	0.4455	弱脱钩	1.5717	扩张负脱钩	0.5710	弱脱钩

数据来源：根据公式（4.7）~公式（4.10）计算得到。

河南省十年间的经济发展在节能方面取得一定的成效，能源消费量的增长速度小于工业总产值的增长速度，单位产出的能耗持续降低；价值创造弹性基本处于扩张负脱钩的状态，而且十年的均值大于1.5，说明产出覆盖的生产要素规模较大，创造的价值却较少，价值创造能力持续降低，其主要原因是工业尤其是高耗能低附加值的产业在经济中的比重越来越大，经济系统呈现"重型化"趋势。总的来看，河南省经济发展与碳排放处于脱钩和增长连结的反复状态，在经历了2004~2006年的扩张负脱钩状态之后，近几年碳排放增长速度明显小于经济的增长速度（排除2009年的反复），说明近几年河南省减排效果明显。

横向来看，2001年、2003年和2007年河南经济与碳排放脱钩弹性处于弱脱钩状态，其中减排弹性和节能弹性起到正向影响，价值创造弹性起到负向影响，节能弹性具有决定性作用；2002年、2008年和2010年脱钩弹性处于强脱钩状态，其中减排弹性和价值创造弹性起到负向影响，节能弹性起到正向影响，减排弹性具有决定性作用；2004年和2005年整体弹性处于扩张负脱钩状态，其中减排弹性和价值创造弹性有正效应，节能弹性有负效应，价值创造弹性起决定作用；2006年的脱钩弹性处于增长连结状态，其中减排弹性和价值创造弹性起负向作用，节能弹性起正向作用，节能弹性有决定性；2009年脱钩弹性处于增长连结状态，其中减排弹性和价值创造弹性起到正向影响，节能弹性起到负向影响，价值创造弹性具有决定性作用。

从以上的分析中可以看出，近十年河南省碳排放与区域GDP脱钩趋势较为明显，但也存在着明显的反复（如2004年、2005年、2006年、2009年）。在诸分解因素中，起决定作用的主要是节能和减排，特别是减排弹性，正是由于减排弹性脱钩趋势的反复造成了整体脱钩的反复，需要特别予以重视；另外价值创造弹性始终起负向作用，说明价值创造能力的减少是当前制约碳排放与经济发展弹性脱钩的主要因素，因此对于河南省，节能减排最重要的是调整产业结构，提高产业价值创造能力。

2. 湖北省碳排放与地区GDP脱钩弹性分析

在表4-6中，纵向来看，湖北省2001~2010年减排弹性始终处于反复的状态，且大多数年份该弹性处于扩张负脱钩和增长连结的非理想状态，说明十年来湖北省减排效果较差，碳排放的增速基本高于能源消耗量的增速，也说明能源消耗中煤炭等高碳排放率的能源比重在增大；十年来湖北省减排效果显著，减排弹性基本处于弱脱钩的状态，说明湖北省在节能方面成效较大，平均节能弹性小于0.5也说明了这一点；近十年湖北省价值创造弹性增长连结和扩张负脱钩的非理想状态，说明经济产出覆盖的生产要素较大，而创造的价值较小，价值创造能力持续减小，这也是因为产业结构的不合理，工业尤其是高耗能、低附加值的产业占经济的比重在逐步加大，经济呈现出"重型化"的趋势；总体的说，湖北省碳排放和地区GDP脱钩弹性在2008年之前始终处于弱脱钩的状态，然而在近两年却出现了反复，始终处于增长连结状态，说明在2008年之前湖北省碳排放的增速小于地区GDP的增速，只是近两年出现了反复。

表4-6　2001~2010年湖北省碳排放量与经济发展之间脱钩弹性及其分解

年份	减排弹性	状态	节能弹性	状态	价值创造弹性	状态	脱钩弹性	状态
2001	0.1181	弱负脱钩	−0.5692	强脱钩	0.6044	弱脱钩	−0.0406	强脱钩
2002	0.6311	弱脱钩	0.7830	弱脱钩	1.2608	扩张负脱钩	0.6230	弱脱钩
2003	0.9358	增长连结	0.8172	增长连结	0.9501	增长连结	0.7266	弱脱钩
2004	0.9932	增长连结	0.2994	弱脱钩	1.2537	扩张负脱钩	0.3728	弱脱钩
2005	0.2323	弱脱钩	0.6906	弱脱钩	1.3134	扩张负脱钩	0.2107	弱脱钩
2006	0.8704	增长连结	0.4923	弱脱钩	1.4667	扩张负脱钩	0.6285	弱脱钩

续表

年份	减排弹性	状态	节能弹性	状态	价值创造弹性	状态	脱钩弹性	状态
2007	0.8797	增长连结	0.3735	弱脱钩	1.2789	扩张负脱钩	0.4203	弱脱钩
2008	0.3807	弱脱钩	0.2587	弱脱钩	1.8771	扩张负脱钩	0.1849	弱脱钩
2009	1.5771	扩张负脱钩	0.5833	弱脱钩	1.0896	增长连结	1.0023	增长连结
2010	1.3935	扩张负脱钩	0.4158	弱脱钩	1.6771	扩张负脱钩	0.9718	增长连结
均值	0.8012	增长连结	0.4144	弱脱钩	1.2772	扩张负脱钩	0.5100	弱脱钩

资料来源：根据公式（4.7）~公式（4.10）计算得到。

横向来看，2001年湖北省碳排放与地区GDP处于强脱钩的状态，其中节能弹性和价值创造弹性贡献为正，减排弹性贡献为负，减排弹性具有决定性；2002年、2004年、2005年、2006年、2007年、2008年整体脱钩弹性为弱脱钩，其中节能弹性和减排弹性有正向贡献，价值创造弹性有负向贡献，起决定作用的在2002年和2005年为减排弹性，其他年份为节能弹性；2003年整体脱钩弹性为弱脱钩，节能弹性、减排弹性和价值创造弹性均有正向影响，其中起决定作用的是节能弹性；2009年整体脱钩弹性处于增长连结的状态，其中减排弹性和价值创造弹性有正向作用，节能弹性有负向作用，减排弹性起决定性作用；2010年整体脱钩弹性为增长连结，其中减排弹性和价值创造弹性都有负向影响，节能弹性有正向影响，节能弹性有决定性。

从以上分析来看，近十年湖北省碳排放与地区GDP脱钩趋势较为明显，只是在2009年和2010年出现了严重的反复，其中起决定性的还是节能和减排。而造成2009年和2010年减排效果反复的原因也是减排弹性的反复，另从平均值来看，十年来湖北省减排弹性处于增长连结状态，说明减排效果较差，因此减排的持续性应该成为湖北省未来实现低碳经济的目标之一。从分解的弹性因素来看，价值创造弹性一直起负向作用，这也是持续影响减排的一个主要因素，因此在未来湖北省实现低碳目标还是应该着眼于产业结构优化,发展第三产业以及低耗能高附加值的产业,不断提高产业价值创造能力。

3. 湖南省碳排放与地区GDP脱钩弹性分析

从表4-7来看,十年来湖南省减排弹性形成较为明显的趋势,大部分年份都处于弱脱钩状态说明能源结构逐渐趋于合理,减碳较为明显,然而在这些年中也出现了严重的反复,如2005年的扩张负脱钩状态和2007年的增长连结状态,说明减排没有出现持续性;十年来湖南省节能弹性基本处于弱脱钩的状态,尤其近几年节能弹性始终在0.3左右,说明湖南省经济发展中节能效果较好;近十年湖南省价值创造弹性始终是扩张负脱钩的状态,且十年的均值达到了1.7以上,说明湖南省经济发展覆盖生产要素规模越大,价值创造能力持续减小,其原因也是经济"重型化"趋势明显,工业以及高耗能低产出产业在经济中比重不断增大;总体来看,湖南省碳排放与地区GDP弹性基本处于弱脱钩和强脱钩的状态,说明湖南经济发展中减排效果较为明显,然而2001年、2002年和2005年达到了扩张负脱钩和增长连结的状态,说明减排存在反复,政策效力未能实现持续性。

表4-7 2001~2010年湖南省碳排放量与经济发展之间脱钩弹性及其分解

年份	减排弹性	状态	节能弹性	状态	价值创造弹性	状态	脱钩弹性	状态
2001	1.9918	扩张负脱钩	1.2688	扩张负脱钩	1.4259	扩张负脱钩	3.6035	扩张负脱钩
2002	0.6911	弱脱钩	0.6592	弱脱钩	1.9074	扩张负脱钩	0.8690	增长连结
2003	0.6566	弱脱钩	0.2078	弱脱钩	1.9915	扩张负脱钩	0.2717	弱脱钩
2004	0.7616	弱脱钩	0.4903	弱脱钩	1.8947	扩张负脱钩	0.7076	弱脱钩
2005	1.4864	扩张负脱钩	1.9079	扩张负脱钩	1.7813	扩张负脱钩	5.0517	扩张负脱钩
2006	0.1730	弱脱钩	0.2912	弱脱钩	1.7475	扩张负脱钩	0.0880	弱脱钩
2007	0.9608	增长连结	0.2026	弱脱钩	1.6708	扩张负脱钩	0.3253	弱脱钩

续表

年份	减排弹性	状态	节能弹性	状态	价值创造弹性	状态	脱钩弹性	状态
2008	-0.0360	强脱钩	0.2546	弱脱钩	1.6287	扩张负脱钩	-0.0149	强脱钩
2009	0.3506	弱脱钩	0.3990	弱脱钩	1.2990	扩张负脱钩	0.1817	弱脱钩
2010	-0.3398	强脱钩	0.0946	弱脱钩	1.7859	扩张负脱钩	-0.0574	强脱钩
均值	0.6696	弱脱钩	0.5776	弱脱钩	1.7133	扩张负脱钩	1.1026	增长连结

资料来源：根据公式（4.7）~公式（4.10）计算得到。

横向来看，2001年和2005年，湖南省碳排放与地区GDP呈现扩张负脱钩的状态，其中减排弹性、节能弹性和价值创造弹性均起正向影响，在2001年减排弹性起决定作用，2005年节能弹性起决定作用；2002年，整体脱钩弹性呈增长连接的状态，其中减排弹性和节能弹性影响为正，价值创造弹性有负向影响，节能弹性起决定作用；2003年、2004年、2006年、2007年和2009年整体脱钩弹性为弱脱钩，其中减排弹性和节能弹性产生正向影响，价值创造弹性起负向影响，在2003年、2004年和2007年，节能弹性起决定作用，2006年和2009年，减排弹性具有决定性；2008年和2010年碳排放与经济增长呈现强脱钩的状态，其中减排弹性和价值创造弹性起负向影响，节能弹性起正向影响，减排弹性有决定性。

从以上分析可以看出，十年来湖南省碳排放与地区GDP脱钩趋势较为明显，低碳效果较为明显，只是在2002年和2005年出现了严重的反复，其中起决定性的仍是节能和减排。造成2002年和2005年减排效果反复的原因主要是减排弹性的反复，而节能弹性的反复也是一个重要因素，另从平均值来看，十年来湖北省减排弹性和节能弹性虽都为弱脱钩的状态，但其值都在0.5以上，因此未来减排和节能都是湖南省经济低碳化应予以重视的因素；此外从以上分析中可以看出，十年间价值创造弹性对整体的脱钩弹性基本都起负向作用，也就是说价值创造是一直阻碍脱钩的主要因素，因此未来湖南省低碳化发展的主要任务是调整产业结构，提高产业价值创造能力。

(三）针对湖南省碳排放的政策建议

第一，就华中三省总体来看，碳排放与地区GDP之间脱钩关系多数年份都表现为弱脱钩和强脱钩的状态，说明近十年来中部三省减排效果初见成效，然而三个省份都在不同程度上出现了反复的现象，有的年份甚至出现了幅度较大的反复，说明减排未能实现持续性。在分解因素中，减排弹性始终是造成总体弹性反复的主要因素之一，因此未来华中三省在实现经济低碳化方面，应保持减排的持续性，优化能源结构，开发新能源，降低碳排放强度。

第二，华中三省大部分年份的节能弹性都表现为弱脱钩的状态，而且均值基本都在0.5以下，说明华中三省在能源利用效率方面有了显著提高，而且比较而言节能弹性也是维持脱钩弹性稳定的重要因素，能源利用效率的提高对十年来华中三省总体能源和碳排放增长速度的减缓起了重要作用，节能成为目前华中地区减排的重要途径和手段，因此未来实现低碳经济的发展中华中三省也应在现有基础上，加强经济的节能工作，增大在能源利用效率和传统能源清洁化利用技术方面的投资和科研力度。

第三，三个省份在过去的十年里价值创造弹性都大于1，各自的平均值更是在1.5以上，说明工业作为三省国民经济的主导产业的作用在进一步加强，表明三省都处于工业化加速的时期。但是也应该看到，价值创造弹性始终保持在1以上说明三省价值创造能力在持续降低，经济发展覆盖生产要素规模在扩大。从以上的分析中也可以看出价值创造弹性一直在碳排放与经济增长脱钩弹性中起负向作用，说明价值创造能力已经成为阻碍脱钩的主要因素。因此，华中三省要实现经济的低碳化发展，未来主要应在转变发展方式、调整产业结构、发展低耗能高附加值产业上下功夫。

三、西南地区碳排放与经济发展研究报告

作为国家"西部大开发"战略实施的主要省份，位于中国西南部的四川、云南、贵州、重庆四省市在该战略实施的规划期内也应抓住机遇努力

发展经济，强大自身。那么在减排的前提下，如何发展好经济，实现中部崛起是十分重要的问题。因此，对西南四省经济发展与碳排放脱钩关系的研究，有着十分重要的现实意义。研究在Tapio脱钩指标基础上构建LYQ分析框架，对西南四省市碳排放与经济发展脱钩指标进行因果链分解和指标测评，以便更准确的找出造成碳排放脱钩的原因并形成对策。

（一）LYQ分析框架构建

1. Tapio脱钩指标

塔皮亚（Tapio，2005）在研究1970~2001年欧洲经济发展与碳排放之间的关系时引入交通运输量作为中间变量，将脱钩弹性分解为运输量与GDP之间的脱钩弹性和总体碳排放量与运输量之间的脱钩弹性，将两式相乘，便得到一般的脱钩指标计算公式，见式（4.11）。

$$e_{(CO_2,GDP)} = \left(\frac{\frac{\Delta V}{V}}{\frac{\Delta GDP}{GDP}}\right) \times \left(\frac{\frac{\Delta CO_2}{CO_2}}{\frac{\Delta V}{V}}\right) \quad (4.11)$$

其中，$e_{(CO_2,GDP)}$表示经济发展与碳排放之间的脱钩弹性指标；V为交通运输量。Tapio根据脱钩弹性值的大小定义了八种脱钩状态，如表4-8所示。

表4-8　　　　　　　　　　Tapio（2005）8个等级与弹性值

状　态		ΔCO_2（环境压力）	ΔGDP（经济增长）	弹性 t
负脱钩	扩张负脱钩	> 0	> 0	> 1.2
	强负脱钩	> 0	< 0	< 0
	弱负脱钩	< 0	< 0	0 < t < 0.8
脱钩	弱脱钩	> 0	> 0	0 < t < 0.8
	强脱钩	< 0	> 0	< 0
	衰退脱钩	< 0	< 0	> 1.2
连结	增长连结	> 0	> 0	0.8 < t < 1.2
	衰退连结	< 0	< 0	0.8 < t < 1.2

资料来源：根据Tapio P．Towards a theory of decoupling: Degrees of decoupling in the EU and the case of road traffic in Finland between 1970 and 2001［J］．Journal of Transport Policy, (12), 2005: 137–151整理。

2. LYQ分析框架

根据Tapio脱钩指标，利用恒等式构建弹性指标分析，其实质就是引入多个与最终变量有关的中间变量，且变量之间有明确的逻辑相关关系，将两个连续变量之间脱钩弹性值相乘即为所要分析的脱钩弹性指标，进而可以构造出对脱钩弹性指标进行分解的因果链并进行指标测评。在本书中，将碳排放与经济增长之间的脱钩弹性分解为三组中间变量脱钩弹性的乘积，即碳排放与能源消费量之间的脱钩弹性、能源消费量对工业总产值[1]之间的脱钩弹性和工业总产值对地区GDP的脱钩弹性，分别称为减排脱钩弹性、节能脱钩弹性和价值创造脱钩弹性。用公式表示为：

$$e_{(CO_2,GDP)} = \frac{\left(\frac{\%\Delta CO_2}{CO_2}\right)}{\left(\frac{\%\Delta GDP}{GDP}\right)}$$

= 减排脱钩弹性 × 节能脱钩弹性 × 价值创造脱钩弹性

（4.12）

式（4.12）中各影响因子可以分别表示如下：

$$减排脱钩弹性 = \frac{\left(\frac{\%\Delta CO_2}{CO_2}\right)}{\left(\frac{\%\Delta EC}{EC}\right)} \quad (4.13)$$

EC表示的是能源消费量，该弹性是碳排放量的增长率除以能源消费量的增长率，当弹性值处于脱钩状态说明碳排放量增长率小于能耗的增长率，减排效果明显，反之则减排效果较差。该弹性也反映了低碳技术改善因素在经济低碳化发展当中的影响，即产业"减排"发展的脱钩状态，其值越接近脱钩状态反映减排效果越明显[2]。

$$节能脱钩弹性 = \left(\frac{\Delta EC}{EC}\right)\left(\frac{\Delta GIO}{GIO}\right) \times 100\% \quad (4.14)$$

---

[1] 之所以选用工业总产值，一方面是出于构建因果链的需要；另一方面是因为工业用能占我国总体能源消费量的绝大部分，工业领域的能源利用效率在很大程度上代表了总体的能源效率高低。

[2] 姚宇，韩翠翠．陕西工业产业低碳化影响因素分析［J］．新西部，2010（20）：22-23．

GIO表示工业总产值，该弹性是能耗的变化率除以工业总产值的变化率，当弹性值处于脱钩状态时说明能耗的增长率小于工业总产值的增长率，节能效果明显，反之则说明减排效果较差。该弹性也反映了产业生产方式、产业结构和生产技术的改善因素在产业低碳化发展当中的影响，即产业"节能"发展的脱钩状态，其值越接近脱钩状态反映节能效果越明显[①]。

$$价值创造脱钩弹性 = \left(\frac{\Delta GIO}{GIO}\right)\left(\frac{\Delta GDP}{GDP}\right) \times 100\% \quad (4.15)$$

该弹性表示工业总产值与地区GDP之间的弹性脱钩关系，是覆盖稀缺生产要素在社会经济中价值创造能力的变化。其值越接近连接状态反映覆盖生产要素规模越大，价值创造能力越弱；越接近脱钩状态反映覆盖生产要素规模越小，价值创造能力越强。

通过以上介绍不难发现，LYQ分析框架可以很好地对脱钩指标进行因果链分解和指标测评，进而可以准确的找出造成脱钩的原因，并对症下药，提出对策。在以上分析中，若对所形成的恒等式两边取对数（底为最终的脱钩弹性值），则等式左边就是1，根据等式右边各因素的正副值以及大小，可分别判断各因素对弹性值的正负影响，及其决定性。

3. 研究数据来源

GDP、工业总产值的数据分别来源于2000~2009年《四川省统计年鉴》《云南省统计年鉴》《贵州省统计年鉴》《重庆统计年鉴》，能源消费数据来源于2000~2009年的《中国能源统计年鉴》，碳排放量采用IPCC（2006）推荐的方法计算得到。该方法不仅考虑了不同能源碳排放率的不同，而且还考虑到其在固碳率、氧化率等方面的差异。经济系统终端能源消费品种主要包括煤炭、焦炭、焦炉煤气、原油、汽油、煤油、柴油、燃料油、液化石油气、天然气、炼厂干气、热力、电力等种类的能源。

（二）实证分析

基于以上的分析，我们分别用2000~2009年四川、云南、贵州、重庆四省碳排放量的变化率除以地区GDP的变化率，得到十年间各省碳

---

① 姚宇，韩翠翠.陕西工业产业低碳化影响因素分析[J].新西部，2010（20）：22-23.

排放与经济增长之间的脱钩关系,并用LYQ分析框架对该脱钩指标进行了因果链分解。依据Tapio脱钩指标的8种状态进行划分,如表4-9、表4-10、表4-11、表4-12所示。

1. 四川省碳排放与地区GDP脱钩弹性分析

在表4-9中,纵向来看,2000~2009年,四川省工业减排弹性处于强脱钩、弱脱钩、衰退脱钩、增长连结和扩张负脱钩状态,整体来看,在经过了2001~2003年碳排放量增速快速增加之后,近几年碳排放增速明显放缓,然而也出现了如2008年和2009年一样的反弹,说明四川省十年间"减排"存在反复;十年来节能弹性始终处于弱脱钩状态,而且脱钩的均值在0.5左右,说明四川省近十年在节能方面取得一定的成效,能源消费量的增长速度小于工业总产值的增长速度,单位产出的能耗持续降低;十年间四川省价值创造弹性基本处于扩张负脱钩的状态,而且十年的均值在1.2左右,说明产出覆盖的生产要素规模较大,创造的价值却较少,价值创造能力持续降低,其主要原因是工业尤其是高耗能低附加值的产业在经济中的比重越来越大,经济系统呈现"重型化"趋势;总的来看四川省经济发展与碳排放处于脱钩和增长连结的反复状态,在经历了2002年的增长连结和2003年的扩张负脱钩状态之后,近几年碳排放增长速度明显小于经济的增长速度,说明近几年四川省减排效果明显。

表4-9 2000~2009四川省碳排放量与经济发展脱钩弹性及其分解

年份	减排弹性	状态	节能弹性	状态	价值创造弹性	状态	脱钩弹性	状态
2001	-3.09597	强脱钩	0.2003	弱脱钩	0.9197	增长连结	-0.5703	强脱钩
2002	0.9957	增长连结	1.2194	扩张负脱钩	0.9484	增长连结	1.1515	增长连结
2003	3.6343	扩张负脱钩	0.5761	弱脱钩	1.3125	扩张负脱钩	2.748	扩张负脱钩
2004	0.5182	弱脱钩	1.0526	增长连结	1.3	扩张负脱钩	0.7091	弱脱钩
2005	2.9093	衰退脱钩	-0.2558	强脱钩	1.6172	扩张负脱钩	-1.2037	强脱钩

续表

年份	减排弹性	状态	节能弹性	状态	价值创造弹性	状态	脱钩弹性	状态
2006	0.5550	弱脱钩	0.3349	弱脱钩	1.4408	扩张负脱钩	0.2678	弱脱钩
2007	0.9731	增长连结	0.6847	弱脱钩	1.1425	增长连结	0.7612	弱脱钩
2008	2.0244	扩张负脱钩	0.7829	弱脱钩	1.3226	扩张负脱钩	2.0962	扩张负脱钩
2009	1.0321	扩张负脱钩	0.8923	增长连结	1.1845	增长连结	1.0909	增长连结
均值	1.0607		0.6097		1.2431		0.7834	

数据来源：根据公式（4.12）~公式（4.15）计算得到。

横向来看，2001年脱钩弹性处于强脱钩状态，其中节能弹性和价值创造弹性起到负向影响，减排弹性起到正向影响。2002年脱钩弹性处于增长连结状态，其中减排弹性和价值创造弹性起到正向影响，节能弹性起到负向影响，价值创造弹性具有决定性作用。2003年和2008年整体弹性处于扩张负脱钩状态，其中减排弹性和价值创造弹性有正效应，节能弹性有负效应，减价值创造弹性起决定作用。2005年脱钩弹性处于强脱钩状态，其中减排弹性和价值创造弹性起到负向影响，节能弹性起到正向影响，减排弹性具有决定性作用。2006年四川经济与碳排放脱钩弹性处于弱脱钩状态，其中减排弹性和节能弹性起到正向影响，价值创造弹性起到负向影响，节能弹性具有决定性作用。2009年的脱钩弹性处于增长连结状态，其中减排弹性起负向作用，节能弹性和价值弹性起正向作用，节能弹性具有决定性作用。

从以上的分析中可以看出，近十年四川省碳排放与区域GDP脱钩趋势较为明显，但也存在着明显的反复（如2003年，2008年）。在诸分解因素中，起决定作用的主要是节能和减排，特别是减排弹性，正是由于减排弹性脱钩趋势的反复造成了整体脱钩的反复，需要特别予以重视，因此对于四川省，节能减排最重要的是调整产业结构，提高产业价值创造能力。

2. 云南省碳排放与地区GDP脱钩弹性分析

在表4-10中，纵向来看，云南省2000~2009年减排弹性始终处于反复的状态，且大多数年份该弹性处于强脱钩和弱脱钩的状态，整体来看，在经过了2001~2003年碳排放量增速快速增加之后，近几年碳排放增速明显放缓，然而也出现了如2008年、2009年一样的反弹，说明云南省十年间"减排"存在反复；十年来节能弹性始终处于扩张负脱钩的状态。十年来云南省减排效果显著，减排弹性基本处于脱钩的状态，说明云南省碳排放量增长率小于能耗的增长率，减排效果明显，在节能方面成效较大；近十年云南省价值创造弹性增长连结的非理想状态，说明经济产出覆盖的生产要素较大，而创造的价值较小，价值创造能力持续减小，这也是因为产业结构的不合理，工业尤其是高耗能、低附加值的产业占经济的比重在逐步加大，经济呈现出"重型化"的趋势；总体的说，云南省碳排放和地区GDP脱钩弹性在2008年之前始终处于弱脱钩的状态，然而在近两年却出现了反复，始终处于扩张负脱钩状态，说明在2008年之前云南省碳排放的增速小于地区GDP的增速，只是近两年出现了反复。

表4-10　2001~2010年云南省碳排放量与经济发展之间脱钩弹性及其分解

年份	减排弹性	状态	节能弹性	状态	价值创造弹性	状态	脱钩弹性	状态
2001	-0.7263	强脱钩	1.7666	扩张负脱钩	0.6025	弱脱钩	-0.7730	强脱钩
2002	0.2428	弱脱钩	1.0695	增长连结	0.9663	增长连结	0.2509	弱脱钩
2003	1.5852	扩张负脱钩	1.6608	扩张负脱钩	1.1294	增长连结	2.9735	扩张负脱钩
2004	0.3740	弱负脱钩	-0.9604	强脱钩	1.0157	增长连结	-0.3648	强脱钩
2005	0.8667	增长连结	8.7758	扩张负脱钩	0.7559	弱脱钩	5.7497	扩张负脱钩
2006	0.2005	弱脱钩	0.2871	弱脱钩	1.2964	扩张负脱钩	0.07463	弱脱钩
2007	-1.6678	强脱钩	0.1743	弱脱钩	1.1469	增长连结	-0.3335	强脱钩

续表

年份	减排弹性	状态	节能弹性	状态	价值创造弹性	状态	脱钩弹性	状态
2008	−2.04548	强负脱钩	−0.1699	强脱钩	1.0449	增长连结	0.3631	弱脱钩
2009	0.6888	弱脱钩	15.5398	扩张负脱钩	0.2112	弱脱钩	2.2654	扩张负脱钩
均值	−0.0534		3.127		0.9078		1.134	

资料来源：根据公式（4.12）~公式（4.15）计算得到。

横向来看，2002年云南省经济与碳排放脱钩弹性处于弱脱钩状态，其中减排弹性和节能弹性起到正向影响，价值创造弹性起到负向影响；2003年整体弹性处于扩张负脱钩状态，其中减排弹性和节能弹性有正效应，价值创造弹性有负效应；2006年整体脱钩弹性为弱脱钩，其中节能弹性和减排弹性有正向贡献，价值创造弹性有负向贡献；2007年脱钩弹性处于强脱钩状态，其中节能弹性和价值创造弹性起到负向影响，减排弹性起到正向影响，减排弹性具有决定性作用；2009年整年弹性处于扩张负脱钩，其中节能弹性有正效应，减排弹性和价值创造弹性有负效应。

从以上分析来看，近十年云南省碳排放与地区GDP脱钩趋势较为明显，只是在2008年和2009年出现了严重的反复，其中起决定性的还是节能和减排。而造成2008年和2009年减排效果反复的原因也是减排弹性的反复；从平均值来看，十年来云南省减排弹性处于增长连结状态，说明减排效果较差，因此减排的持续性应该成为云南省未来实现低碳经济的目标之一。从分解的弹性因素来看，价值创造弹性一直起负向作用，这也是持续影响减排的一个主要因素，因此在未来云南省实现低碳目标还是应该着眼于产业结构优化，发展第三产业以及低耗能高附加值的产业，不断提高产业价值创造能力。

3. 贵州省碳排放与地区 GDP 脱钩弹性分析

从表4-11来看，纵向来看，2000~2009年十年间，贵州省工业减排弹性处于强脱钩、弱脱钩、衰退脱钩、增长连结和扩张负脱钩状态。整体来看，在经过了2002~2004年碳排放量增速快速增加之后，近几年碳排放增速明显放缓，然而也出现了如2009年一样的反弹，说明贵州省十年间"减排"存在反复，如2004年的扩张负脱钩状态和2003年的增长连结状态，说明减排没有出现持续性。十年来贵州省节能弹性基本处于弱脱钩的状态，尤其近几年节能弹性始终在0.4左右，说明贵州经济发展中节能效果较好。近十年贵州省价值创造弹性始终是扩张负脱钩的状态，且十年的均值在1.18左右，说明贵州经济发展覆盖生产要素规模越大，价值创造能力持续减小，其原因也是经济"重型化"趋势明显，工业以及高耗能低产出产业在经济中比重不断增大。总体来看，贵州省碳排放与地区GDP弹性基本处于弱脱钩和强脱钩的状态，说明贵州经济发展中减排效果较为明显，然而2003年、2004年和2009年达到了扩张负脱钩和增长连结的状态，说明减排存在反复，政策效力未能实现持续性。

表4-11 2001~2010年贵州省碳排放量与经济发展之间脱钩弹性及其分解

年份	减排弹性	状态	节能弹性	状态	价值创造弹性	状态	脱钩弹性	状态
2001	0.0157	强脱钩	0.7073	弱脱钩	0.9701	增长连结	-0.0107	强脱钩
2002	0.9740	增长连结	0.7169	弱脱钩	0.9902	增长连结	0.6913	弱脱钩
2003	1.1013	增长连结	1.0562	增长连结	1.0601	增长连结	1.2332	扩张负脱钩
2004	1.2472	扩张负脱钩	0.5314	弱脱钩	1.4925	扩张负脱钩	0.9891	增长连结
2005	1.2406	扩张负脱钩	0.1864	弱脱钩	1.3199	扩张负脱钩	0.3052	弱脱钩
2006	0.5767	弱脱钩	0.2834	弱脱钩	1.2926	扩张负脱钩	0.2113	弱脱钩
2007	2.6857	衰退脱钩	-0.1837	强脱钩	0.8826	增长连结	-0.4354	强脱钩
2008	2.0316	衰退脱钩	-0.1630	强脱钩	0.7794	弱脱钩	-0.2581	强脱钩
2009	1.1694	增长连结	0.58	弱脱钩	1.8918	扩张负脱钩	1.2831	扩张负脱钩
均值	1.2234		0.4128		1.1866		0.4454	

资料来源：根据公式（4.12）~公式（4.15）计算得到。

横向来看，2003年和2009年，贵州省碳排放与地区GDP呈现扩张负脱钩的状态，其中减排弹性、节能弹性和价值创造弹性均起正向影响。2004年，整体脱钩弹性呈增长连接的状态，其中减排弹性和价值创造弹性影响为正，节能弹性有负向影响。2002年、2005年、2006年整体脱钩弹性为弱脱钩，其中在2002年和2005年中节能弹性产生正向影响，减排弹性和价值创造弹性起负向影响，在2006年中减排弹性和节能弹性产生正向影响，价值创造弹性产生负向影响。2001年、2007年和2008年碳排放与经济增长呈现强脱钩的状态，其中2001年中减排弹性产生正向影响，节能弹性和价值创造弹性产生负向影响，在2007年和2008年中减排弹性和价值创造弹性起负向影响，节能弹性起正向影响，减排弹性有决定性。

从以上分析可以看出，十年来贵州省碳排放与地区GDP脱钩趋势较为明显，低碳效果较为明显，只是在2003年和2009年出现了严重的反复，其中起决定性的仍是节能和减排。造成2003年和2009年减排效果反复的原因主要是减排弹性的反复，而节能弹性的反复也是一个重要因素，另从平均值来看，十年来贵州省节能弹性虽为弱脱钩的状态，但其值都在0.4左右，因此未来节能是贵州省经济低碳化应予以重视的因素。此外从以上分析中可以看出，十年间价值创造弹性对整体的脱钩弹性基本都起负向作用，也就是说价值创造是一直阻碍脱钩的主要因素，因此未来贵州省低碳化发展的主要任务是调整产业结构，提高产业价值创造能力。

4. 重庆碳排放与地区GDP脱钩弹性分析

从表4–12来看，纵向来看2000~2009年，重庆工业减排弹性处于强脱钩、弱脱钩、衰退脱钩和扩张负脱钩状态。整体来看，在经过了2003~2005年碳排放量增速快速增加之后，近几年碳排放增速明显放缓，然而也出现了如2007年和2009年一样的反弹，说明重庆十年间"减排"存在反复。十年来贵州省节能弹性基本处于脱钩的状态，说明能耗的增长率小于工业总产值的增长率，节能效果明显，尤其近几年节能弹性始终在0.4左右，说明贵州经济发展中节能效果较好；近十年贵州省价值创造弹性始终是增长连结的状态，且十年的均值在1.13左右，说明贵州经济发展覆盖生产要素规模越大，价值创造能力持续减小，其原因也是经济"重型化"趋势明显，工业以及高耗能低产出产业在经济中比重不断增大；总体来看，贵州省碳排放与地区GDP弹性基本处于弱脱钩和强脱钩的状态，说明贵州经济发展中减排效果较为明显，然而2002年、2005年和2007年达到了扩张负脱钩和增长连结的状态，说明减排存在反复，政策效力未能实现持续性。

表4-12　2001~2010年重庆碳排放量与经济发展之间脱钩弹性及其分解

年份	减排弹性	状态	节能弹性	状态	价值创造弹性	状态	脱钩弹性	状态
2001	1.1834	衰退脱钩	-2.0584	强脱钩	0.9563	增长连结	-2.3294	强脱钩
2002	1.5499	扩张负脱钩	0.9139	增长连结	1.0469	增长连结	1.4829	扩张负脱钩
2003	1.6377	衰退连结	-0.9477	强脱钩	1.3021	扩张负脱钩	-2.0209	强脱钩
2004	0.1507	弱脱钩	0.4905	弱脱钩	1.1530	增长连结	0.0852	弱脱钩
2005	0.2026	扩张负脱钩	1.0495	增长连结	1.0141	增长连结	1.2799	扩张负脱钩
2006	0.7827	弱脱钩	0.4192	弱脱钩	1.5386	扩张负脱钩	0.5049	弱脱钩
2007	32.53	扩张负脱钩	0.8587	增长连结	1.5456	扩张负脱钩	43.1722	扩张负脱钩
2008	-5.3406	强脱钩	0.5101	弱脱钩	0.7417	弱脱钩	-2.0209	强脱钩
2009	-12.7372	强负脱钩	-0.06181	强脱钩	0.9363	增长连结	0.7372	弱脱钩
均值	2.329		0.1304		1.1371		4.5435	

横向来看，2002年、2005年和2007年，重庆碳排放与地区GDP呈现扩张负脱钩的状态，其中2002年和2005年减排弹性产生正向影响，节能弹性和价值创造弹性产生负向影响，2007年减排弹性和价值创造弹性产生正向影响，节能弹性产生负向影响；2004年、2006年和2009年整体脱钩弹性为弱脱钩，其中在2004年和2006年中减排弹性和节能弹性产生正向影响，价值创造弹性起负向影响；2001年、2003年和2008年碳排放与经济增长呈现强脱钩的状态，其中2001年和2003年中节能弹性产生正向影响，减排弹性和价值创造弹性产生负向影响，在2008年中减排弹性起正向影响，节能弹性和价值创造弹性起负向影响。

从以上分析可以看出，十年来重庆碳排放与地区GDP脱钩趋势较为明显，低碳效果较为明显，只是在2002年和2007年出现了严重的反复，其中起决定性的仍是节能和减排。造成2002年和2007年减排效果反复的原因主要是减排弹性的反复，而节能弹性的反复也是一个重要因素，另从平均值来看，十年来重庆节能弹性虽为脱钩的状态，但其值都在0.4左右，因此未来节能是重庆经济低碳化应予以重视的因素。此外从以上分析中可以看出，十年间价值创造弹性对整体的脱钩弹性基本都起负向作用，也就是说价值创造是一直阻碍脱钩的主要因素，因此未来重庆低碳化发展的主要任务是调整产业结构，提高产业价值创造能力。

一是碳排放与地区GDP之间脱钩关系多数年份都表现为弱脱钩和强脱钩的状态，说明近十年来西南部四省市减排效果初见成效，然而四个省份都在不同程度上出现了反复的现象，有的年份甚至出现了幅度较大的反复，说明减排未能实现持续性。在分解因素中，减排弹性始终是造成总体弹性反复的主要因素之一，因此未来西南四省在实现经济低碳化方面，应保持减排的持续性，优化能源结构，开发新能源，降低碳排放强度。

二是西南四省市大部分年份的节能弹性都表现为脱钩的状态，而且均值大多数在0.5左右，说明西南四省市在能源利用效率方面有了显著提高，而且比较而言节能弹性也是维持脱钩弹性稳定的重要因素，能源利用效率的提高为十年来西南四省市总体能源和碳排放增长速度的减缓起了重要作用，节能成为目前西南地区减排的重要途径和手段，因此未来实现低碳经济的发展中西南四省市也应在现有基础上，加强经济的节能工作，增大在能源利用效率和传统能源清洁化利用技术方面的投资和科研力度。

三是四省市在过去的十年里价值创造弹性都在1左右，各自的平均值也多在1左右，说明工业作为四省市国民经济的主导产业的作用在进一步加强，表明四省市都处于工业化加速的时期。但是也应该看到，价值创造弹性始终保持在1以上说明四省市价值创造能力在持续降低，经济发展覆盖生产要素规模在扩大。从以上的分析中也可以看出价值创造弹性一直在碳排放与经济增长脱钩弹性中起负向作用，说明价值创造能力已经成为阻碍脱钩的主要因素。因此，对于西南四省市要实现经济的低碳化发展，未来主要应在转变发展方式，调整产业结构，在发展低耗能高附加值产业上下功夫。

四、西北地区碳排放与经济发展研究

中国西北地区由陕西省、宁夏回族自治区（宁夏）、甘肃省、青海省、新疆回族自治区（新疆）五省区组成。其中新疆是中国主要的新能源项目基地，拥有丰富的太阳能和风能，对风能发电和太阳光伏发电项目的计划实施有广阔的开发前景。这将积极推动整个西北地区行业发展，并有助于降低该地区的碳排放。而且，西北地区的技术相似度非常接近，在60%~70%波动（Zhu Zhanguo et al., 2009）。从2001年的工业结构相似度来看，陕西为0.81、甘肃0.61、青海0.46、宁夏0.61及新疆0.47；国内的平均工业结构相似度为0.71。而同期的霍夫曼系数分别为0.4、0.2、0.1、0.2和0.2，表明西北地区重工业—轻工业比例的高度相似性（Hong Shijian 2004）。这也对我们研究区域划分的合理性提供了一定的保障。

从中观层面研究中国西北地区经济发展过程中二氧化碳排放的影响因素问题；捕捉不同影响因素对该地区碳排放的影响力大小，并结合已有的研究成果，考察这些因素在微观和宏观两个层面对碳排放影响的方向性。掌握不同因素在不同层面的作用发挥机理以指导不同层面的政策决策，增强政策的引导性。

（一）研究方法与数据来源

1. 模型构建

在研究中采用迪氏指数分解法（logarithmic mean divisia lndex method, LMDI），这一分解技术由王昂斌（Ang.B.W., 2005）发展并完善。目前该方法已经形成比较成熟的体系，被广泛应用在对能源消费和二氧化碳排放等相关问题的研究中。尤其是该方法在处理数据过程中的零残值方面具有相当的优势（Ang.B.W., 2007a, 2007b），因此这里沿用此方法，结合区域内的产业视角对中国西北地区的二氧化碳排放问题进行研究。

基于Kaya的分解理论将人口增长的影响引入到对二氧化碳的研究分析中，本书做同样的处理，对LMDI的分解因子进行扩展，考虑该地区人口增长对二氧化碳排放量变化的影响：人口规模（population effect）、经济规模（activity effect）、生产结构（structure effect）、能源强度（intensity effect）、能源结构（energy-mix effect）、排放因子（emission-factor effect）。

二氧化碳排放的基本公式为：

$$C = \sum_i \sum_j C_{ij} = \sum_i \sum_j P \frac{Q}{P} \frac{Q_i}{Q} \frac{E_i}{Q_i} \frac{E_{ij}}{E_i} \frac{C_{ij}}{E_{ij}} = \sum_i \sum_j PAS_i I_i M_{ij} U_{ij}$$

（4.16）

其中，C 表示二氧化碳排放总量；C_{ij} 代表在 i 行业第 j 种能源消费产生的二氧化碳排放量；S_i（$=Q_i/Q$）代表 i 行业生产总值占区域生产总值的比重，表明生产的结构问题；E_i（$=\sum_j E_{ij}$）代表第 i 行业消费所有品种能源的总消费量；I_i（$=E_i/Q_i$）代表第 i 行业的能源消费强度；E_{ij} 代表在第 i 行业中第 j 种能源的消费量；而第 i 行业的能源消费结构可用 M_{ij}（$=E_{ij}/E_i$）表示；排放因子表达式为 U_{ij}（$=C_{ij}/E_{ij}$）。

于是，二氧化碳排放量的改变量分解为：

$$\Delta C_{tot} = C^T - C^0 = \Delta X_{pop} + \Delta C_{act} + \Delta C_{str} + \Delta C_{int} + \Delta C_{mix} + \Delta C_{rmtf}$$

（4.17）

等式（4.17）中，ΔC_{tot} 代表二氧化碳从 0 期到 T 期的改变量，在研究中，时间以年为单位，代表年度的变化。考察报告期到基期的二氧化碳排放量的变化的目的是分解出其中的影响因素，如等式右边所示，其具体形式可表达为：

$$\Delta X_{pop} = \sum_i \sum_j \psi(C_{ij}^T, C_{ij}^0) \ln\left(\frac{P^T}{P^0}\right) \quad (4.18)$$

$$\Delta C_{act} = \sum_i \sum_j \psi(C_{ij}^T, C_{ij}^0) \ln\left(\frac{A^T}{A^0}\right) \quad (4.19)$$

$$\Delta C_{str} = \sum_i \sum_j \psi(C_{ij}^T, C_{ij}^0) \ln\left(\frac{S_i^T}{S_i^0}\right) \quad (4.20)$$

$$\Delta C_{int} = \sum_i \sum_j \psi(C_{ij}^T, C_{ij}^0) \ln\left(\frac{I_i^T}{I_i^0}\right) \quad (4.21)$$

$$\Delta C_{mix} = \sum_i \sum_j \psi(C_{ij}^T, C_{ij}^0) \ln\left(\frac{M_{ij}^T}{M_{ij}^0}\right) \quad (4.22)$$

$$\Delta C_{emf} = \sum_i \sum_j \psi(C_{ij}^T, C_{ij}^0) \ln\left(\frac{U_{ij}^T}{U_{ij}^0}\right) \quad (4.23)$$

其中，$y(a,b) = \frac{(a-b)}{(\ln a - \ln b)}$，当 $a \neq b$ 时成立；$y(a,a) = a$，当 $a=b$ 时成立。等式（4.18）~式（4.23）分别代表人口增长等因素对总量二氧化碳排放的影响。在 LMDI 方法的表达形式中，可以发现各个影响因素与总碳排放的影响关系，由等式（4.18）表达。因此，我们可以计算出不同影响因素对二氧化碳排放的贡献值。

$$\frac{\Delta C_{pop}}{\Delta C_{tot}} + \frac{\Delta C_{act}}{\Delta C_{tot}} + \frac{\Delta C_{str}}{\Delta C_{tot}} + \frac{\Delta C_{int}}{\Delta C_{tot}} + \frac{\Delta C_{mix}}{\Delta C_{tot}} + \frac{\Delta C_{rmf}}{\Delta C_{tot}} = 1 \quad (4.24)$$

2. 数据来源

本研究所使用的数据主要来自《中国能源统计年鉴》《中国统计年鉴》《中国工业统计年鉴》，以及西北五省区的统计年鉴。数据分为六个行业进行统计整理：农业、工业、建筑业、交通运输业、服务业及其他行业。其中，农业包括农、林、牧、渔业及水利。交通运输业包括交通、仓储、邮电通讯业。服务业囊括批发零售住宿餐饮业。居民消费及其他经济部门划归为其他行业。

六个行业部门的能源消费量数据通过转化均划为标准煤及终端能源消费。六个行业的二氧化碳排放获取通过国际政府间气候变化委员会（IPCC）手册，以煤炭、焦炭、汽油、煤油、柴油、液化石油气为六种主要能源消费品种。其中煤炭消费包括发电用煤及其他转化形势的能源形势。

人口和 GDP 的相关数据来自各省的统计年鉴，并进行统计调整。同时，由于数据获取的不可能性，比如宁夏在 2000 年及 2001 年的能源消费数据存在这样不可靠的获取来源，因此对此类情况进行缺省处理。

（二）实证结果及讨论

从三个层面对实证结果进行讨论：中国经济增长的速度、能源消费的现状及二氧化碳排放影响因素。

如图 4-1 所示，1995~2009 年，西北地区经济总量逐年增长，年均增长率达 15.20%。同时，能源消费总体呈现增长趋势。从整体能源消费的增长趋势来看，2000 年以前，西部地区的经济增长以能源的大量消费为代价。2000 年以后，经济增长的势头依旧，在新的增长阶段达到年均 15.93% 的增长率，超过整个时期平均水平 4.7 个百分点。整个研究期间内能源增长最高的年份为2003年,达到30.09%,最低增长15.85%。能源的消费增长经历了特殊的增长阶段,其整体温和的增长率与之前的增长率预测水平存在很大差异。

(10亿元,万吨标准煤)

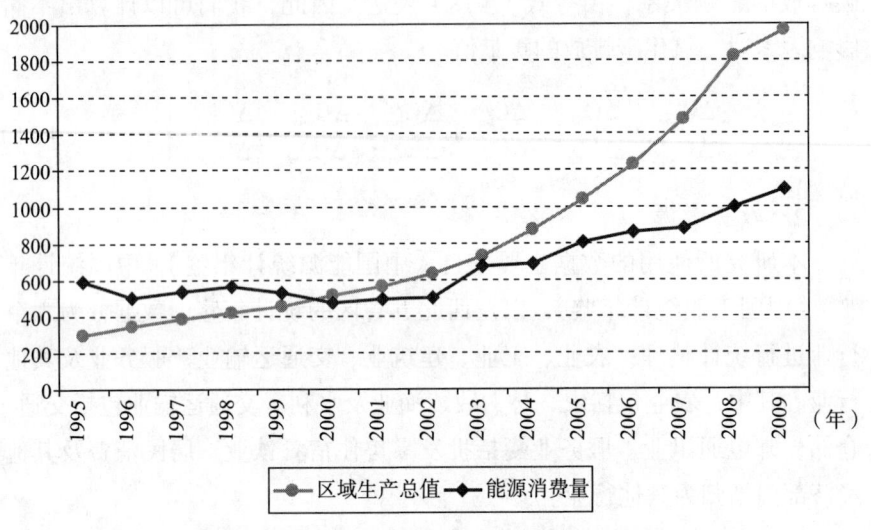

图4-1 中国西北地区经济增长及能源消费情况

  行业的经济发展情况如图4-2所示。工业和其他行业是西北地区经济增长的两大主要行业,占地区生产总值的很大比重,虽然在不同年份情况有所波动,但丝毫没有改变其在整个地区经济贡献中的作用。农业部门在1998年之后成为对该地区经济贡献的第三大行业,并在整个增长期间呈现下降趋势。其他三大行业虽然在地区的生产总值中占比很小,但是其总量贡献不容忽视。建筑业、交通运输及服务业对地区经济总量的贡献持续在21%~28%的水平。

  能源消费方面的数据显示(图4-3),工业部门的能源消费占总量消费的比重达到50%以上;尤其在"七五经济发展"期间,能源消费保持极高的增长率。相对而言,其他行业的能源消费占比逐年下降,但其行业贡献率保持稳定的发展趋势。交通运输业在2000年以后产值贡献占比逐年下降,但其能源消费比例逐年上升。但是从微观的角度审视相关情况,宏观角度缺乏显著影响力的行业对能源消费增长变化的局部影响不容忽视。近十年,西北地区的农业的能源消费呈现逐年下降趋势,说明了其在节能降耗方面的潜力。而建筑业和服务业则在一定的占比范围内经历波动的变化趋势。

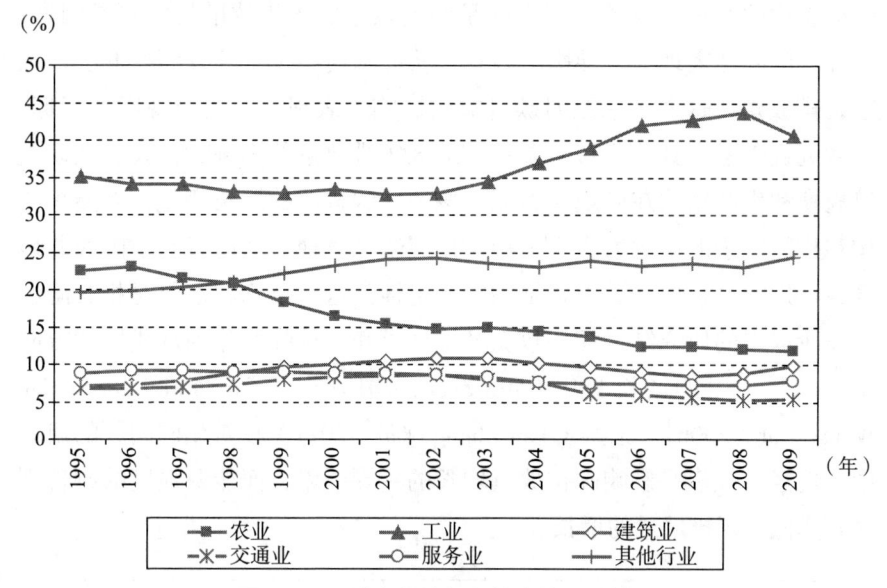

图4-2 区域各经济部门的产值贡献情况

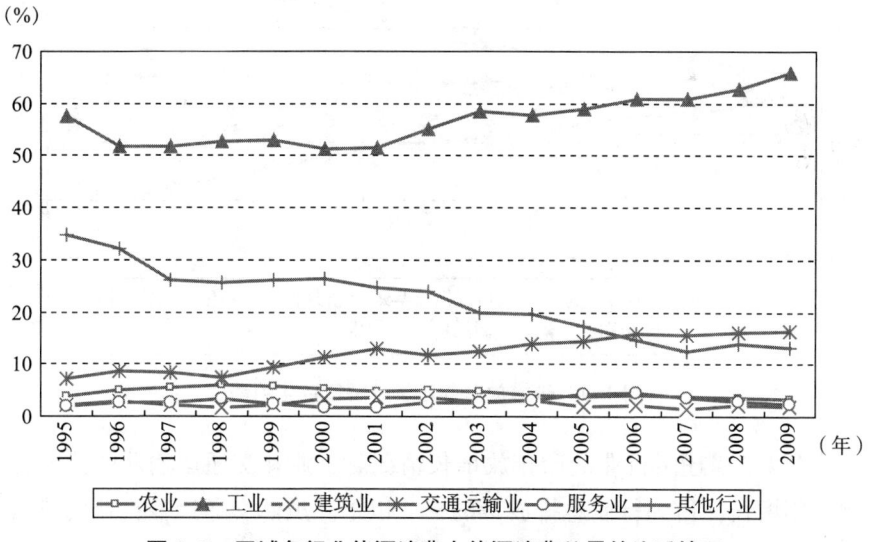

图4-3 区域各行业能源消费占能源消费总量的比重情况

那么，究竟哪些是影响西北地区二氧化碳排放量增长变化的主导因素？分解结果显示影响该地区二氧化碳排放量变化的主导因素是经济规模和能源强度（见图4-4）。经济规模促使该地区经济发展过程中的碳排放量的增长，而能源强度则抑制其碳排放的增长。具体而言，以人均GDP表达的经济规模的发展变化是引起该地区碳排放增长的主要因素；能源强度同样表现为主导影响因素，从能源使用技术等方面降低了该地区碳排放量。这两个因素对碳排放的影响力表现为两大宏观影响指标。从微观视角考察其他分解因素对该地区碳排放量的影响时，我们发现人口规模和生产结构在微观层面促使该地区碳排放的增长变化，而能源结构和排放因子的影响力表现平稳，作用未见显现。从而表明中国西北地区经济发展过程中能源消费结构的稳定性。这一结论和之前对相关问题研究所取得的研究结果相一致。经济规模和能源强度分别从相反的方向影响碳排放量的增长变化（Min Zhao，2010；Sue J.Lin et al.，2006；Can Wang et al.，2006）。张燕（Yan Zhang et al.，2011）在对相同问题的研究中发现经济规模是影响碳排放量增长的主导因素，而能源强度的改善则显著降低了碳排放量的增长。

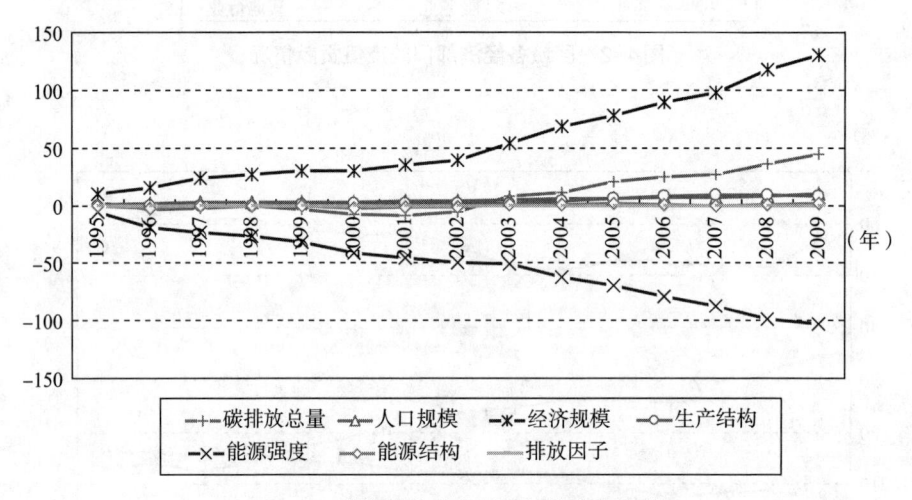

图4-4 碳排放总效应及分解值变化趋势

图4-5描述了行业的碳排放增长情况。工业和交通运输业的排放比例逐年增长，占到行业总排放量的55%以上。虽然交通运输行业的排放占比水平比较低，几乎在4%~9%的水平，但是其变化趋势总体呈上升势头。相反，在其他行业碳排放占比逐年降低，但是并未改变其第二大排放行业的地位。同时，农业，建筑业及服务业在低水平的排放占比下表现出波动的增长趋势。农业及建筑业排放比例从2002年起逐年下降，而服务业在相同的时间内呈现倒"U"形的变化过程。

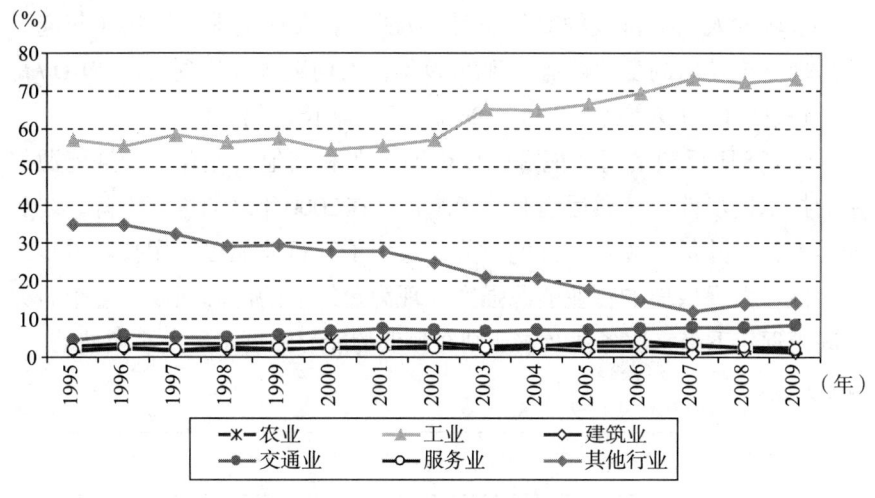

图4-5 区域碳排放的行业占比情况

整个研究期间，工业的能源消费逐年显著增长，但是其部门的碳排放强度呈现反向变化过程，逐年降低（见图4-6）。虽然在2003~2004年碳排放强度经历了一波增长，但是总体的下降趋势表明工业行业的技术进步性。在研究期的最初五年间，各行业的碳排放强度显著下降，从1995年的2.93吨/万元下降至2000年的1.27吨/万元。在其他行业，碳排放强度下降的幅度最大。交通运输业同样经历了碳排放强度的总体下降趋势；但是在农业、建筑业及服务业碳排放强度的变化并不明显，在低碳排放强度水平下经历波动。

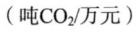

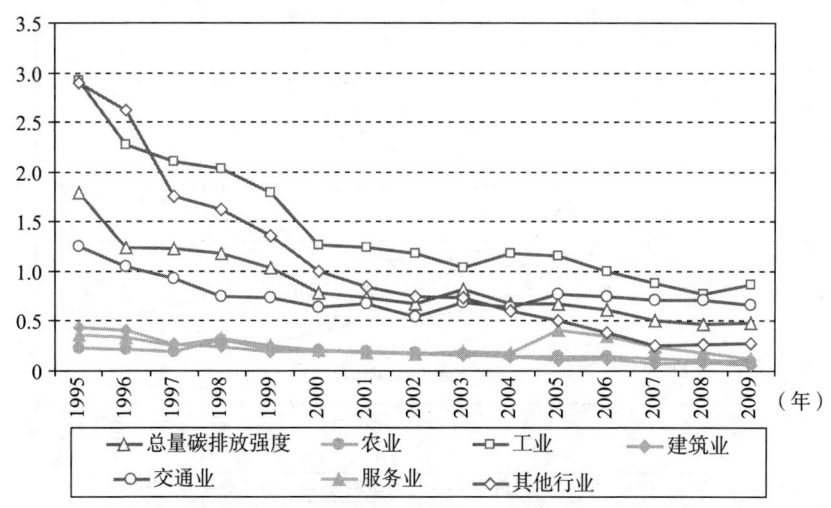

图4-6 总量及部门碳排放强度变化趋势

区域内人均碳排放的变化如图4-7所示。人均碳排放从2000年起开始呈现逐年递增的变化趋势。到2009年，人均碳排放达到0.98吨CO_2/每人，超过2000年人均水平的123.26%，年均增长达到9.8%。

图4-8所反映的行业能源强度表明工业和其他行业存在长期能源使用的技术进步性。交通运输业的能源强度在2000年之前逐年下降，之后开始上行，并保持逐年上升的态势，表明了其行业能源使用技术进步的滞后性。微观层面的行业能源强度表现为建筑业的能源强度在整个研究期间内逐年下降，服务业及农业则在较低的能源强度水平上小幅波动。

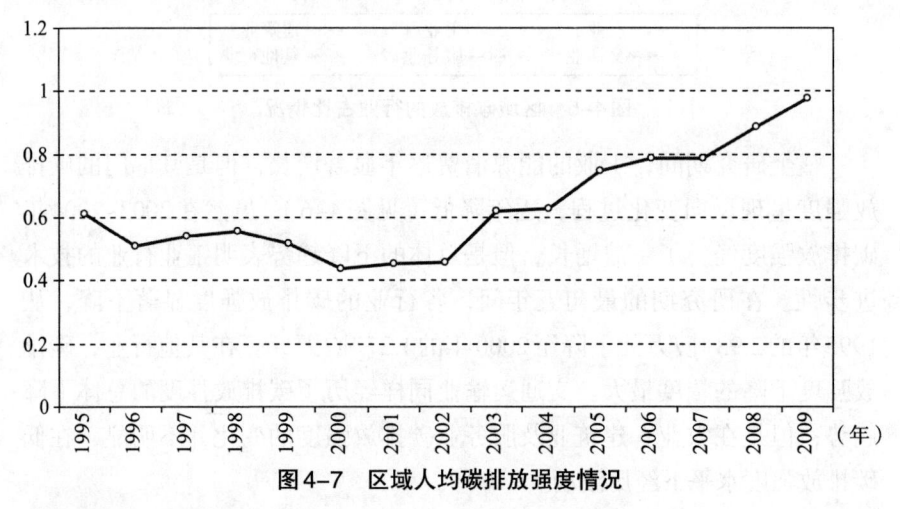

图4-7 区域人均碳排放强度情况

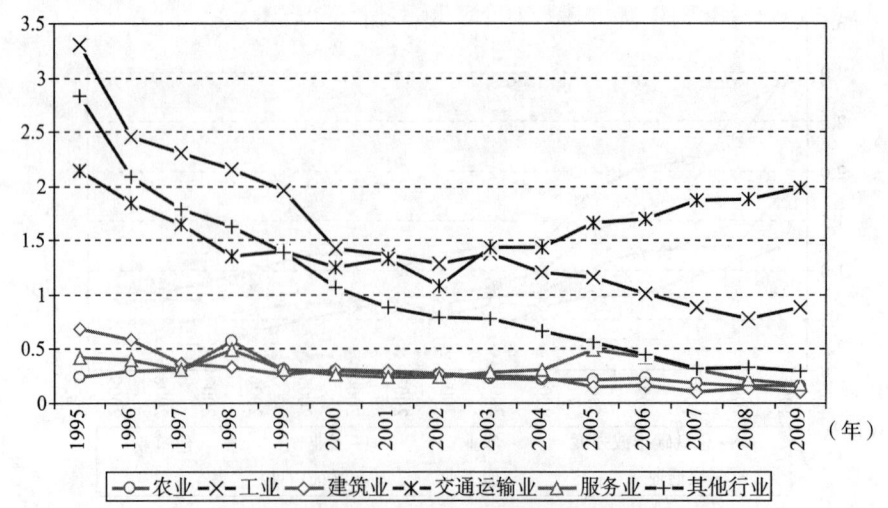

图4-8 区域行业碳排放强度变化趋势

我们重点关注两个行业的发展情况。作为区域第三大生产行业，农业是相对碳排放最少的清洁行业。但是其高碳排放强度的研究结果使得我们对该行业的能源结构及其使用效率提出了疑问。农业生产的集约化同样是达到低碳发展目标的有效途径。

交通运输业是近几年来比较热门的研究领域。从分析的结果来看其能源消费逐年增长，但经济产出几乎是所有经济行业部门中最少的。在"十一五"经济发展期间，交通运输业成为该地区第二大耗能行业。虽然能源强度宏观上降低了区域碳排放总量，但在交通运输业情况并非如此。从2002年开始，其行业能源强度逐年上升，表明交通运输业的能源使用效率并未得到持续的改善。而不断增长的私家车可能解释了这一现象的产生。当然，我们需要探究碳排放和能源消费增长的深层次原因。然而，从行业碳排放强度的角度来看，交通运输业碳排放强度变化经历了1995~2002年下降趋势。此后，行业碳排放强度呈现上扬发展趋势，这表明行业生产活动及其碳排放方面存在问题。

（三）研究结论及政策启示

1. 研究结论

中国西北地区碳排放量的增长趋势研究探讨了三个问题：（1）是否存在影响该地区碳排放量增长变化的宏观显著因素？（2）从行业发展的角度而言，哪些行业是引起了该地区碳排放量增长变化的主导力所在？（3）这些研究启示我们中观层面的研究结果如何与宏观及微观层面的研究发现相联系，即如何看待各种因素在不同研究层面的影响方向。

分解结果显示西北地区存在影响其碳排放量增长变化的宏观影响因素。经济规模是影响其碳排放量增长的关键因素，而能源强度则表现为主要的抑制力。这一结论的获得与张燕从省内和省间两个区域角度对同一问题的研究结论相一致，经济规模和能源强度是影响碳排放量的两大主导因素。这一研究发现的一致性或许可以从经济政策的制定反面寻求答案。低碳经济发展从概念的提出到实际经济政策的实施，已经逐渐得到各国对这一新经济发展方式的认同和重视，因此各国纷纷致力于寻求国民经济发展的低碳化。虽然这些政策在相对微观的层面上在各个行业部门中表现出极为显著的影响力，但是由于改善经济总量活动的波动性，个别行业宏观上受其因素的影响不大。

工业在中国的工业化和城镇化发展过程中依然扮演重要的角色。工业的经济贡献力在该地区仍然占很大的比重。但其行业碳排放量的总体增长态势不能不引起相应的重视。同时交通运输业和其他行业对碳排放的行业贡献力也较为明显，虽然"其他经济部门"的占比呈逐年降低趋势。

从宏观的影响因素来看，经济规模和能源强度是影响中国西北地区碳排放的主导因素。经济规模促使了该地区的碳排放量的增长。从我们的阶段性研究成果来看，这一结论同样适用于陕西省和甘肃省的情况。而能源强度作为抑制该区域碳排放的主要因素，从省级区域研究的层面上来看（新疆的情况），抑制作用并不是很明显。而其他的影响因素在不同的研究层面上所表达的影响力不尽相同。他们对区域碳排放的影响力大小和方向如何将是我们下一步的研究内容。

2. 政策启示

基于以上的研究发现，可以从以下几点思考中国西北地区的经济发展及对发展环境的改善治理。

（1）西北地区有着丰富的能源资源，获得了区域经济发展的强大后劲。从能源强度的角度的分析结果来看，能源使用技术的发展仍然是区域经济发展环境改善治理的有效措施和有力途径。同时也是节能减排工作目标实现的重要举措。

（2）从行业的角度来讲，产业部门的优化仍需重视。调整产业结构无论从微观的省级发展需求，还是从中观的区域经济发展的需求来看，都体现着经济发展方式的集约化转变态势。结构的优化更加凸显优势产业的贡献力。

（3）同时，特殊行业的问题苗头不能忽视。比如交通运输业的发展状况。从近几年的发展情况来看，交通运输业的问题有所表现，其能源需求迅速增长，已经成为主要的耗能行业，特别是对成品油的消耗（Jian Chai et al., 2012）。不论从节能的角度抑或是减排方面的思考，这种宏观层面表现不显著的行业应当从微观的视角透视其问题所在，及时捕捉问题的发展方向，制订有针对性的解决方案。

五、东北地区碳排放与经济发展研究报告

东北地区已经被国内作为一个地理单元,这个地区由于地缘原因和历史文化等因素的影响,有着一些共同的经济发展经历和特点,在中国的经济区划中也常把东北地区作为一个经济单元来看待。我们描述的东北地区是指,黑龙江、吉林、辽宁三省。东北地区在中国的经济发展布局上具有重要的经济地位,东北地区是重要的粮食主产区和最大的商品粮生产基地,以及重要的工业基地。

经济总量是区域经济发展实力的一个标志,GDP、人均GDP等指标从一定程度上可以反映出一个区域经济发展的总量水平。如表4-13所示,2010年,东北地区GDP总值达到37493.45亿元,占全国的9.35%。其中,辽宁省生产总值18457.27亿元,吉林省生产总值8667.58亿元,黑龙江省生产总值10368.6亿元。辽宁、吉林、黑龙江GDP总量在全国31个省、市、区(不包括台湾、香港、澳门,以下同)中,分别排名第7位、第21位、第16位。从经济增速来看,2010年辽宁、吉林、黑龙江三省GDP增长速度分别为11.6%、12.09%、12.2%,三个省份的经济增速要高于全国的9.2%增速。从经济总量排名看,吉林的经济相对薄弱,但是其增长速度强劲,远高于东部发达省份。

如表4-14所示,从东北三省的三次产业产值结构来看,辽宁和黑龙江的二次产业占GDP的比重都超过了50%,反映了东北地区经济发展以第二产业为主的特点。从轻重工业产值结构看,三省的重工业远远超过轻工业,重工业占据着重要地位。

表4-13　东北地区生产总值、国内生产总值及东北地区所占比重

类　别	2000年	2001年	2002年	2003年	2004年	2005年	2006年	2007年	2008年	2009年	2010年
东北地区（亿元）	9743.2	10626.5	11443.9	12722.0	16466.0	17181.2	19791.4	23552.9	28409.0	31078.2	37493.4
全国（亿元）	99214.6	109655.2	120332.7	135822.8	159878.3	184937.4	216314.4	265810.3	314045.4	340902.8	401202.0
所占份额（％）	9.82	9.69	9.51	9.37	10.30	9.29	9.15	8.86	9.05	9.12	9.35

资料来源：根据《中国统计年鉴（2011）》上的数据整理计算得。

表4-14　2010年东北地区经济发展结构指标

地　区	三次产业产值结构	轻重工业产值结构	固定资产投资占GDP比重（％）	主导产业占规模以上工业增加值比重（％）	主导产业占GDP比重
全　国	3.9:5.76:38.5	28.64:71.36	68.97		
辽　宁	8.8:54.1:37.1	18.72:81.23	81.84	77.91	36.21
吉　林	12.1:52:35.9	27.35:76.33	85.32	62.48	25.52
黑龙江	12.6:50.2:37.2	13.85:88.79	60.69	88.92	77.83

资料来源：根据《中国统计年鉴（2011）》及各省统计年鉴上的数据整理计算得。

三省的固定资产投资率都比较高,反映了现在东北地区的经济增长主要是依靠投资拉动。三省的主导产业增加值占规模以上工业增加值的比重较高,但辽宁、吉林两省的主导产业增加值占GDP的比重却不高,表明这两省的主导产业在本省产业中只占相对优势,而不占绝对优势。黑龙江的主导产业工业总产值占其GDP的77.83%,反映了装备制造业、石化工业、能源工业、食品工业在本省产业中占绝对优势。

如表4-15所示,随着东北三省经济迅速发展,碳排放量也在逐步增多。但是与经济增速相比,碳排放量的增速相对缓慢。从经济增速方面分析,辽宁省的经济增速相对平稳,吉林省在2008年之前经历了相对快速的经济增长发展,2008年之后经济增长有所放缓,但是增长势头仍然强劲,增速仍然近14%。黑龙江的经济增长速度相对最慢,但是其增长速度仍然高于全国的平均增速。从总体来看,东北地区的经济增长速度较快,但是也伴随着较高的碳排放量。碳排量整体呈现递增的趋势,但是递增的速度明显小于经济增长的速度,并且增长的速度有下降的趋势。表4-15东北地区的经济增长,整体上符合节能减排的大目标,值得注意的是,东北地区在2008年以后碳排量增速明显减缓。

表4-15　　　　东北地区各省经济增长率、碳排放总量增长率

地区	类别	2006年	2007年	2008年	2009年	2010年
辽宁	地区生产总值(亿元)	9304.52	11164.3	13668.58	15212.49	18457.27
	经济增长率(%)	14.20	15.00	13.40	13.10	14.20
	终端能耗排放(万吨)	50409.40	56400.788	55946.248	59112.809	61365.789
	碳排放增加率(%)	8.35	11.89	-0.81	5.66	3.81
吉林	地区生产总值(亿元)	4275.12	5284.69	6426.1	7278.75	8667.58
	经济增长率(%)	15	16.1	16	13.6	13.8
	终端能耗排放(万吨)	29627.86	31225.38	30925.12	32893.14	35249.80
	碳排放增加率(%)	19.87	5.39	-0.96	6.36	7.16
黑龙江	地区生产总值(亿元)	6211.8	7104	8314.37	8587	10368.6
	经济增长率(%)	12.1	12	11.8	11.4	12.7
	终端能耗排放(万吨)	27077.02	30001.48	32721.26	31708.56	34004.94
	碳排放增加率(%)	10.70	10.80	9.07	-3.09	7.24

资料来源:本研究整理。

(一)地区弹性分析

用LYQ分析框架,根据Tapio脱钩指标,利用恒等式构建弹性指标分析,其实质就是引入多个与最终变量有关的中间变量,且变量之间有明确的逻辑相关关系,将两个连续变量之间脱钩弹性值相乘即为所要分析的脱钩弹性指标,进而可以构造出对脱钩弹性指标进行分解的因果链并进行指标测评。在研究中,将碳排放与经济增长之间的脱钩弹性分解为三组中间变量脱钩弹性的乘积,即碳排放与能源消费量之间的脱钩弹性、能源消费量对工业总产值①之间的脱钩弹性和工业总产值对地区GDP的脱钩弹性,分别称为减排脱钩弹性、节能脱钩弹性和价值创造脱钩弹性。用公式表示为:

$$e_{(CO_2, GDP)} = \frac{\left(\frac{\Delta CO_2}{CO_2}\right)}{\left(\frac{\Delta GDP}{GDP}\right)} \times 100\%$$

= 减排脱钩弹性 × 节能脱钩弹性 × 价值创造脱钩弹性

(4.25)

$$T_{CO_2:GDP} = T_{CO_2:E} \times T_{E:S} \times T_{S:GDP} \quad (4.26)$$

式(4.26)中,$T_{CO_2:GDP}$代表碳排放与经济增长整体脱钩弹性,脱钩反映单位经济产出的碳排放量减少,即地区的碳强度降低;$T_{CO_2:E}$代表减排脱钩弹性,脱钩反映单位能耗的碳排放量减少,其主要决定于地区能源结构改善;$T_{E:S}$代表节能脱钩弹性,脱钩反映单位地区生产规模的能耗降低,其主要决定于能源使用效率提高;$T_{S:GDP}$代表价值创造能力脱钩弹性,脱钩反映单位经济产出的地区经济规模减小,其主要决定于地区产业的价值创造能力增强。

其中各影响因子可以分别表示如下:

---

① 之所以选用工业总产值,一方面是出于构建因果链的需要;另一方面是因为工业用能源占中国总体能源消费量的绝大部分,工业领域的能源利用效率在很大程度上代表了总体的能源效率高低。

$$\text{减排脱钩弹性} = \frac{\left(\dfrac{\Delta CO_2}{CO_2}\right)}{\left(\dfrac{\Delta EC}{EC}\right)} \times 100\% \qquad (4.27)$$

EC表示的是能源消费量,该弹性是碳排放量的增长率除以能源消费量的增长率,当弹性值处于脱钩状态说明碳排放量增长率小于能耗的增长率,减排效果明显,反之则减排效果较差。该弹性也反映了低碳技术改善因素在经济低碳化发展当中的影响,即产业"减排"发展的脱钩状态,其值越接近脱钩状态反映减排效果越明显[1]。

$$\text{节能脱钩弹性} = \frac{\left(\dfrac{\Delta EC}{EC}\right)}{\left(\dfrac{\Delta GIO}{GIO}\right)} \times 100\% \qquad (4.28)$$

GIO表示工业总产值,该弹性是能耗的变化率除以工业总产值的变化率,当弹性值处于脱钩状态时说明能耗的增长率小于工业总产值的增长率,节能效果明显,反之则说明减排效果较差。该弹性也反映了产业生产方式、产业结构和生产技术的改善因素在产业低碳化发展当中的影响,即产业"节能"发展的脱钩状态,其值越接近脱钩状态反映节能效果越明显[2]。

$$\text{价值创造脱钩弹性} = \frac{\left(\dfrac{\Delta GIO}{GIO}\right)}{\left(\dfrac{\Delta GDP}{GDP}\right)} \times 100\% \qquad (4.29)$$

该弹性表示工业总产值与地区GDP之间的弹性脱钩关系,是覆盖稀缺生产要素在社会经济中价值创造能力的变化。其值越接近连接状态反映覆盖生产要素规模越大,价值创造能力越弱;越接近脱钩状态反映覆盖生产要素规模越小,价值创造能力越强(见表4–16)。

---

[1][2] 姚宇,韩翠翠.陕西工业产业低碳化影响因素分析[J].新西部,2010(20):22-23.

1. 计算结果

表4-16　　2001~2011年碳强度变化各因素逐年脱钩状态

年份	减排因素 脱钩值	减排因素 脱钩状态	节能因素 脱钩值	节能因素 脱钩状态	价值创造因素 脱钩值	价值创造因素 脱钩状态
2001	1.87	衰退脱钩	-0.08	强脱钩	0.62	弱脱钩
2002	-0.24	强脱钩	0.31	弱脱钩	1.02	增长连结
2003	1.75	扩张负脱钩	0.37	弱脱钩	1.21	扩张负脱钩
2004	1.40	扩张负脱钩	0.31	弱脱钩	0.63	弱脱钩
2005	0.54	弱脱钩	1.53	扩张负脱钩	2.58	扩张负脱钩
2006	1.02	增长连结	0.66	弱脱钩	1.16	增长连结
2007	0.79	弱脱钩	0.61	弱脱钩	1.07	增长连结
2008	-0.33	强负脱钩	-0.21	强脱钩	1.20	增长连结
2009	0.53	弱脱钩	4.88	扩张负脱钩	0.14	弱脱钩
2010	0.85	增长连结	0.23	弱脱钩	1.36	扩张负脱钩

资料来源：本研究整理。

2. 数据分析

减排因素方面：2001年地区终端能耗碳排放与地区终端消费能耗脱钩弹性大于1.2，显示东北地区终端能耗碳排放与地区终端消费能耗呈衰退脱钩状态，意味着当年地区终端消费能耗减少值不及当年地区终端能耗碳排放减少值，即当年减排效果明显。2002年和2008年地区终端能耗碳排放与地区终端消费能耗脱钩值小于零，显示2002年和2008年地区终端能耗碳排放与地区终端消费能耗呈强脱钩状态，即当年地区终端能耗碳排放与地区终端消费能耗排放减少，呈负增长。2003年和2004年地区终端能耗碳排放与地区终端消费能耗脱钩弹性值大于1.2，显示2003年和2004年地区终端能耗碳排放与地区终端消费能耗呈扩张负脱钩状态，意味着2003年和2004年地区终端能耗碳排放增加量大于地区终端消费能耗增加量，即这两年碳排放量明显增多。2005年、2007年和2009年地区终端能耗碳排放与地区终端消费能耗显示呈弱脱钩状态，意味着这三年地区终端能耗碳排放与地区终端消费能耗同时增长，但地区终端能耗碳排放增长相对地区终端消费能耗增长缓慢，所占比重下降。2006年地区终端能耗碳排放与地区终端消费能耗呈增长连接状态，意味着地区终端能耗碳排放和地区终端消费能耗同步增长，但是地区终端能耗碳排放增长率大于地区终端消费能耗。2010年地区终端能耗碳排放与地区终端消费能耗呈增长连接状态，即意味着2010年地区终端能耗碳排放与地区终端消费能耗都有所增加，但是地区终端消费能耗的增加要大于地区终端能耗碳排放。

节能因素方面：2001年和2008年地区终端消费能耗与工业总产值呈强脱钩状态，意味着这两年地区终端消费能耗与工业总产值减少，呈负增长。2005年和2009年地区终端消费能耗与工业总产值弹性值大于1.2，表明地区终端消费能耗与工业总产值呈扩张负脱钩状态，意味着地区终端能耗与工业总产值都在增加，但是地区能耗的增加要大于工业总产值的增加。其他年份地区终端能耗与工业总产值呈弱脱钩状态，即意味着在地区终端能耗与工业总产值都在增加的同时，工业总产值增加的要更迅速。

价值创造方面：2001年、2004年和2009年的工业总产值与地区总产值的弹性脱钩小于0.8，显示东北地区这三年的工业总产值与地区总产值呈弱脱钩状态，意味着这三年东北地区工业总产值与地区总产值都呈增长状态，但是工业总产值的增长率要慢于地区总产值的增长。2002年、2007年和2008年工业总产值与地区总产值的弹性介于1.0~1.2，呈增长连接状态。意味着在这三年里，工业总产值的增长率要大于地区总产值的增长率，工业总产值增长迅速。2010年的弹性为1.36，呈扩张负脱钩状态，表明工业总产值增长迅速。

（二）因素影响力评价

通过定义影响因素的权重函数 W_{Ti}，可以达到对不同因素影响力的直接判断，即式（4.30）：

$$w_{Ti} = \begin{cases} -\log_T^{T_i}{}_{x_0,x_n}, & \text{当 } T_{x_0,x_n} > 1 \text{ 时} \\ \log_T^{T_i}{}_{x_0,x_n}, & \text{当 } T_{x_0,x_n} < 1 \text{ 时} \end{cases} \quad (4.30)$$

式（4.30）中，$\left|\sum_{i=1}^{n} w_{Ti}\right| = 1$ 确保了对影响力评价的标准化和可比较性。

基于脱钩定义，$T_{co_2:GDP} = T_{co_2:E} \times T_{E:S} \times T_{S:GDP}$ 还可以表达为式（4.31）：

$$T_{co_2:GDP} \frac{V_{co_2}}{V_E} \times \frac{V_E}{V_S} \times \frac{V_S}{V_{GDP}} \qquad (4.31)$$

其中，V_{co_2}代表碳排放增长速度；V_E代表能耗增长速度；V_S代表经济规模增长速度；V_{GDP}代表GDP增长速度。

为研究某一较长时期的主导性因素，可以通过如下方法计算该时期内相关变量的变化速度：

$$i_t = i_0 \times (1 + V_i)^t \qquad (4.32)$$

式（4.32）中，i_t代表变量i的t时期数据；i_0代表变量i的基期数据；V_i代表变量i在0到t时期的变化速度。由此，可以利用公式1求得影响整体脱钩的主导因素。

我们发现（见表4-17），2009~2010年，减排脱钩呈现增长连结状态，影响力相对较小；节能脱钩弹性呈现弱脱钩状态，表明这期间东北地区节能减排取得了一定的效果；价值创造脱钩弹性呈现扩张性负脱钩状态，影响力为一个负值，表明在此期间工业生产总值的增长率明显大于地区生产总值的增长率。在此期间东北地区的整体脱钩状态变为弱脱钩状态。

表4-17　　　　2009~2010年地区碳强度变化主导因素脱钩

弹　性	弹性值	弹性状态	影响力
减排脱钩弹性	0.854176036	增长连结	0.124123
节能脱钩弹性	0.232877757	弱脱钩	1.122461
价值创造脱钩弹性	1.359493206	扩张负脱钩	−0.234841
整体脱钩弹性	0.270428484	弱脱钩	

数据来源：本研究整理。

（三）东北地区碳排放与经济发展的政策建议

研究中对Tapio脱钩模型进行了修正和发展，并将理论分析应用与东北地区碳排放进行了分析说明，将二氧化碳排放与GDP增长的脱钩关系分解为减排脱钩弹性、节能脱钩弹性、价值创造脱钩弹性、价值创造脱钩弹性四个因子进行分析，对中国产业低碳化的研究起到了一定推进作用。东北地区的碳排放量仍然相对较大，如果不能及时转变发展模式，不利于中国在2020年前实现减排40%~50%的承诺目标。工业化的经济增长是目前东北地区碳排放增加的主要推动力。

目前中国正处于经济转型时期，东北地区应该抓住机遇，积极转变发展模式，发展低碳产业。技术进步，特别是能耗强度降低则是中国实现二氧化碳排放强度降低的主要手段，在保证经济增长的同时实现碳强度降低任重而道远。

基于研究的分析，提出以下建议：

一是转变发展理念，正确理解环境与经济发展的辩证关系，保障同时实现低碳经济。高投入、高消耗、高污染、低效率的粗放增长方式不仅带来沉重的资源环境压力，也会使东北地区的发展处于被动的地位。

二是发展低碳技术，促进能源消费结构改善。由于煤炭的碳排放系数远高于其他能源，因此一次能源结构的逐步改善对东北地区二氧化碳减排有着至关重要的作用。清洁燃料及清洁煤技术发展，可再生能源的开发利用，完善可再生能源法律法规建设等将是未来中国减排二氧化碳的重要战略选择。

三是加强金融对低碳经济的支持，积极发展碳金融市场。金融机构的贷款和投资行为，会直接影响到各个行业和项目的能源消耗和二氧化碳排放，因此，金融机构需要探索建立一种应对气候变化的信贷模式，加强对低碳项目的融资、投资。另外，金融机构可以积极参与到碳金融市场中。

六、华北地区碳排放与经济增长脱钩分析

以2000~2010年中国华北地区北京、天津、河北、山西与内蒙古5个省市地区的碳排放、人均GDP与能源消耗等角度对中国华北地区碳排放及其脱钩规律进行研究，从而分析出造成华北地区碳排放差异的因素。

长期观察和对比研究的结果表明，人口数量的快速增长及人类经济社会活动的不断加强对大气CO_2浓度的升高和全球气候变暖起到了决定性的影响及作用。其中，经济活动特别是以化石燃料为主的传统能源消

费带来的碳排放,已经成为气候变暖的主要人为原因。因此,经济增长与能源碳排放之间的关系一直是学术界关注的焦点。目前,已有研究主要集中在探讨经济增长与碳排放的总体相互关系如协整关系、因果关系、EKC曲线关系以及经济发展过程中影响碳排放的主要因素及其效应两个方面。以上研究为基于碳减排的低碳经济和低碳城市规划提供了重要的理论启示,但现有研究大多侧重于探讨过去某一时期经济增长与碳排放二者变量及其相关因素间的关联性,并在此基础上提出调控政策和措施以阻断这种关联性,即试图将二者从同步的耦合发展转变为非同步的耦合破裂。对于如何测度和评价经济增长与碳排放间联系的阻断效果及其发展趋势的研究较为缺乏。

脱钩理论是经济合作与发展组织(OECD)提出的形容阻断经济增长与资源消耗或环境污染之间联系的基本理论,以"脱钩"这一术语表示二者关系的阻断,即使得经济增长与资源消耗或环境污染脱钩,实现二者脱钩发展。作为对人类活动(驱动力)与资源环境压力耦合破裂关系的衡量,脱钩分析成为近年来学术界新的热点领域。国内外学者开展了对环境污染与经济、交通运输与经济、能源消费与经济、耕地占用与经济,以及循环经济、生态经济发展评价等方面的脱钩研究。碳排放与经济脱钩方面,庄贵阳(2010)运用Tapio脱钩指标对包括中国在内的全球20个温室气体排放大国在不同时期的脱钩特征进行了分析;李忠民等(2010)对山西工业部门工业增加值与其能耗投入及二氧化碳排放之间的关系进行了脱钩分析,得出作为该省国民经济支柱产业之一的工业呈现GDP与能耗投入及二氧化碳排放之间的扩张连结状态。总体而言,目前脱钩研究仍处于理论研究阶段,应用脱钩理论进行实证研究较为缺乏,尤其在探讨经济增长与能源碳排放方面的研究还很不足。笔者试图在已有研究基础上,通过构建基于脱钩理论的脱钩分析模型,探讨中国经济增长与能源碳排放的脱钩关系及程度,分析二者脱钩发展的时间和空间演变趋势,从而提供能够测度、监测和预测经济增长与能源碳排放脱钩程度的动态分析模型,为基于脱钩发展的经济低碳化发展相关政策措施的制定和评估提供理论参考。

（一）LYQ分析框架构建

1. 脱钩的定义及指标

"脱钩"源于物理学领域，就是使具有响应关系的两个或多个物理量之间的相互关系不再存在。20世纪末，OECD将脱钩概念引入农业政策研究，并逐步拓展到环境等领域。OECD环境研究领域的专家将脱钩定义为阻断经济增长与环境冲击之间的联系或者说使两者的变化速度不同步。根据环境库兹涅茨曲线（EKC）假说，经济的增长一般带来环境压力和资源消耗的增大，但当采取一些有效的政策和新的技术时，可能会以较低的环境压力和资源消耗换来同样甚至更加快速的经济增长，这个过程被称为脱钩，其一般表现为倒U形曲线关系。脱钩研究思路在环境领域的应用较为广泛，其脱钩指标设计是基于驱动力—压力—状态—影响—反应框架，主要反映前两者的关系也就是驱动力（如GDP增长）与压力（如环境污染）在同一时期的增长弹性变化情况。OECD把脱钩分为绝对脱钩和相对脱钩其中绝对脱钩是指在经济发展的同时与之相关的环境变量保持稳定或下降的现象，又称强脱钩；相对脱钩则定义为经济增长率和环境变量的变化率都为正值但环境变量的变化率小于经济增长率的情形，又称弱脱钩。[①]

如表4-18所示，脱钩可以进一步划分为弱脱钩、强脱钩和衰退性脱钩；负脱钩划分为扩张性负脱钩、强负脱钩、弱负脱钩。其中强脱钩是实现经济低碳化发展的最理想状态；相应的强负脱钩为最不利状态。当经济总量保持持续增长（ΔGDP>0）时，能源碳排放的GDP弹性越小，脱钩越显著，即脱钩程度越高。

表4-18　　　　　　Tapio（2005）8个等级与弹性值

状　态		ΔCO_2（环境压力）	ΔGDP（经济增长）	弹性t
负脱钩	扩张负脱钩	>0	>0	>1.2
	强负脱钩	>0	<0	<0
	弱负脱钩	<0	<0	0<t<0.8

---

① Tapio P.Towards a theory of decoupling: degrees of decoupling in the EU and the case of road traffic in Finland between 1970 and 2001 [J]. Transport Policy, 2005, 12(2): 137-151.

续表

状态		ΔCO₂ (环境压力)	ΔGDP (经济增长)	弹性 t
脱钩	弱脱钩	> 0	> 0	0 < t < 0.8
	强脱钩	< 0	> 0	< 0
	衰退脱钩	< 0	< 0	> 1.2
连结	增长连结	> 0	> 0	0.8 < t < 1.2
	衰退连结	< 0	< 0	0.8 < t < 1.2

资料来源：根据Towards a theory of decoupling: degrees of decoupling in the EU and the case of road traffic in Finland between 1970 and 2001整理。

2. 脱钩弹性及指标

（1）脱钩弹性。碳排放与经济增长的脱钩指碳排放不再随着经济的增长而增长，相反会随着经济的增长而得到最大限度的削减，因此两者之间的完全脱钩是一种较为理想的状态，是低碳经济追求的目标，也是可持续发展的重要目标。

弹性是指一个变量相对于另一个变量发生的一定比例的改变的属性。脱钩弹性是一种对脱钩状态的具体的数值衡量。脱钩弹性主要指碳排放量相对于地区GDP的变化比率。

（2）脱钩指标。根据脱钩弹性值的大小不同可以将脱钩分成不同的状态，其中划分的不同状态即为脱钩指标，目前应用最为广泛的脱钩指标是Tapio脱钩指标。

Tapio（2005）在研究1970~2001年欧洲经济增长与碳排放之间的关系时引入交通运输量作为中间变量，将脱钩弹性分解为运输量与GDP之间的脱钩弹性和碳排放总量与运输量之间的脱钩弹性，将两式相乘，便得到一般的脱钩弹性计算公式，见式（1）。

$$e_{(CO_2,GDP)} = \left(\left(\frac{\Delta V}{V}\right) \bigg/ \left(\frac{\Delta GDP}{GDP}\right)\right) \times \left(\left(\frac{\Delta CO_2}{CO_2}\right) \bigg/ \left(\frac{\Delta V}{V}\right)\right) \quad (4.33)$$

其中$e_{(CO_2,GDP)}$表示经济增长与碳排放之间的脱钩弹性；V为交通运输量。Tapio根据脱钩弹性值的大小定义了八种脱钩状态或指标，如表4-18所示。

3. LYQ分析框架[①]

LYQ分析框架是依据Tapio脱钩指标的构建思路,在碳排放与经济增长之间引入与之相关的能源消费量、工业总产值等中间变量,并计算两个连续变量之间的脱钩弹性值,将中间变量的弹性值相乘即得到碳排放与经济增长之间的脱钩弹性值,这是对两者脱钩弹性的一种因果链分解,可以根据各分解变量的脱钩状态,来对总体弹性做更深入的分析。依据以上所述,将碳排放与经济增长之间的脱钩弹性分解为三组中间变量脱钩弹性的乘积,即碳排放对能源消费量之间的脱钩弹性、能源消费量对工业总产值之间的脱钩弹性和工业总产值对地区GDP的脱钩弹性,分别称为减排脱钩弹性、节能脱钩弹性和价值创造脱钩弹性。用公式表示为:

$$e_{(CO_2,GDP)} = \frac{\left(\frac{\Delta CO_2}{CO_2}\right)}{\left(\frac{\Delta GDP}{GDP}\right)} \times 100\%$$

$$= 减排脱钩弹性 \times 节能脱钩弹性 \times 价值创造脱钩弹性 \quad (4.34)$$

式(4.34)中各影响因子可以分别表示如下:

$$减排脱钩弹性 = \frac{\left(\frac{\Delta CO_2}{CO_2}\right)}{\left(\frac{\Delta EC}{EC}\right)} \times 100\% \quad (4.35)$$

EC表示的是能源消费量,该弹性是碳排放量的增长率除以能源消费量的增长率,当弹性值处于脱钩状态时说明碳排放量的增长率小于能耗的增长率,减排效果明显,反之则认为减排效果较差。该弹性也反映了低碳技术改善因素在经济低碳化发展当中的影响,即经济系统"减排"发展的脱钩状态,其值越接近脱钩状态反映减排效果越明显。

$$节能脱钩弹性 = \frac{\left(\frac{\Delta EC}{EC}\right)}{\left(\frac{\Delta GIO}{GIO}\right)} \times 100\% \quad (4.36)$$

[①] 姚宇,韩翠翠.陕西工业产业低碳化影响因素分析[J].新西部,2010(20):22-23.

GIO表示工业总产值，该弹性是能耗的变化率除以工业总产值的变化率，当弹性值处于脱钩状态时说明能耗的增长率小于工业总产值的增长率，节能效果明显，反之则说明节能效果较差。该弹性也反映了产业生产方式、产业结构和生产技术的改善因素在产业低碳化发展当中的影响，即产业"节能"发展的脱钩状态，其值越接近脱钩状态反映节能效果越明显。

$$价值创造脱钩弹性 = \frac{\left(\frac{\Delta GIO}{GIO}\right)}{\left(\frac{\Delta GDP}{GDP}\right)} \times 100\% \qquad (4.37)$$

该弹性表示工业总产值与地区GDP之间的弹性脱钩关系，是覆盖稀缺生产要素在社会经济中价值创造能力的变化。其值越接近连接状态反映覆盖生产要素规模越大，价值创造能力越弱；越接近脱钩状态反映覆盖生产要素规模越小，价值创造能力越强。

（二）实证分析

1. 数据来源

地区GDP、工业总产值的数据分别来自于2001~2011年《北京市统计年鉴》《天津市统计年鉴》《河北省统计年鉴》《山西省统计年鉴》《内蒙古统计年鉴》，能源消费量的数据来源于2001~2011年《中国能源统计年鉴》，碳排放量采用IPCC（2006）推荐的方法计算得到。该方法不仅考虑了不同能源碳排放率的不同，而且还考虑到其在固碳率、氧化率等方面的差异。经济系统终端能源消费品种主要包括煤炭、焦炭、焦炉煤气、原油、汽油、煤油、柴油、燃料油、液化石油气、天然气、炼厂干气、热力、电力等种类的能源。

2. 对各省的分析

基于以上的分析，我们分别用2001~2010年河北、天津、北京、山西、内蒙古的GDP的变化率，得到十年间各省碳排放与经济增长之间的脱钩关系，并用LYQ分析框架对该脱钩弹性进行了因果链分解。依据Tapio脱钩指标的8种状态进行划分，如表4-19所示。

从表4-19中可以看出，北京市2001~2010年经济系统减排弹性基本处于弱脱钩状态，仅在2001年与2007年出现过强脱钩的现象，并且均值小于0.4。在三种弹性类型中，其中减排弹性均值为0.266，节能弹性均值为0.620，价值创造弹性为0.744，均处于弱脱钩状态。北京居民活动对能源产品的需求越来越高，超额能源需求成为限制区域发展的障碍。对北京脱钩指标的分析结果显示，可供地区消费的能源量增长速度不仅低于经济整体增长速度，而且略低于地区能源消耗总量增长速度。尽管环境压力与GDP增长已实现脱钩，但部分环境压力指标与人口仍保持同步增长，甚至超过人口增长速度。这类指标包括COD排放量和能源消耗量，这种情况造成单位人口面临的环境压力不断上升。

表4-19　2001~2010年北京市碳排放与经济增长脱钩弹性及其分解

时间	减排弹性	状态	节能弹性	状态	价值创造弹性	状态	脱钩弹性	状态
2000	0.206	弱脱钩	0.831	增长连结	0.650	弱脱钩	0.111	弱脱钩
2001	-0.442	强脱钩	0.102	弱脱钩	0.536	弱脱钩	-0.024	强脱钩
2002	1.818	扩张负脱钩	0.183	弱脱钩	1.241	扩张负脱钩	0.412	弱脱钩
2003	0.713	弱脱钩	0.434	弱脱钩	1.316	扩张负脱钩	0.407	弱脱钩
2004	0.872	增长连结	1.224	扩张负脱钩	0.631	弱脱钩	0.673	弱脱钩
2005	0.766	弱脱钩	1.772	扩张负脱钩	0.408	弱脱钩	0.554	弱脱钩
2006	0.706	弱脱钩	0.464	弱脱钩	0.673	弱脱钩	0.220	弱脱钩
2007	-3.905	强脱钩	0.229	弱脱钩	0.182	弱脱钩	-0.163	强脱钩
2008	1.020	增长连结	0.626	弱脱钩	0.861	增长连结	0.549	弱脱钩
2009	0.906	增长连结	0.339	弱脱钩	1.240	扩张负脱钩	0.381	弱脱钩
均值	0.266	弱脱钩	0.620	弱脱钩	0.774	弱脱钩	0.312	弱脱钩

资料来源：根据公式（4.34）~公式（4.37）计算得到。

（1）北京市碳排放与地区GDP脱钩弹性分析。

多种原因形成目前北京脱钩指标的特征。概括来说，主要包括以下3项影响因素。首先，能源生产能力有限。北京市自身能源生产能力有限，能源增长速度低于经济增长速度，有限的能源供给增长限制了区域能源消耗量，因此，北京经济增长与能源消耗的脱钩可能源于有限能源供给的限制作用。其次，污染物排放治理成效显著。对北京脱钩指标的分析显示，经济增长与污染排放的高水平脱钩往往源于污染物排放量同能源消耗总量的比值下降幅度较大。北京这些年份污染物治理力度逐渐加大，部分企业因不符合环保要求被关停，危险废物处理不断加强，一些相关法规也随之出台。这些措施造成了北京污染排放的下降。最后，产业结构明显升级。产业结构变化是北京能耗及污染下降的一项重要原因。2007年相比2000年，GDP向第三产业转移。第三产业同第一、第二产业相比，更容易实现减物质化和非物质化运行。

（2）河北省碳排放与地区GDP脱钩弹性分析。

表4-20中可以看出，河北省的脱钩状态一直处于震荡状态中，其中减排弹性均值为1.259，价值弹性为0.984，节能弹性为0.831，总体弹性为0.664。而且三种减排弹性数值最大，主要原因为河北省能源消费结构以煤为主。煤炭消费比例始终占据90%以上，煤炭、石油、天然气和水电是河北省主要的能源消费形式，但是水电比重非常小大约占0.1%，石油和天然气合计大约占到8%，其余都是煤炭，所以河北省能源消费以煤炭为主，而煤炭是碳排放大户，巨大的煤炭消费量不可避免地产生巨大的碳排放量。产业结构不合理，河北产业结构还处在产业链低端，耗能高且污染严重，2011年，河北省三次产业比例为12:53:35，第二产业占据半壁江山，而在第二产业中，又以重化工业比重较大，且支柱产业主要是钢铁、能源等重化工业、初级产品、低端产品较多，高附加值产品较少，耗能严重，而作为碳排放相对较低的服务业所占比重相对小。整体科技水平低、整体科技水平相对落后，技术研发能力弱，以钢铁产业为例，钢铁产业是河北省碳排放最大的行业之一，但是河北省钢铁行业众多的民营企业规模小且相对分散，基本处于没有研发机构，缺乏专业人才，研发投入严重不足的尴尬现状。

表4-20　2001~2010年河北省碳排放与经济增长之间脱钩弹性及其分解

时间	减排弹性	状态	节能弹性	状态	价值创造弹性	状态	脱钩弹性	状态
2000	1.846	扩张负脱钩	0.309	弱脱钩	0.854	增长连结	0.487	弱脱钩
2001	1.212	扩张负脱钩	0.706	弱脱钩	0.938	增长连结	0.803	增长连结
2002	0.958	增长连结	2.653	扩张负脱钩	1.108	增长连结	2.814	扩张负脱钩
2003	0.824	增长连结	−0.704	强脱钩	1.186	增长连结	−0.688	强脱钩
2004	0.792	弱脱钩	0.987	增长连结	1.293	扩张负脱钩	1.010	增长连结
2005	2.495	扩张负脱钩	0.143	弱脱钩	1.143	增长连结	0.407	弱脱钩
2006	1.007	增长连结	0.719	弱脱钩	1.006	增长连结	0.728	弱脱钩
2007	1.021	增长连结	0.307	弱脱钩	1.195	增长连结	0.375	弱脱钩
2008	1.596	扩张负脱钩	3.336	扩张负脱钩	0.153	弱脱钩	0.815	增长连结
2009	0.838	增长连结	−0.142	强脱钩	0.963	增长连结	−0.115	强脱钩
均值	1.259	扩张负脱钩	0.831	增长连结	0.984	增长连结	0.664	弱脱钩

资料来源：根据公式（4.34）~公式（4.37）计算得到。

（3）山西省碳排放与地区GDP脱钩弹性分析。

运用Tapio脱钩指标对山西省脱钩分析（见表4-21）。可以发现2007年和2008年山西工业领域能源脱钩弹性大于1.2，为增长负脱钩，其余年份则为弱脱钩。其中减排弹性为0.419，但是在2002年与2008年分别处于增长连结状态，价值弹性为1.079，显示2000~2009年山西工业部门产值不断增长的同时，对于能源投入的依赖不断加大。但能耗投入产出比例不断上升，能源使用效率不断提高，2000~2009年二氧化碳排放脱钩状态方面，2000~2005年均为增长负脱钩，直到2007年才改善为增长连结，说明2000~2006年山西工业排出了大量的二氧化碳同时并没有带来同比例的GDP增加，直到2007年增加。

表4-21　2001~2010年山西省碳排放与经济增长之间脱钩弹性及其分解

时间	减排弹性	状态	节能弹性	状态	价值创造弹性	状态	脱钩弹性	状态
2000	0.383	弱脱钩	0.700	弱脱钩	1.124	增长连结	0.302	弱脱钩

续表

时间	减排弹性	状态	节能弹性	状态	价值创造弹性	状态	脱钩弹性	状态
2001	−0.108	强脱钩	−3.272	强脱钩	1.313	扩张负脱钩	0.463	弱脱钩
2002	0.953	增长连结	0.365	弱脱钩	1.328	扩张负脱钩	0.462	弱脱钩
2003	0.713	弱脱钩	0.267	弱脱钩	1.294	扩张负脱钩	0.246	弱脱钩
2004	0.268	弱脱钩	0.229	弱脱钩	1.287	扩张负脱钩	0.079	弱脱钩
2005	0.592	弱脱钩	0.576	弱脱钩	1.132	增长连结	0.386	弱脱钩
2006	−0.041	强脱钩	0.200	弱脱钩	1.125	增长连结	−0.009	强脱钩
2007	1.066	增长连结	1.067	增长连结	1.079	增长连结	1.227	扩张负脱钩
2008	0.374	弱脱钩	−0.216	强脱钩	−15.409	强脱钩	1.243	扩张负脱钩
2009	−0.014	强脱钩	−0.525	强脱钩	0.968	增长连结	0.007	弱脱钩
均值	0.419	弱脱钩	−0.061	强脱钩	−0.476	强脱钩	0.441	弱脱钩

资料来源：根据公式（4.34）~公式（4.37）计算得到。

（4）天津市碳排放与地区GDP脱钩弹性分析。

从表4-22中可以看出，天津市总体处于弱脱钩状态，均值仅为0.272，减排弹性最高位1.118，技能均值弹性为0.216，价值创造弹性为1.031。第二产业是拉动天津脱钩指数上行的主力。进一步分析发现这与天津工业结构，高耗能产业比重较高密切相关，据测算，重工业的能源消耗和碳排放强度远高于轻工业，2011年，天津重工业的单位增加值能源终端消费量约是轻工业的4.21倍；1996~2010年，天津重工业比重由53.41%提高到了82.60%，比轻工业高出了65.2个百分点，其中，六大高耗能行业的工业总产值，占规模以上工业总产值的比重为68.74%，高于高新技术产业比重28.68%，其能源消费量占工业总消费量的比重则高达81.65%，这使得天津工业单位增加值能源消耗1.03吨万元，较全市单位GDP耗0.71吨万元，高出了0.32吨万元。

近年来，天津以高端化，高质化，高新化为方向，加快构筑高水平现代产业体系，在调结构，促转型方面取得了显著成就。但以第二产业为主导，重化工业比重过高，高耗能产业比重较高的工业结构，毕竟积重难返，增加了产业发展，经济发展对能源消耗的依赖程度。成为导致"脱钩指数"振荡上行的主要因素，也是经济又好又快发展中的一个短板。

表4-22　　2001~2010年天津市碳排放与经济增长之间脱钩弹性及其分解

时间	减排弹性	状态	节能弹性	状态	价值创造弹性	状态	脱钩弹性	状态
2000	0.821	增长连结	0.162	弱脱钩	0.829	增长连结	0.111	弱脱钩
2001	0.020	弱脱钩	−0.650	强脱钩	0.946	增长连结	−0.012	强脱钩
2002	0.910	增长连结	0.239	弱脱钩	1.297	扩张负脱钩	0.282	弱脱钩
2003	1.000	增长连结	0.367	弱脱钩	1.318	扩张负脱钩	0.484	弱脱钩
2004	1.420	弱脱钩	0.138	弱脱钩	1.031	增长连结	0.203	弱脱钩
2005	2.387	扩张负脱钩	0.137	弱脱钩	1.087	增长连结	0.354	弱脱钩
2006	1.143	增长连结	0.577	弱脱钩	1.000	增长连结	0.659	弱脱钩
2007	0.494	弱脱钩	0.192	弱脱钩	1.019	增长连结	0.097	弱脱钩
2008	0.877	增长连结	0.954	弱脱钩	0.498	弱脱钩	0.416	弱脱钩
2009	2.106	扩张负脱钩	0.048	弱脱钩	1.281	扩张负脱钩	0.131	弱脱钩
均值	1.118	增长连结	0.216	弱脱钩	1.031	增长连结	0.272	弱脱钩

资料来源：根据公式（4.34）~公式（4.37）计算得到。

（5）内蒙古碳排放与地区GDP脱钩弹性分析。

从表4-23中我们可以看出2001~2011年内蒙古经济增长与碳排放之间的脱钩状态其中，在2002~2003年，处于扩张负脱钩状态，表明经济增长与碳排放量均增长，但碳排放量增长率大于经济增长率。而在2001~2002年、2003~2004年处于扩张连结状态，表明经济增长与碳排放量仍处于不脱钩状态。在2004~2010年处于弱脱钩状态，表明碳排放受经济增长驱动较小，经济增长率大于碳排放量增长率。

从上面的脱钩分析我们可以看出，内蒙古经济增长与碳排放总体上处于弱脱钩状态，经济增长对能源尤其是煤炭的依赖较大，导致碳排放量依然较大。主要原因：首先，能源消费结构单一，长期以煤炭为主。煤炭消费引起的碳排放量逐年增加，从2001年的4156.878到2010年的18416.13，增长了3倍多，可见煤炭消费对碳排放量的影响之大。内蒙古能源消费长期以煤炭为主是导致碳排放量不断增加的根源。其次，产业结构不合理，高能耗产业比重较大。从内蒙古的产业结构分布中可以看出，化工，建材，钢铁等高能耗产业所占比重较大。最后，传统观念的影响，节能减排意识薄弱。目前内蒙古传统的发展观念也是影响碳排放与经济增长长期不能实现强脱钩的因素之一，长期以来，人们认为经济的增长必须以消耗能源与破坏环境为代价，尤其是在内蒙古经济较为落后的地区，人们的节能减排意识薄弱。

表 4-23　2001~2010 年内蒙古碳排放与经济增长之间脱钩弹性及其分解

时间	减排弹性	状态	节能弹性	状态	价值创造弹性	状态	脱钩弹性	状态
2000	0.906	增长连结	0.506	弱脱钩	1.034	增长连结	0.474	弱脱钩
2001	1.146	增长连结	0.575	弱脱钩	1.030	增长连结	0.678	弱脱钩
2002	1.060	增长连结	0.805	增长连结	1.119	增长连结	0.954	增长连结
2003	0.820	增长连结	1.988	扩张负脱钩	1.144	增长连结	1.865	扩张负脱钩
2004	0.812	增长连结	0.226	弱脱钩	1.603	扩张负脱钩	0.295	弱脱钩
2005	1.188	增长连结	0.142	弱脱钩	1.393	扩张负脱钩	0.234	弱脱钩
2006	1.694	扩张负脱钩	0.125	弱脱钩	1.248	扩张负脱钩	0.263	弱脱钩
2007	0.747	弱脱钩	0.442	弱脱钩	1.223	扩张负脱钩	0.403	弱脱钩
2008	0.791	弱脱钩	0.987	增长连结	1.098	增长连结	0.857	增长连结
2009	1.491	扩张负脱钩	0.164	弱脱钩	1.248	扩张负脱钩	0.305	弱脱钩
均值	1.065	增长连结	0.596	弱脱钩	1.214	扩张负脱钩	0.633	弱脱钩

资料来源：根据公式（4.34）~公式（4.37）计算得到。

3. 二氧化碳净排放省际差异的影响因素

（1）空间作用机制。经济全球化和市场化的发展促进了区域内省市之间的联系，使得一个省市经济发展越来越受到周围地区的影响。"极化"和"扩散"两种机制是导致华北地区乃至全国二氧化碳净排放空间格局的重要原因，极化在一定程度上造成了相邻省市二氧化碳排放的差异，相邻省市会出现空间负相关特性；扩散使得相邻省市空间呈现正相关特性，造成相邻省市趋于一致的局面。

（2）历史因素。历史因素是影响华北地区二氧化碳净排放空间格局的又一因素，内蒙古、山西一直是华北地区乃至全国能源大省，这些年来能源强度虽然呈现下降趋势，但是由于其内在的历史基础，短期内还不可能达到或超过全国平均水平。

（3）宏观调控。政策和宏观调控是影响华北地区二氧化碳排放格局演变的重要宏观因素，国家或省市在财税政策、产业标准制定等方面存在差异，以及政府对低耗能产业、新能源产业、节能环保产业的支持力度和政策的差异很大程度上也影响了华北地区二氧化碳的排放量。

（4）人口数量。人口数量主要导致人均二氧化碳排放的差异，而对单位GDP碳排放量影响较小，华北地区乃至全国人口密度分布不均衡，发达省市或地区人口密度大，欠发达地区或省市人口密度小。从全国角度东部沿海人口密度大，而西北地区人口稀少，人口密度大的地区或省市通常人均二氧化碳净排放小。

（三）华北地区碳排放与经济增长研究的政策建议

华北地区乃至全国各省市人均和单位GDP二氧化碳排放存在很大差异，短期内还不能完全消除。这是由于空间极化和扩散历史因素，政策和宏观调控产业结构和行业技术水平能源结构等因素造成的。为此，针对华北地区乃至全国未来低碳发展，提出以下三条建议：

第一，建立省间二氧化碳补偿制度，促进省际低碳公平。针对中国区域和省市间低碳发展水平的差异和不均衡性，应尽早建立二氧化碳区域或省间补偿机制，其中减排量化指标和补偿标准额度分配可以参照国际上正式的清洁能源发展（clean development）机制，同时结合地区或省市经济发展状况界定。例如，北京地区高耗能产业外迁使得北京地区二氧化碳排放下降，但是这种下降是以牺牲其他省份为代价的，北京地区应向受损地区提供补偿。

第二，二氧化碳排放与经济增长兼顾的原则和共同而有区别的可行性原则。作为任何省市，单独追求二氧化碳净排放的绝对值或相对值不是目标，应在保证经济增长和人民生活质量不断提高的前提下，大力降低二氧化碳绝对值。各地区由于历史因素，资源禀赋等因素存在一定差异，各地区低碳发展水平在短期内还不可能达到统一水平，中央和地方政府应考虑在降低各省市碳排放强度，单位GDP二氧化碳排放总体目标前提下，充分考虑各省低碳发展水平和差异，其指标应存在差异，而且指标和目标必须切实可行。

第三，增加森林碳汇、打造环首都低碳发展经济带，省市及区域合作三项措施。发展低碳经济，一方面要注重节能减排，另一方面更要考虑二氧化碳去除效应对净排放量的影响。2005年7月在生态系统碳平衡和碳循环研究国际学术讨论会上，周国逸研究员以广东省鼎湖山森林为基地的长期测算，首次在国际学术界精确计算出每公顷森林一年可净吸收0.5吨碳，折合成二氧化碳约1.83吨。按2010年统计数据计算可得华北地区中的山西省二氧化碳排放量为5.1亿吨，森林吸收二氧化碳0.04亿吨，二氧化碳吸收率不足1%，而内蒙古的二氧化碳排放量为5.6亿吨，森林吸收0.43亿吨，二氧化碳吸收率达到8%。由此可见，山西和内蒙古的二氧化碳排放量几乎相近，而森林吸收二氧化碳数量相差10倍，因此，提高森林覆盖率可以增加碳汇、降低二氧化碳排放。

七、华南地区碳排放与经济发展研究

目前对华南地区二氧化碳排放及其影响因素研究的文章甚少，研究在分析华南地区（广东、广西和海南）三个省份数据的基础上，对其二氧化碳排放的影响因素进行分析，并加以比较，以期有的放矢的制定节能减排政策，即是调整结构，还是降低强度给出政策性建议。

（一）模型建立与数据来源

第一，本书假定二氧化碳的排放是由已知的可分解因素决定的。扩展的kaya恒等式有：

$$C = \left(\frac{C}{E}\right)\left(\frac{E}{GDP}\right)\left(\frac{GDP}{POP}\right) \times POP = SLAP \quad (4.38)$$

其中，C代表二氧化碳排放总量；E为能源消费总量；GDP和POP分别代表国内生产总值和人口数量；S表示碳排放强度；L表示能源消费强度；A代表人均GDP，即富裕程度；P表示人口数量。式中S、L、A、P分别代表碳排放强度效应、能源消费强度效应、经济发展效应、人口规模效应。二氧化碳排放因素可分解为四个主要影响因素。

第二，LMDI加法分解公式如下：

$$\Delta V_{tot} = V^T - V^0 = \Delta V_{x_1} + \Delta V_{x_2} + \cdots + \Delta V_{x_n}$$

$$\Delta V_{x_k} = \sum_i L(V_i^T, V_i^0) \ln\left(\frac{x_{k,i}^T}{x_{k,i}^0}\right)$$

当a≠b时，L(a, b) = (a-b)/(lna-Lnb)；当a=b时，L(a, a) =a。

基于LMDI模型对二氧化碳排放量从基准年0~t年分解成四个因素，即

$$\Delta C_{tot} = \Delta C^t - \Delta C^0 = \Delta C_S + \Delta C_I + \Delta C_A + \Delta C_P \quad (4.39)$$

其中ΔC_S代表能源消费结构效应；ΔC_I代表能源消费强度效应；ΔC_A代表经济发展效应；ΔC_P代表人口效应。其具体表达式如下：

$$\Delta C_S = \sum_i \frac{C_i^t - C_i^0}{\ln C_i^t - \ln C_i^0} \ln\left(\frac{S_i^t}{S_i^0}\right) \quad (4.40)$$

$$\Delta C_I = \sum_i \frac{C_i^t - C_i^0}{\ln C_i^t - \ln C_i^0} \ln\left(\frac{I^t}{I^0}\right) \quad (4.41)$$

$$\Delta C_A = \sum_i \frac{C_i^t - C_i^0}{\ln C_i^t - \ln C_i^0} \ln\left(\frac{A^t}{A^0}\right) \quad (4.42)$$

$$\Delta C_P = \sum_i \frac{C_i^t - C_i^0}{\ln C_i^t - \ln C_i^0} \ln\left(\frac{P^t}{P^0}\right) \quad (4.43)$$

用指数形式可以表示成如下形式：

$$\frac{\Delta C_S}{\Delta C_{tot}} + \frac{\Delta C_I}{\Delta C_{tot}} + \frac{\Delta C_A}{\Delta C_{tot}} + \frac{\Delta C_P}{\Delta C_{tot}} = 1 \quad (4.44)$$

其数据来源为2000~2010年《中国统计年鉴》、2000~2010年《中国能源统计年鉴》、2000~2010年《广东省统计年鉴》，2000~2010年《广西统计年鉴》、2000~2010年《海南省统计年鉴》。GDP转换数据为1995年不变价格。并根据《综合能耗计算通则》，计算能源消耗量与碳排放量。由于海南省2002年能源统计数据缺失，为保持数据连续性选取相邻两年即2001年与2003年数据平均值替代2002年数据。

（二）结果分析

1. LMDI分解

按照LMDI分解，以相邻两年样本数据为例，计算出华南地区2000~2009年二氧化碳排放总量及其变动因素分解，如表4-24所示。

表4-24　　华南地区2000~2009年碳排放总效应及分解值

单位：万吨标准煤

时间	经济效应	人口效应	碳排放强度效应	能源消费强度效应	总效应
2000~2001	5133.528	541.974	−103.523	−2484.554	3087.425
2001~2002	7751.715	734.090	−565.720	2202.268	10122.353
2002~2003	7824.905	835.069	−487.124	1654.674	9827.524
2003~2004	13283.661	1093.341	−628.456	−5862.717	7885.829
2004~2005	30557.438	−881.004	−3543.169	−14536.569	11596.696
2005~2006	15602.937	2292.322	−2984.345	−1784.119	13126.795
2006~2007	20028.662	2222.693	−1746.401	−6265.063	14239.891
2007~2008	18263.638	2553.127	−1215.775	−9834.267	9766.723
2008~2009	8330.769	2632.290	−3090.773	−2951.927	4920.359

对表4-24中数据进行指数化得出各种效应对二氧化碳排放总量的贡献率，如图4-9所示。

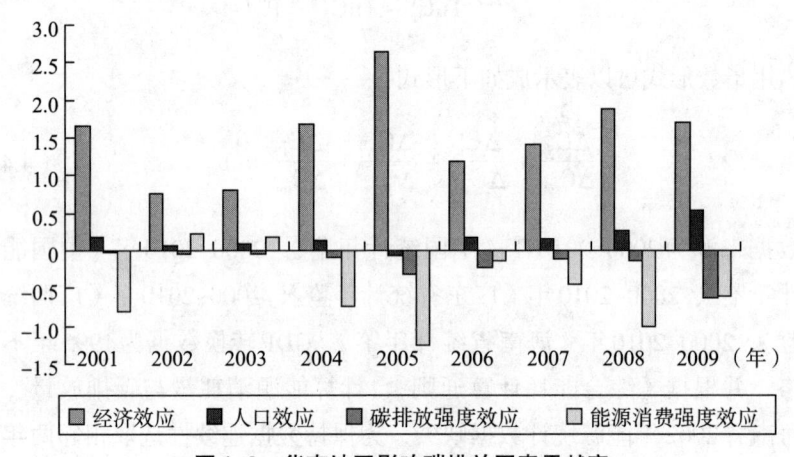

图4-9　华南地区影响碳排放因素贡献率

从图4-9中，可以看出经济发展效应和人口效应是促进华南地区碳排放的主要因素，其中经济发展效应为主要因素。能源消费强度效应和碳排放强度效应是抑制二氧化碳排放的因素，能源消费强度效应占主要部分。2000~2009年，由于经济发展效应贡献率远远大于碳排放效应和能源消费强度效应，这导致华南地区二氧化碳排放量不断增长。

2. 华南地区碳排放总量以及各省碳排放总量比较分析

从图4-10可以看出,华南地区二氧化碳排放量在逐年增加,近年来,增加的幅度略有下降。然而海南省基本处于平稳小幅度增长,在2005年还出现了碳排放量减少的情况。这是由于生活垃圾无害化处理率、森林覆盖率、空气质量较好等因素,形成了海南低碳的根本因素;广东省碳排放增长幅度有减缓的趋势,这是因为开始开发引进清洁能源,降低煤炭能源的使用,并开始向高端服务业转型;广西碳排放增长幅度略有上升,这是因为广西的主导产业大多是高碳排放项目,能源以煤炭和石油为主。

3. 华南地区经济效应及各省经济效应比较分析

经济发展作为影响二氧化碳排放量的重要因素,对三个省份碳排放都有着显著的影响(见图4-11)。对广东省的影响明显强于另外两个省份,然而经济效应对广东省的二氧化碳排放促进作用有减弱的趋势,这是因为广东省开始引进清洁能源,如天然气、核能等,从而降低了碳消耗的比重。广西经济效应介于海南与广东之间,其变化趋势比较平稳,这表明广西近些年来经济发展对碳排放的依赖程度没有减缓。海南省作为最低碳省份,其经济效应相对于其他两个省份较低,并无明显增长。我们看出广东和广西的经济发展效应对整个华南地区的经济发展效应有着重大影响。

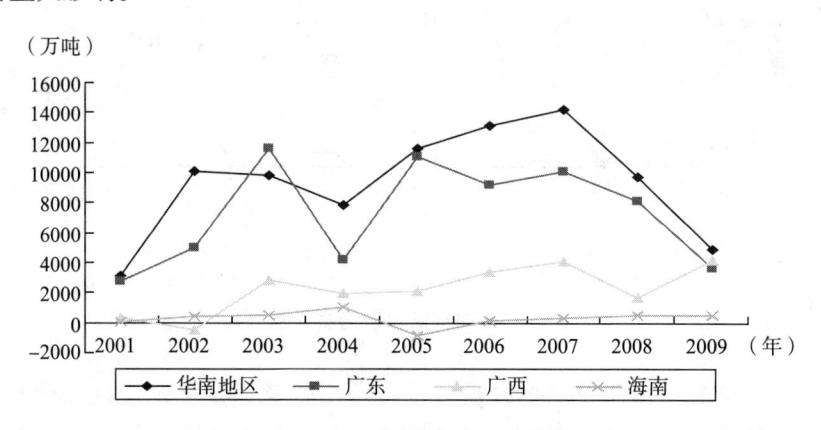

图4-10 华南地区以及各省碳排放总效应

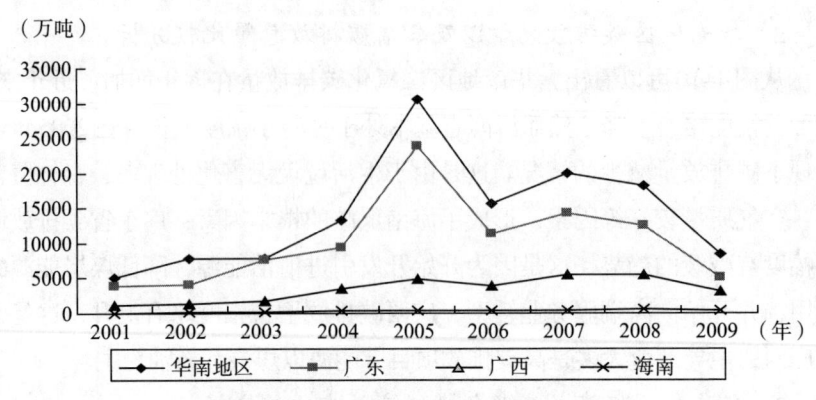

图4-11 华南地区以及各省经济效应

4. 华南地区人口效应及各省人口效应比较分析

人口增长作为碳排放的促进因素，对三个省份的影响有着明显差异（见图4-12）。海南省的人口效应较为平稳，海南省人口流动量相对较小；广西的人口效应在2005~2006年有着明显的波动，此后趋于平稳；广东的人口效应在2005~2006年有着明显的波动，后来有着上升的趋势，这与大量人口流入广东有着密切关系。华南地区的人口效应在2005~2006年有着明显的波动，这主要受人口流动影响。

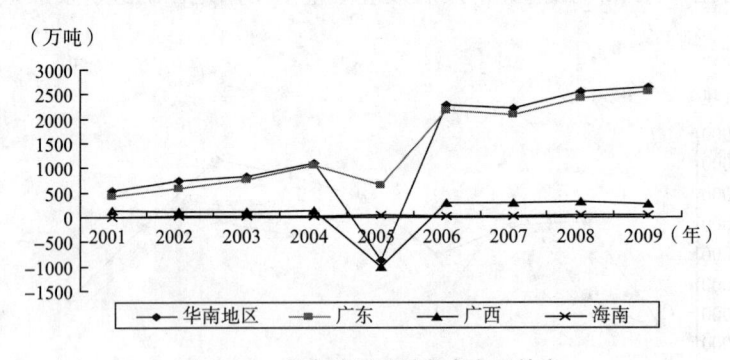

图4-12 华南地区以及各省人口效应

5. 华南地区能源消费强度效应与各省份能源消费强度效应分析

作为抑制二氧化碳排放的主要因素，能源消费强度效应对华南地区有着显著的影响（见图4-13）。2001年末，随着中国加入世界贸易组织，外部需求增加迅猛，这导致了华南地区经济一个新的增长。尤其是钢铁、水泥等领域投资的增长，引起能源消费需求的增加。在2002~2003年华南地区能源消费强度由负变正，主要是因为工业能源消费强度的下降，在2003~2004年工业能源消费强度增强,这使得能源消费强度效应由负变正。而广东省作为较早开放的省份在2001~2002年、2002~2003年能源消费强度均为正值,这主要是因为工业行业内部结构变化导致能源消费强度下降,而随后的工业能源消费增强使得能源消费强度效应由正变负。广西在2005~2006年、2006~2007年能源消费强度均为正值,能源消耗强度下降,这主要是因为工业能源消费下降,而随后的工业能源消费增强使得能源消费强度效应由正变负。海南省能源消费强度无明显变化,基本处于平稳状态。

6. 华南地区以及各省份碳排放强度效应比较分析

碳排放强度效应对二氧化碳排放具有抑制作用,对各个省份都有微弱影响。由于碳排放强度即单位能耗碳排放量与能源消费结构密切相关(见图4-14)。2004~2005年,2008~2009年华南地区与广东省碳排放强度降到较低的负值,这主要是因为环境治理与宏观调控的影响。自2005~2008年华南地区、广东、广西碳排放强度效应均有减弱的趋势,其原因在于清洁能源的开发利用和一次能源消耗的减少。海南省碳排放强度效应无明显波动。

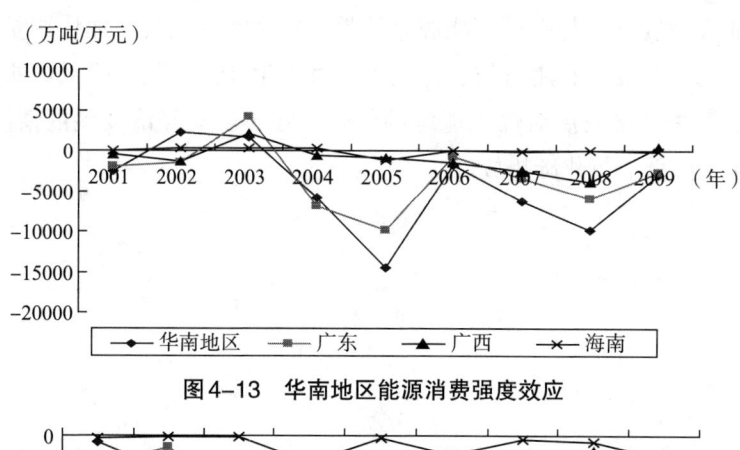

图4-13 华南地区能源消费强度效应

图4-14 华南地区以及各省碳排放强度效应

(三)政策建议

能源强度效应作为抑制二氧化碳排放的主要因素,提高能源效率是降低能源强度效应的有效手段。可以加大对先进技术的投资、加大能源开采、加工转换以及利用环节的创新,同时,应更好的贯彻落实《节能法》。

碳排放强度效应作为抑制二氧化碳排放的因素,与能源消费结构有着密切关系。由于煤炭在能源消费中占较大比重,减少一定量的煤炭消费不足以在很大程度上影响二氧化碳的排放,从长远来看,调整能源消费结构是切实可行的措施(赵奥,2010)。即由以化石能源为主的单一能源消费结构向清洁能源与可再生能源为主的方向转变。作为石油消费大省,广东省可以通过引进天然气、建立核电站等措施,降低石油的消费量。经专家勘探预测,广东省藏有大量可燃冰资源,应该引进先进技术对其加以开发利用。海南省拥有相当丰富的太阳能、风能、潮汐能等清洁能源的资源储备,这无疑有利于促进调整能源消费结构。广西电力主要靠煤炭发电,水力发电很少,以煤炭为主的消费结构短期内不会改变,应该加大力度开发与引进新能源。就整个华南地区而言,加快调整能源消费结构,开发、利用清洁、低碳以及可再生能源,从而降低煤炭消费比重,摆脱经济发展对煤炭能源的依赖,在不影响经济发展的情况下,最大限度降低二氧化碳排放。

下篇

中国低碳发展案例研究：
陕西低碳经济发展的路径与政策设计

第五章

陕西低碳经济发展的现状及影响因素分析

陕西省处于区域经济发展的特殊地位，被列入"关中—天水经济区发展规划"的范围内，担任西部大开发过程中的各种重要角色，有着特殊的经济地位。结合"十二五"规划的具体目标——创建国家低碳示范省要求，因此，陕西省在经济发展过程中必须坚持以大幅降低能源消耗强度和二氧化碳排放强度为目标，加快发展低碳产业和清洁能源，推广低碳产品和技术，通过技术、市场、政策等多种手段降低工业、交通、建筑等领域温室气体排放。本章主要针对陕西省能源消费与预期的低碳路径进行分析。

低碳发展不同于环境保护、可持续发展、应对气候变化、循环经济、节能减排及两型社会等理论，低碳发展即低碳式发展，在发展的过程中尽可能地减少对碳的排放，是低碳经济，即以低碳生产、低碳产品制造和低碳贸易为主要内容的经济发展模式和发展状态，是实现的发展方式之一。

低碳经济的概念及其衍生的相关理论，皆在提出之后被广泛传播、解读和认同。

一、陕西低碳经济发展的现状

经过"十五"及"十一五"经济快速发展，陕西省经济发展呈现良好局面。同时对经济发展低碳化方式的认知与转型，铺设了陕西省未来发展全方位转型的道路。

（一）陕西低碳经济发展的现状

1. 2000年以来陕西省能源消费增长迅速

两个五年经济发展期间，陕西省生产总值持续快速增长，2000~2010年平均增长率达到19.81%。在经济迅速发展的同时，陕西省能源消费也保持了持续增长的态势（如图5-1）。经济的发展获得了能源的强大支撑。十年间，陕西省能源消费呈两阶段持续增长，2000~2004年为全省能源消费增长的第一个阶段；2005~2010为全省能源消费增长的第二个阶段，其总体年均增长达到15.56%，表明了资源对经济发展的强大支持力，说明经济发展的资源依赖性。

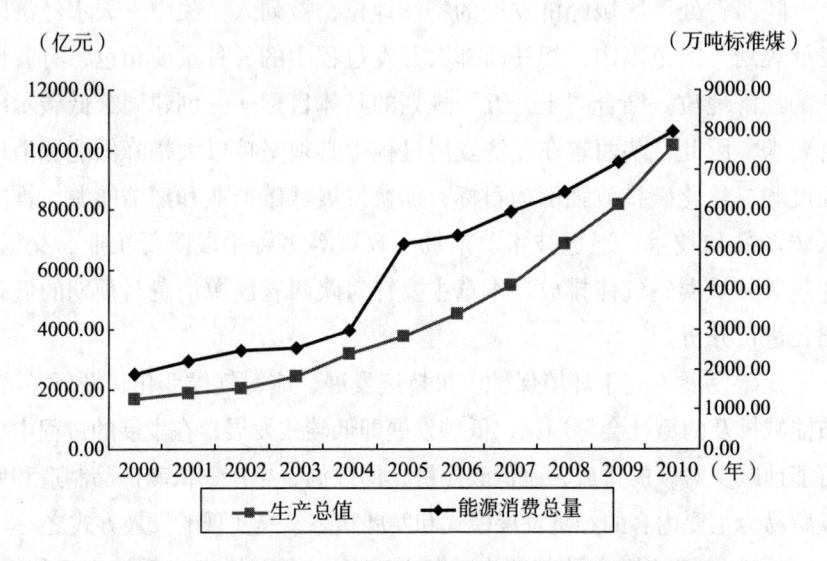

图5-1 2000~2010年陕西省能源消费与生产总值增长情况

2. 能源消费的行业特点

同时，在能源消费的总量增长过程中，行业间的能源消费也呈现出一定的特点。其中，工业、交通、仓储和邮政业及综合能耗在行业发展过程中能源消费保持持续增长。相比较而言，农业和建筑业的能源消费增长比较平缓，而批发、零售业和住宿、餐饮业的部门能耗则经历波动性增长（见图5-2）。工业发展是陕西省经济发展的重头戏，从其行业能耗的总量占比情况可以看出（见图5-3），工业部门的能源消费占全省总能耗的绝大比重，处在60%~70%的水平。

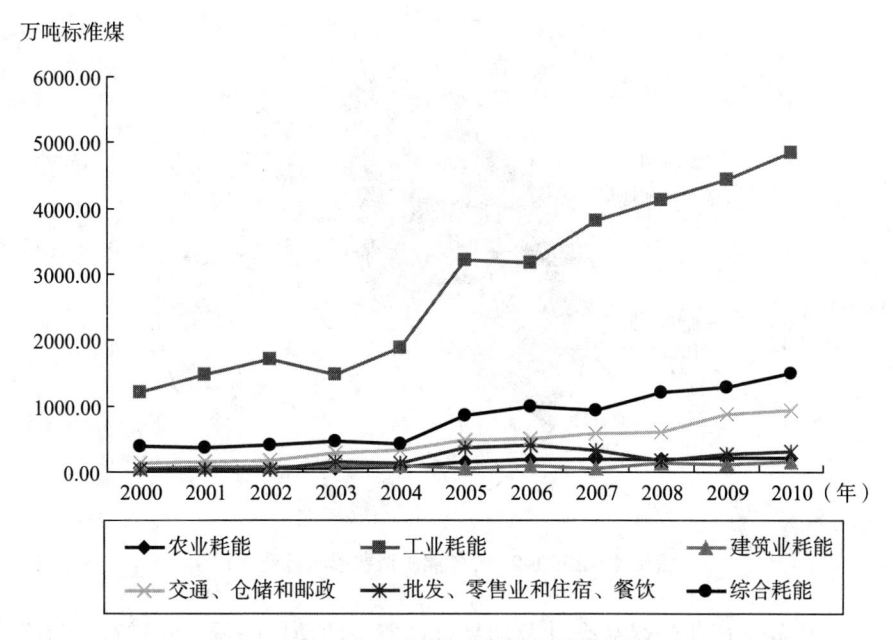

图5-2 行业能源消费增长情况

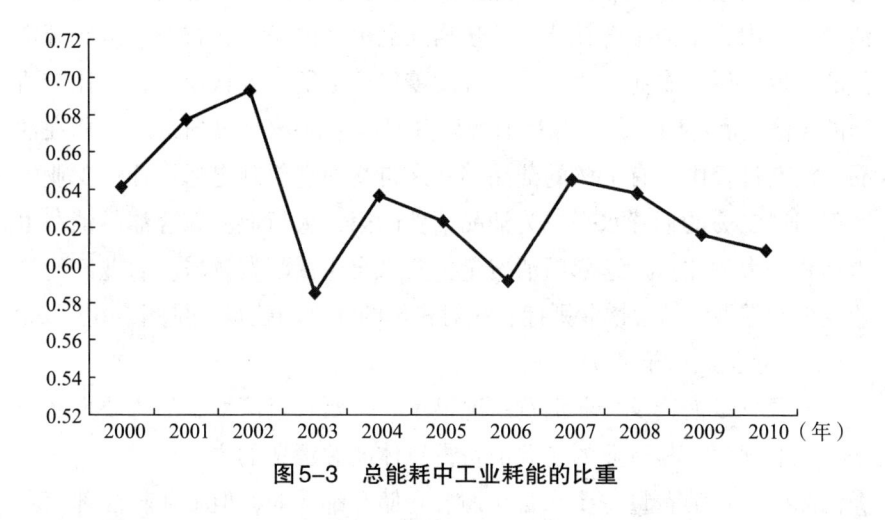

图5-3 总能耗中工业耗能的比重

从十年间能源消费的累积总量行业比重来看，工业行业消费了能源总量的62%（图5-4）；农业、建筑业及批发零售住宿餐饮业为低耗能产业部门，三部门能源消费总量只占到累积能源消费的10%，相当于交通运输、邮电通讯行业的能源消费水平。居民生活及其他部门行业的能源消费接近累积总能耗的20%。这组数据进一步说明了工业生产在陕西省经济发展过程中的作用和地位。

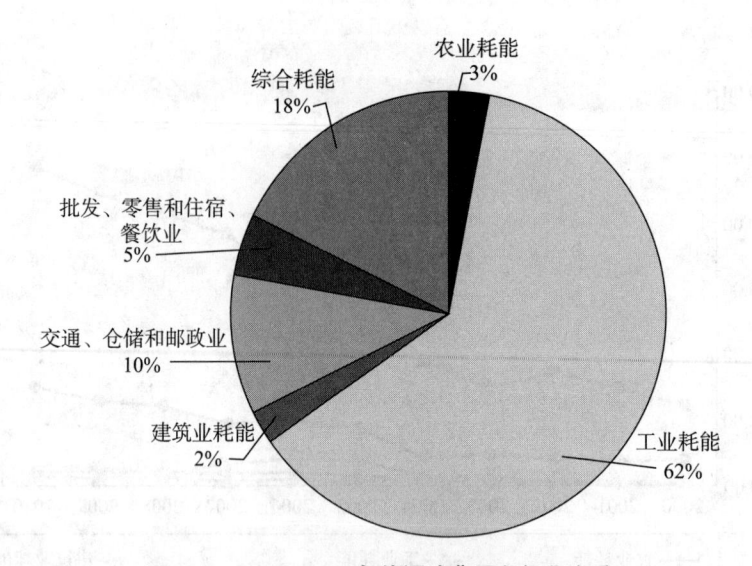

图5-4　2000~2010年能源消费累积行业比重

从各个行业的煤品合计及油品合计资源的消费来看，同样存在巨大的行业消费差距。工业部门依然是煤品资源消费的主要部门，同时以生活消费在内为主的综合耗能行业位居煤品消费的第二大行业。从碳源定位的角度来说，农业、建筑业、批发零售住宿贸易餐饮业是相对比较清洁的经济发展部门，其总煤品消费只占到总量的9%（见图5-5）。而在油品的消费过程中，有43%的油品消费来自交通仓储邮电通讯业；工业生产部门以23%的消费水平成为油品消费的第二大行业。综合油品消费也占到相当大的比重，这部门消费量主要来自生活消费领域。农业、建筑业及批发零售贸易餐饮业则拥有相对较低的油品消费量（见图5-6）。

3. 综合能源消费的特点

能源总量消费及行业消费状况显示，陕西省经济发展的主要推动力来自工业部门，其行业的能源消费占总体能源消费的主要比重。同时各类油品的合计消费量主要来自交通、仓储和邮政业，但工业耗能部门和综合能耗部门的油品消费水平不容忽视，三部门占总油品消费量的83%（见图5-6）。

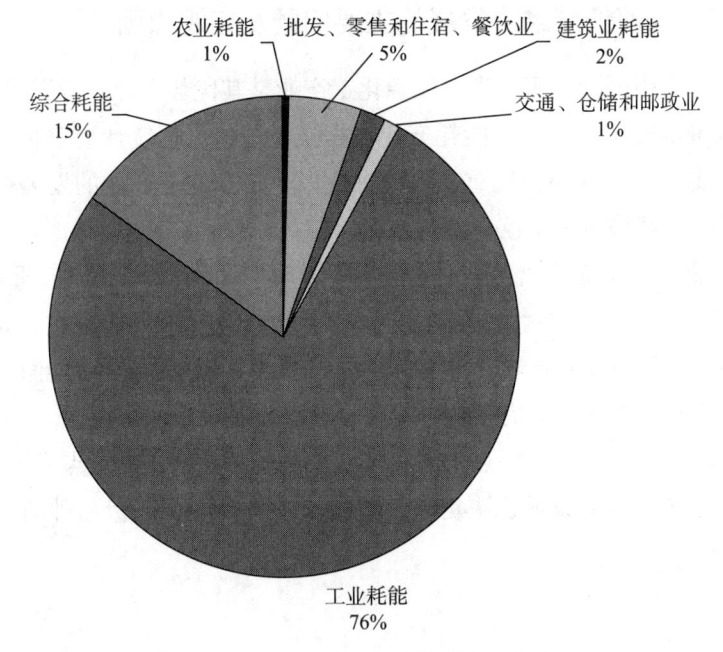

图5-5 行业煤品合计资源消费占比

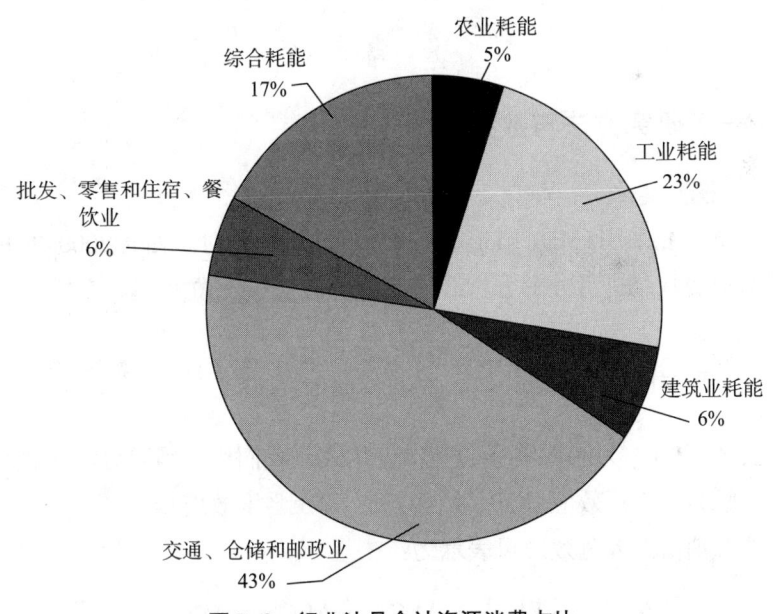

图5-6 行业油品合计资源消费占比

（二）陕西低碳经济发展的主要问题及客观原因

陕西是中国的能源大省，能源化工产业是其优势主导产业。现阶段，陕西以资源转化为主的高能耗产业占据主导地位。据统计，重化工业占据八大支柱产业的绝大比重，达到90%以上。高能耗产业的发展也给陕西发展低碳经济带来了巨大的挑战。

高能耗行业能耗增幅较大，极大拉动能源消费增长点。据统计，2009年一季度，全省六大能耗行业能源消费1514.18万吨标准煤。同比增长28.9，占万吨以上企业能源消费总量的83.7%，拉动了全省能源消费增长23.8个百分点（张文虎，2011）。

从陕西的经济发展特点来看，工业发展依然是陕西的重点发展行业。同时，地区的资源禀赋也决定了其以煤炭为主要能源消费品种的经济发展方式。

二、陕西能源消费影响因素综述

（一）研究方法与数据来源

1. 模型建立

本章研究采用LMDI（log-mean Divisia index）对陕西省2000~2010年的能源消费状况进行分解分析。能源消费的基本公式为：

$$EC = \Sigma_i EC_i = \Sigma_i GDP^t \cdot \frac{GDP_i^t}{GDP^t} \cdot \frac{EC_i^t}{GDP_i^t} = \Sigma_i GDP^t \cdot SP_i \cdot EI_i \quad (5.1)$$

公式（5.1）为能源消费的基本表达式，我们用三因素分解法将总量消费分解为：生产效应GDP、结构效应SP及强度效应EI。

能源消费的差分效应可表示为：

$$\Delta EC_{tot} = EC^{t-1} = \Delta EC_{act} + \Delta EC_{str} + \Delta EC_{int} \quad (5.2)$$

其中，ΔEC_{tot}即差分效应的变化量；ΔEC_{act}，ΔEC_{str}，ΔEC_{int}为差分效应分解值。

$$\Delta EC_{act} = \Sigma_i \varphi(EC_i^t, EC_i^{t-1})(\ln \frac{GDP^t}{GDP^{t-1}}) \quad (5.3)$$

$$\Delta EC_{str} = \Sigma_i \varphi(EC_i^t, EC_i^{t-1})(\ln \frac{SP_i^t}{SP_i^{t-1}}) \quad (5.4)$$

$$\Delta EC_{int} = \Sigma_i \varphi(EC_i^t, EC_i^{t-1})(\ln \frac{EI_i^t}{EI_i^{t-1}}) \quad (5.5)$$

而，

$$\varphi(EC_i^t, EC_i^{t-1}) = \begin{pmatrix} \dfrac{EC_i^t - EC_i^{t-1}}{EC_i^t, EC_i^{t-1}} \\ EC_i^t, EC_i^t = EC_i^{t-1}, EC_i^t \neq EC_i^{t-1} \end{pmatrix};$$

各行业的三种效应的表达式分别为：

$$\Delta EC_{act} = \varphi(EC_i^t, EC_i^{t-1})(\ln \frac{GDP^t}{GDP^{t-1}}) \quad (5.6)$$

$$\Delta EC_{str} = \varphi(EC_i^t, EC_i^{t-1})(\ln \frac{SP_i^t}{SP_i^{t-1}}) \quad (5.7)$$

$$\Delta EC_{int} = \varphi(EC_i^t, EC_i^{t-1})(\ln \frac{EI_i^t}{EI_i^{t-1}}) \quad (5.8)$$

变量含义如下：

GDP^t第t年生产总值；GDP_i^t第i行业第t年的国内生产总值；EC^t为第t年的能源消费总量；EC_i^t第i行业在t年的能源消费量，$SP_i = \dfrac{GDP_i^t}{GDP^t}$第i行业的生产总值占当年生产总值的比重；$EI_t(i) = \dfrac{EC_i^t}{GDP_i^t}$第i行业第t年的能源消费强度。

2. 数据来源

根据国际行业的划分标准，将国民生产行业结合陕西省的实际情况划分为六个行业。分别为农林牧渔业、工业、建筑业、交通运输仓储邮电通信业、批发零售贸易餐饮业及其他行业。国内生产总值按行业来统计，能源的消费量也同样按照行业进行相应的处理。数据选取的范围为2000~2010年，数据来源于《陕西省统计年鉴》《中国统计年鉴》《中国能源统计年鉴》。部分数据进行重新整理而得，如关于陕西省的

2000~2004年的生产总值数据，根据2005年的统计标准把农林牧渔服务业的生产总值归入第一产业。根据以往的统计标准把2004~2010年第三产业中的批发零售业与住宿餐饮业的生产总值归并为批发零售贸易餐饮业进行数据整编。

（二）因素分析

1. 实证结果

根据公式（5.1）~公式（5.8），我们对原始数据进行处理，可以得出能源消费的差分效应值及其分解值。表5-1表明陕西从2000~2010年的能源消费量的变化值。

表5-1　　　　　2000~2010年陕西能源消费差分效应及分解值

单位：万吨标准煤

年份	总效应	生产效应	结构效应	强度效应
2000	23.48	205.45	16.26	-198.23
2001	322.37	212.89	5.74	103.74
2002	277.56	230.97	42.32	4.27
2003	74.51	409.10	31.02	-365.61
2004	428.79	773.73	-146.78	-198.16
2005	2159.80	680.88	570.32	908.60
2006	212.59	952.01	83.81	-823.23
2007	573.30	1064.40	-10.69	-480.41
2008	529.08	1394.00	1.46	-866.38
2009	741.49	1198.90	-235.00	-222.41
2010	776.51	1045.69	-82.63	-186.55

从数据显示结果来看（见图5-7），可以将陕西能源消费情况分为三个历史阶段：2000~2004年历史期、2004~2006年历史期和2006~2009年历史期。

第一阶段的能源消费历史期正是陕西"十五"经济发展规划时期。差分效应显示在这一阶段，陕西能源消费总量继续增长，但是增长的幅度不大，增长的绝对值变化比较小。就能源消费增长率来看，年均增长大约15.6%，能源消费弹性系数为1.36。相比2000年的能源消费弹性系数1.75有所下降，但是在经济发展的"十五"期间能源消费的弹性系数持续大于1，在全省经济发展的过程中提示能源消费强度下降的空间越来越小。从研究期间的能源消费强度变化趋势图中可以明显的观察到这一点（见图5-7）。

图5-7 陕西省能源消费强度变化趋势

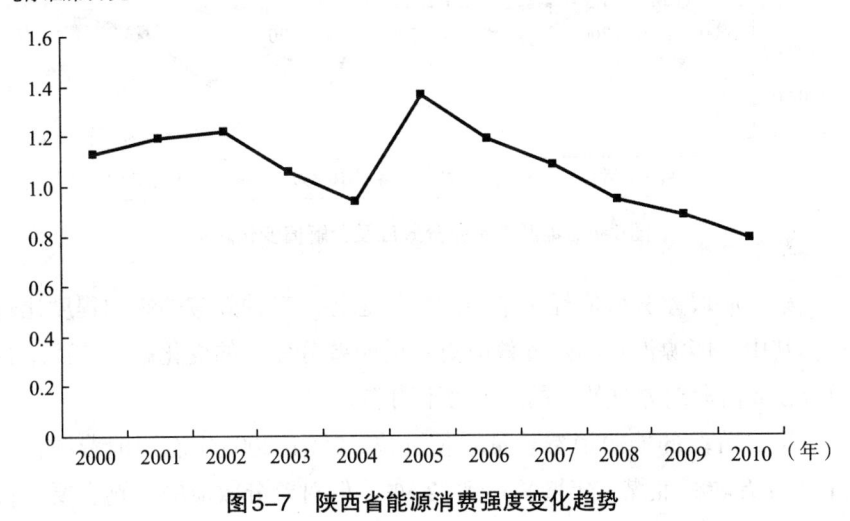

第二阶段的能源消费时期为2004~2006年，横跨两个五年经济发展规划期。这一阶段能源消费的绝对值变化比较大，能源消费经历"倒U"形的增长路径。2004年能源消费比2003年绝对增长量为428.29万吨标准煤，到了2005年，能源消费量大幅上升，绝对增长量为2159.80万吨标准煤。而之后能源消费量有下降，与2004年的增长量相比，基本缓和。反映了能源消费增长趋势的下降。

第三阶段的能源消费期，数据显示，在这一阶段的能源消费时期，陕西省继续经历能源消费的持续稳步增长。2006~2009年陕西省能源消费年平均增长约8.65%，年平均能源消费系数为0.41。值得一提的是，在"十一五"经济发展规划时期伊始，陕西省能源消费的各年弹性系数都小于1，2006~2009年数值分别为：0.87、0.92、0.87、0.95，表明了能源消费强度的降低。

2. 效应分析

（1）差分效应分解结果，如图5-8所示。

(万吨标准煤)

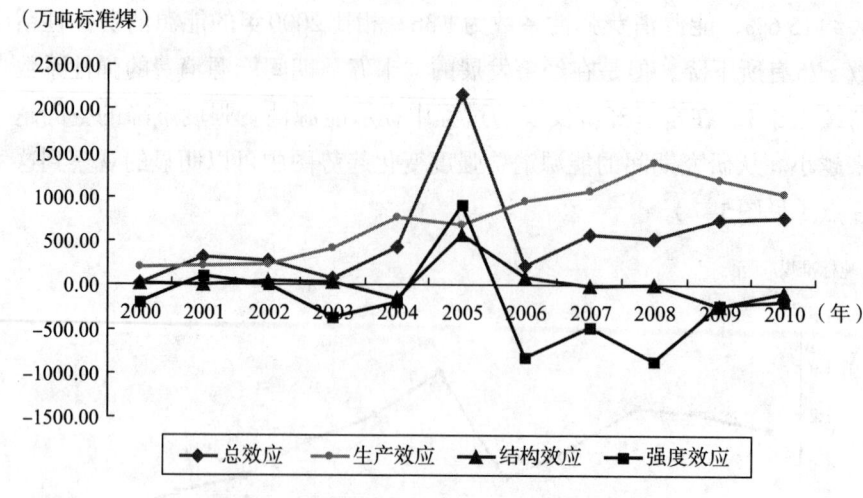

图5-8 能源消费差分效应及分解值变化趋势

第一阶段差分效应经历平稳的增长态势，三种效应的影响程度比较小。其中，能源消费的强度效应更能说明差分效应的变化趋势。而结构效应在此阶段对差分效应的影响力不明确。

第二阶段的能源消费总量增长过快，2004~2005年能源消费增长了2159.81万吨标准煤，年增长达到72.5%。但对差分效应的影响主要来自结构效应和强度效应，生产效应在此的拉升影响力有所弱化。

第三阶段的能源消费增长主要表现在生产效应的拉动上，该阶段陕西省GDP大幅增长，2006~2009年GDP年均增长20.17%。在此阶段生产效应由第二能源消费期的过度，对差分效应表现为显著的助推影响；而结构效应和强度效应则由第二期的主要影响效应转为当期的抑制因素。其中，强度效应的抑制作用表现得异常显著。

（2）行业间效应分析。通过分行业对差分效应进行分析，我们得到六大行业在差分效应的分析中的贡献值情况，如行业差分效应的变化趋势如图5-9。

从行业差分效应和能源消费差分效应的对比趋势来看，在整个研究期内，陕西的能源消费总量的变化主要是工业部门能源的消费状况，其次比较显著的影响部门是第三产业中除了交通运输仓储邮电通信部门（简称为交通行业）和批发零售贸易餐饮部门（简称为批零行业）以外的其他行业；但也必须看到，其他行业对能源消费的影响力在不同的能源消费阶段有着不同的影响力。

(万吨标准煤)

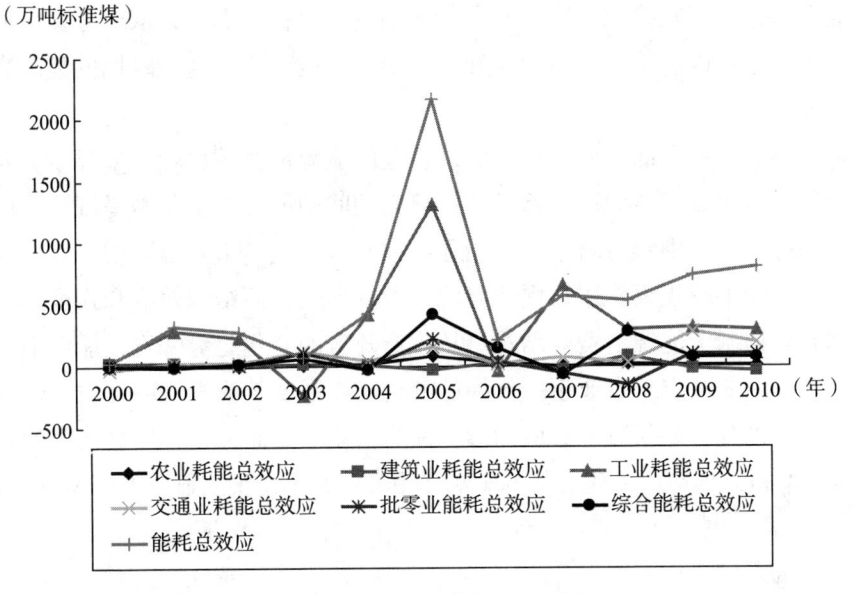

图5-9 行业差分效应变化趋势

在第一阶段，各种效应的影响都比较小，第二、第三阶段中其影响作用有所显现。建筑行业在整个研究期间的影响作用表现比较平稳，影响力在所有行业中最小，特别在第二阶段对差分效应的影响表现为抑制作用，而在第三阶段则又表现为拉升差分效应的作用。批零行业对差分效应的作用同建筑行业相仿，但第二、第三阶段对差分效应的影响与建筑行业正好相反。交通行业和农业始终不作为能源消费的积极影响因素。

从因果分析的角度来看，陕西能源消费差分效应的变化趋势，反映了陕西省在该省在经济发展过程中对"如何发展经济"的问题做了一番思考。就能源消费的第一研究阶段，陕西的实际情况是规模以上工业企业的能源消费占到全省能源消费总量的大部分，约60%。这部分消费仍然是全省的能源消费主体。从全省的工业内部结构来看，高耗能产业的比重仍然比较高。加之产出水平不高，由此便构成了全省工业的发展特点。第一阶段，全省经历了GDP过程中高能源耗的代价。据统计"2005年全省每万元GDP能源消费1.75吨标准煤，同期全国为1.43吨标准煤，每万元GDP能源消费量比全国高0.3吨标准煤，比全国高出20%"。结合中国"十一五"经济发展规划的相关发展目标：能源消耗从2006年起，五年降低了20%，年均节能率约为4.4%。这是全省第三能源消费历史阶段所面临的经济发展环境，降低单位GDP能耗，调整产业结构，优化产业布局，节能减排成为第三阶段能源消费的目标。那么，从产分效应的趋势图中可以看出，政策因素导致了能源强度效应在这一时期的显著影响力。

（3）行业内部效应分析。通过行业间能源消费的比较结果显示，农业是相对比较清洁的产业部门。在研究期间的能源消费基本呈现稳步增长态势，在个别年份增幅比较明显。在其总效应的影响因素中，生产效应表达的生产规模作用力促使能源消费的增长；而结构效应和强度效应则有效抑制了能源消费的增长。从生产效应的变化趋势来看，能源消费的增长主要决定于农业生产规模的变化。而强度效应则说明在农业部门技术改进或者革新对总效应的影响最为密切。然而由生产比重构成的结构效应对总效应的变化趋势的影响作用方向并不是很明显（见图5-10）。

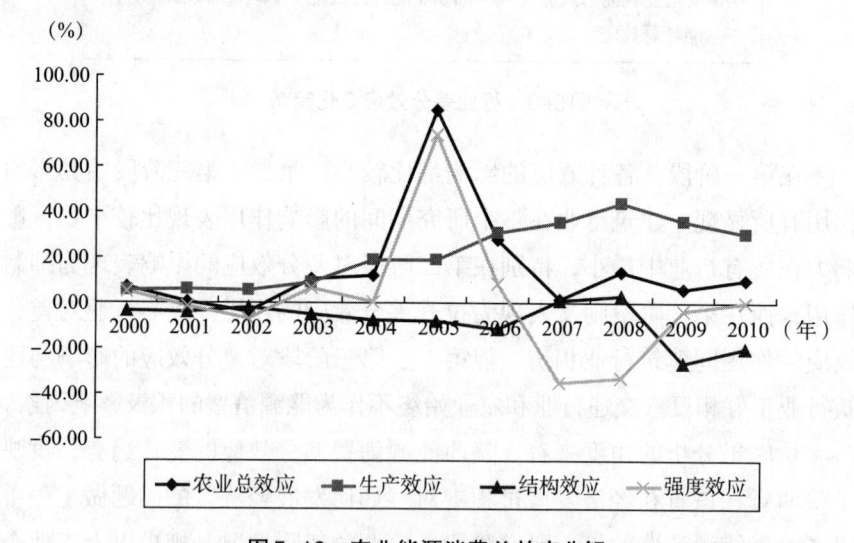

图5-10　农业能源消费总效应分解

图5-11则展现了建筑业总效应的影响因素的变动状况。很明显，强度效应是影响最为敏感的因素。生产效应和结构效应于总效应来讲，其影响力并不是很明显。但生产效应和结构效应的变化趋势比较平稳，说明其在对总效应的影响力作用下的稳定性。总效应的变化驱动力主要来自其他方面。

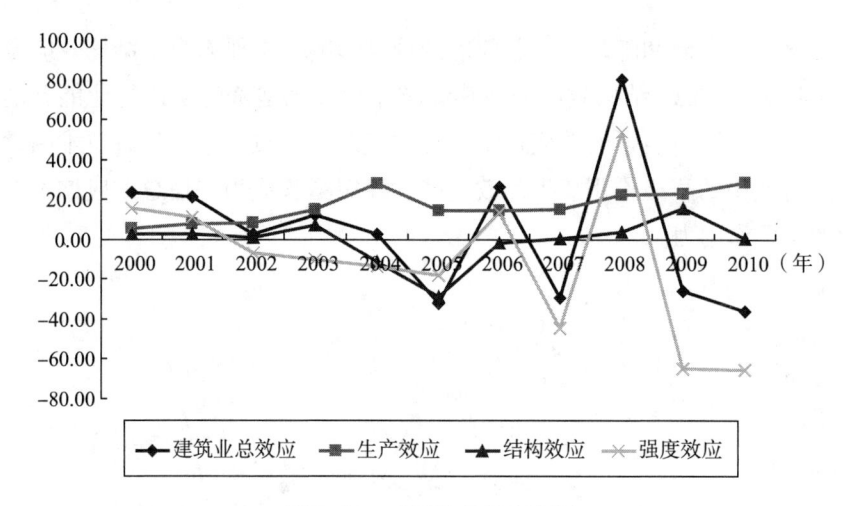

图5-11 建筑业总效应分解

从工业生产部门的总效应及分解结果来看，各种因素的影响作用比较明显。生产效应总体变化呈现上升趋势，表达了其对该行业能源消费总效应的促进作用，即促使了行业发展过程中的能源消费量的增长。而强度效应和结构效应则明显抑制了该行业总效应的增长，即抑制了工业发展过程中的能源消费的增长。其中，强度效应对总效应的影响更为显著，说明了技术进步及革新在工业发展中的积极作用（见图5-12）。

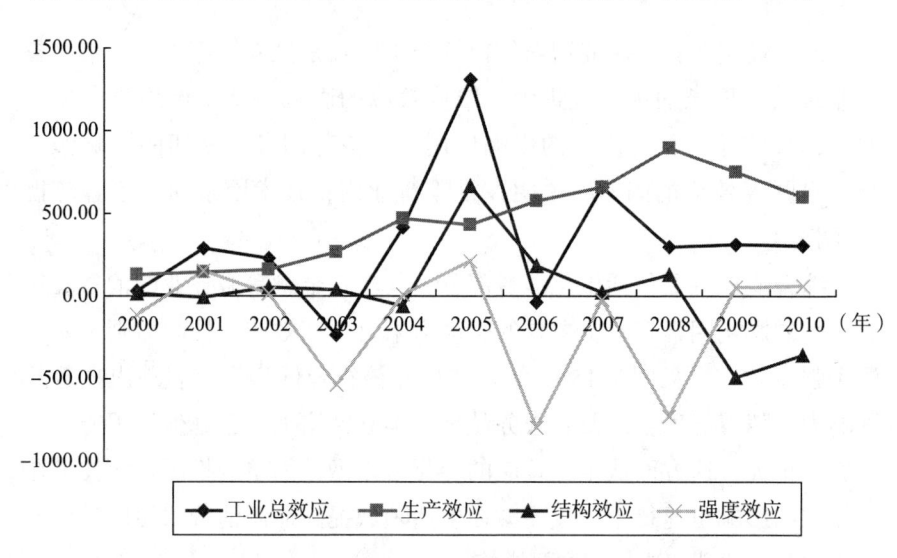

图5-12 工业总效应分解

交通、仓储和邮政业的总效应的抑制影响力主要来自于结构效应方面（见图5-13）。结构效应的敏感影响作用极大地降低了该行业能源消费的增长。同时，强度效应在影响总效应的变化过程中体现着技术因素在其行业中的积极作用。生产效应持续稳定增长成为促使总效应增长变化的主要作用力。

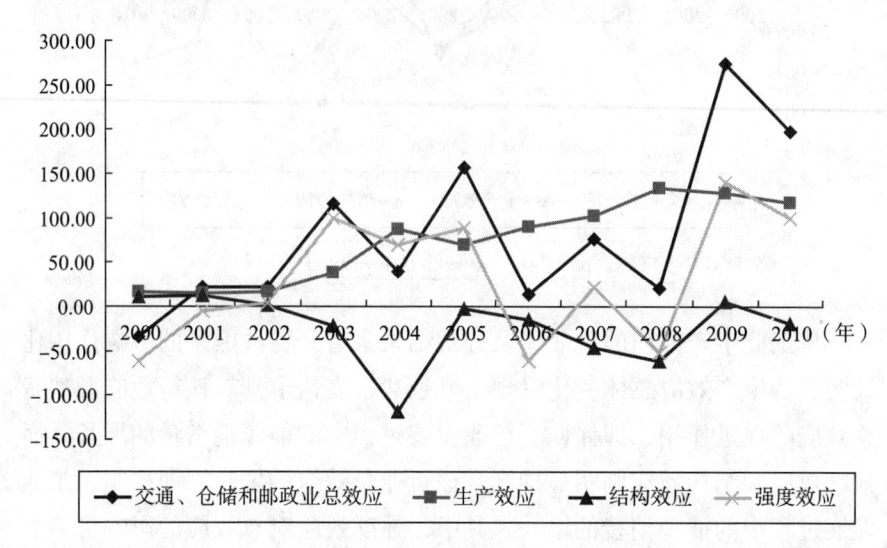

图5-13 交通、仓储和邮政业总效应分解情况

生产效应在整个研究期内的持续稳步增长是批发、零售和住宿、餐饮业总效应增长的主要促进力。结构效应的影响力并不像想象的那么明显，总体保持相对水平的影响作用。与该部门最为密切的影响作用是来自强度效应的因素，说明在批零行业内，技术因素同样不容忽视（见图5-14）。

综合能耗主要包括生化消费部分，其次是金融等服务业的消费。从其分解的影响因素来看，主要的驱动力来自生产效应，抑制力则主要来源于强度效应（见图5-15）。结构效应在该行业同样没有表现出显著的影响力。随着居民生活及其服务品种的丰富性增加，家庭生活用能规模也逐步扩大，这方面从生产效应的变化可以做一简单的推测。而技术在该领域的影响也显得十分重要。在生活领域提高能源消费的使用效率同样是抑制能源消费增长的主要措施。

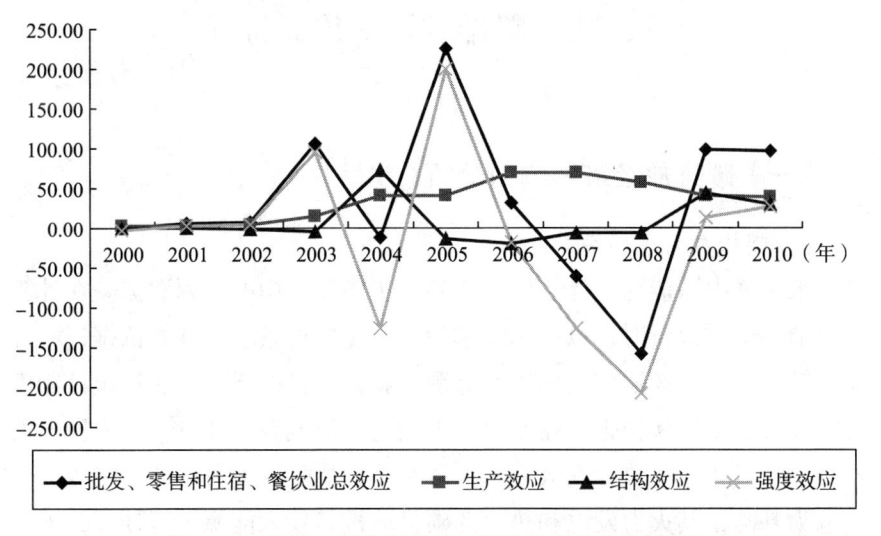

图5-14 批发、零售和住宿、餐饮业总效应分解情况

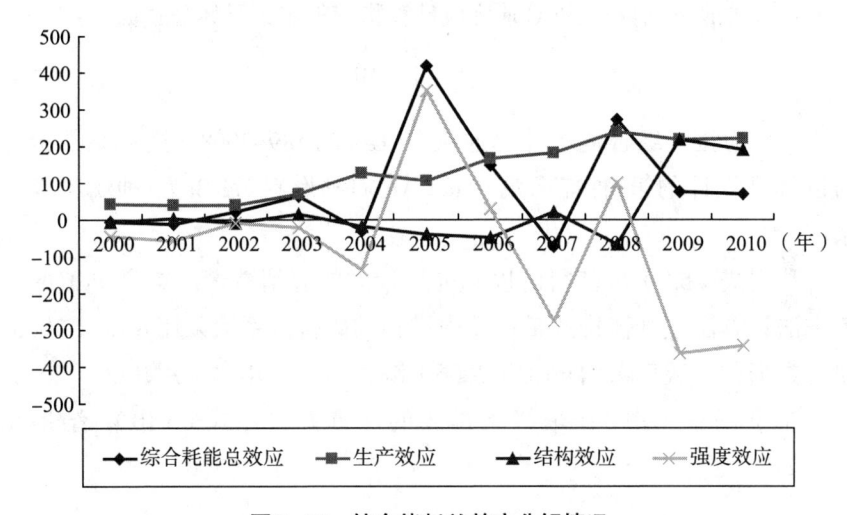

图5-15 综合能耗总效应分解情况

整个行业内部的分析结果显示，来自生产规模的影响主要表现为能源消费增长的促进作用。而技术因素则在各个行业成为不同程度的能源消费的抑制作用力。相比之下，结构的变化对各个行业能源消费则表现出不同程度的影响力，但其作用的方向不是很明显。

三、陕西碳排放影响因素综述

（一）碳排放经济影响力分析

1. *碳排放计算方法*

采用《中国能源统计年鉴》（2000~2010年）中的能源数据。在计算能源消费碳排放量时，以能源终端消费量（标准量）为计算依据；不计加工转换过程、运输和输配损失能源的碳排放；由于国家能耗统计制度规定煤炭加工转换损失和输变电损失纳入当地能源消耗量，火力发电所排放之二氧化碳仍统计在火力发电所在地，故陕西电力部分以陕西火力发电为基准，其火力发电和热力的碳排放按其投入能源进行计算，不再计算能源终端消费部门热力和电力的碳排放；洗精煤包括其他洗煤；能源消费碳排放量则依据IPCC碳排放计算指南得出，具体公式如下：

$$Ei = Ai \times Bi \qquad (5.9)$$

其中，Ei为按《综合能耗计算通则》（GB/T 2589-2008）换算系数折算为以标准煤计的第i种能源消费量；Ai为i种燃料量；Bi为i种燃料换算系数。

利用式（5.9）可获得的以标准煤计的能源消费量，参照IPCC的参考方法计算温室气体排放量；其中潜在的碳排放系数采用IPCC（2006）缺省数据；固碳率采用IPCC（2006）缺省值；氧化率采用IPCC（2006）推荐氧化份额（率）；最终碳排放的计算方法如式（5.10），结果见表5-2。

$$Pi = \{Ei \times Ci - (Ei \times Ci \times Di)\} \times Ni \times 44/12 \qquad (5.10)$$

其中，Pi为i种燃料碳排放量；Ei为按《综合能耗计算通则》（GB/T 2589—2008）换算系数折算为以标准煤计的第i种能源消费量；Ci为i种燃料碳排放系数；Di为i种燃料固碳率；Ni为i种燃料氧化率。

表 5-2　　各类能源碳排放系数、固碳率和氧化率

燃料种类	碳排放系数（kgC/GJ）	固碳率	氧化率
原煤	25.8	0.35	0.98
焦炭（含其他焦化产品）	29.2	0.45	0.98
焦炉煤气（含其他煤气）	12.1	0.75	0.995
原油	20	0.5	0.99
车用汽油	18.9	0.5	0.99
煤油	19.6	0.5	0.99
柴油	20.2	0.5	0.99
燃料油	21.1	0.5	0.99
其他石油产品	20	0.5	0.99
液化石油气（LPG）	17.2	0.8	0.995
炼厂干气	16.8	0.8	0.995
天然气	15.3	0.33	0.995

资料来源：碳排放系数均来源于IPCC（2006）。

2. 产业内部碳排放影响力分析

Kaya恒等式是将经济、政策和人口等因子与人类活动产生的二氧化碳排放建立起联系的一种简单的数学公式，可以用以下公式来表示：

$$CO_2 = \frac{CO_2}{PE} \times \frac{PE}{GDP} \times \frac{GDP}{POP} \times POP \quad (5.11)$$

式（5.11）中，CO_2、PE、GDP和POP分别代表二氧化碳排放量、一次能源消费总量、国内生产总值和国内人口总量。其中，CO_2/PE、PE/GDP、GDP/POP又可以分别被称为能源结构碳强度、单位GDP能源强度、人均国内生产总值。

根据微积分的有关知识，公式（5-11）右边中任意一个参数在任意一段时间内的微小变化，每个参数的变化率总和将被认为近似等于相应期间内CO_2排放量的变化率，因此公式（5-1）可以转化为：

$$d(\ln CO_2) = d\left(\ln \frac{CO_2}{PE}\right) + d\left(\ln \frac{PE}{GDP}\right) + d\left(\ln \frac{GDP}{POP}\right) + \cdots + d(\ln POP) \quad (5.12)$$

将Kaya恒等式的分析思路引入产业低碳化研究，通过将影响产业CO_2排放的能源结构碳强度、规模产业能源消耗率、产业规模的GDP比率和产业GDP带入恒等式，可以得到如下表达式：

$$CO_2 = \frac{CO_2}{PE} \times \frac{PE}{S} \times \frac{S}{IGDP} \times IGDP \quad (5.13)$$

式（5.13）中，CO_2、PE、S和IGDP分别代表二氧化碳排放量、产业能源消费总量、产业规模以及产业GDP。

CO_2/PE被称为能源结构碳强度，该数值反映减排技术状况，数值越小表明减排技术得到改善，反之则相反。在技术水平不变的条件下，能源结构是决定能源结构碳强度的主要原因。例如，当能源消费构成是高碳排放的煤炭时，能源结构碳强度值大；当能源消费是低碳排放的天然气或是零排放的清洁能源时，能源结构碳强度数值就较小。

PE/S被称为规模产业能源强度，该数值反映了节能技术状况，数值越小表明节能技术得到改善，反之则相反。节能技术的改善主要来自两部分：一是产业技术的提高和淘汰落后的高耗能产业；二是在产业链中，由低附加值转向高附加值部分。

S/IGDP被称为单位GDP的规模产业比率，假定产业规模产出不变，该数值表明社会对该产业的价值评估状况，该数值越小表明社会越认可该产业的价值，那么单位产品的价值越高；反之则相反。同时，当价值产业产品价格不变时，该数值也反映了产业价值创造能力的变化，其数值越小说明了该产业的价值创造能力在增强，反之则相反。

对式（5.13）进行取自然对数再微分可得如下表达式：

$$d(\ln CO_2) = d\left(\ln \frac{CO_2}{PE}\right) + d\left(\ln \frac{PE}{S}\right) + d\left(\ln \frac{S}{IGDP}\right) + d(\ln IGDP) \quad (5.14)$$

基于这一表达式，可以分析产业碳排放不同影响因素对碳排放的影响力，即公式右侧任意变量在任意时刻的微小变化，其变化率总和将被认为近似等于相应期间内，CO_2排放量的变化率。

3. 数据来源

所使用的数据主要来自《中国能源统计年鉴》《中国统计年鉴》《中国工业统计年鉴》，以及陕西省的统计年鉴。数据分为六个行业进行统计整理：农业、工业、建筑业、交通运输行业、服务业及其他行业。其中，农业包括农、林、牧、渔业及水利；交通运输行业包括交通、仓储、邮电通信业；服务业包括批发、零售、住宿、餐饮业；居民消费及其他经济部门划归为其他行业。

六个行业部门的能源消费量数据通过转化均划为标准煤及终端能源消费。六个行业的二氧化碳排放的获取通过国际政府间气候变化委员会（IPCC）手册，以煤炭、焦炭、汽油、煤油、柴油、液化石油气为六种主要能源消费品种。其中煤炭消费包括发电用煤及其他转化形式的能源形势。人口和GDP的相关数据来自陕西的统计年鉴，并进行了统计调整。

（二）产业之间碳排放影响力分析

ANG提出CO_2排放量可以分解为经济产出规模、产业结构、产业能源强度、产业能源结构、CO_2排放系数五个影响因素。ANG提出的分解公式适用于能源与碳排放统计相对完善的发达国家。根据ANG提出LMDI的分解方法，针对中国尤其是陕西碳排放的影响因素分析，将改造后的模型分解如下：

$$CO_2 = \sum_i \left(IGDPi \cdot \frac{Si}{IGDPi} \cdot \frac{PEi}{Si} \cdot \frac{CO_{2i}}{PEi} \right)$$

$$C = CO_2; Qi = IGDPi; Mi = \frac{Si}{IGDPi}; Ni = \frac{PEi}{SI}; Ei = \frac{CO_{2i}}{PEi}$$

$$C = \sum_i (Qi \cdot Mi \cdot Ni \cdot Ei)$$

（5.15）

式（5.15）中，IGDP、S、PE和CO_2分别代表产业GDP、产业规模、产业能源消费总量和二氧化碳排放量。i表示第i产业，包括农业、工业、建筑业和交通运输业；Qi表示产业GDP值即产业经济影响，反映产业的经济发展在产业低碳化发展当中的影响；Mi表示单位GDP的规模产业比率即产业价值重估影响，它是覆盖稀缺生产要素的社会经济估价变化，反映了生产估值因素在产业低碳化发展当中的影响；Ni表示规模产业能源消耗率即节能技术改善影响，反映了产业生产方式、产业结构和生产技术的改善因素在产业低碳化当中的影响；Ei表示能源结构碳强度即减

排技术影响,反映低碳技术改善因素在产业低碳化发展当中的影响。具体把此方法分为加法分解模式和乘法分解模式:

在加法分解模式下,则有:

$$\Delta CQi = \sum_i \frac{(c_i^t - c_i^0)}{(\ln c_i^t - \ln c_i^0)} \cdot \ln(\frac{Q_i^t}{Q_i^0})$$

$$\Delta CMi = \sum_i \frac{(c_i^t - c_i^0)}{(\ln c_i^t - \ln c_i^0)} \cdot \ln(\frac{M_i^t}{M_i^0})$$

$$\Delta CNi = \sum_i \frac{(c_i^t - c_i^0)}{(\ln c_i^t - \ln c_i^0)} \cdot \ln(\frac{N_i^t}{N_i^0})$$

$$\Delta CEi = \sum_i \frac{(c_i^t - c_i^0)}{(\ln c_i^t - \ln c_i^0)} \cdot \ln(\frac{E_i^t}{E_i^0})$$

$$\Delta C_{tot} = C_i - C_0 = \Delta CQ_i + \Delta CM_i + \Delta CN_i + \Delta CE_i \quad (5.16)$$

式(5.16)中,ΔC 表示为 CO_2 基于0年起始的t年排放量的总变化值,它的分解值大于零,表示该效应导致了 CO_2 的排放的增加;它的分解值小于零,表示该效应导致了 CO_2 的排放的减少。

在乘法分解模式下,则有:

$$DQi = \exp(\sum_i \frac{(c_i^t - c_i^0)/(\ln c_i^t - \ln c_i^0)}{c^t - c^0/(\ln c^t - \ln c^0)} \ln(\frac{Q_i^t}{Q_i^0}))$$

$$DQi = \exp(\sum_i \frac{(c_i^t - c_i^0)/(\ln c_i^t - \ln c_i^0)}{c^t - c^0/(\ln c^t - \ln c^0)} \ln(\frac{M_i^t}{M_i^0}))$$

$$DQi = \exp(\sum_i \frac{(c_i^t - c_i^0)/(\ln c_i^t - \ln c_i^0)}{c^t - c^0/(\ln c^t - \ln c^0)} \ln(\frac{N_i^t}{N_i^0}))$$

$$DQi = \exp(\sum_i \frac{(c_i^t - c_i^0)/(\ln c_i^t - \ln c_i^0)}{c^t - c^0/(\ln c^t - \ln c^0)} \ln(\frac{E_i^t}{E_i^0}))$$

$$D_{tot} = \frac{C^t}{C^0} = D_{Qi} D_{Mi} D_{Ni} D_{Ei} \quad (5.17)$$

式(5.17)中,D 的分解值大于1,表示该效应导致了 CO_2 的排放的增加;它的分解值小于1,表示该效应导致了 CO_2 的排放的减少。

（三）陕西碳排放量现状

"十五"和"十一五"期间，陕西碳排放总量持续增长，平均年增长率达到12.78%（见图5-16）。从碳排放的绝对量考察，经济发展付出了巨大的环境代价。而考察期内碳排放强度逐年递减，年均降低5.1%，从2000年的1.01吨标准煤/万元降低到2010年的0.60吨标准煤/万元（见图5-17）。

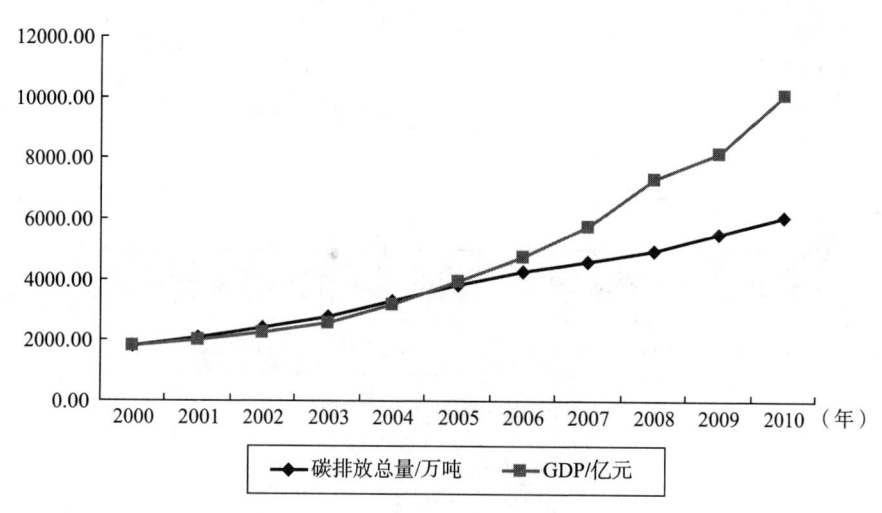

图5-16 陕西省碳排放与GDP增长变动情况

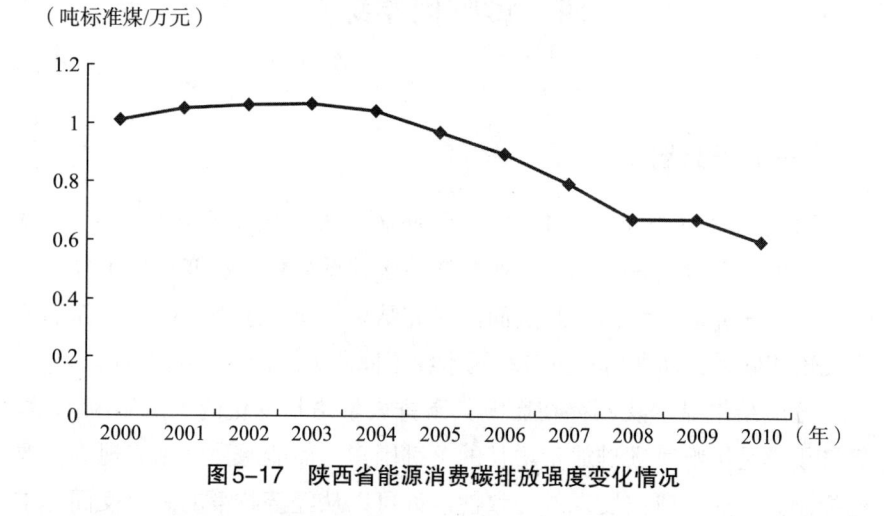

图5-17 陕西省能源消费碳排放强度变化情况

（四）陕西碳排放量预测

预计未来到2020年，陕西碳排放量将达到12417.34万吨，从2010

年起到2020年年均增长7.31%。预测最低年增长2.5%，最高年增长10.75%。（见图5-18）

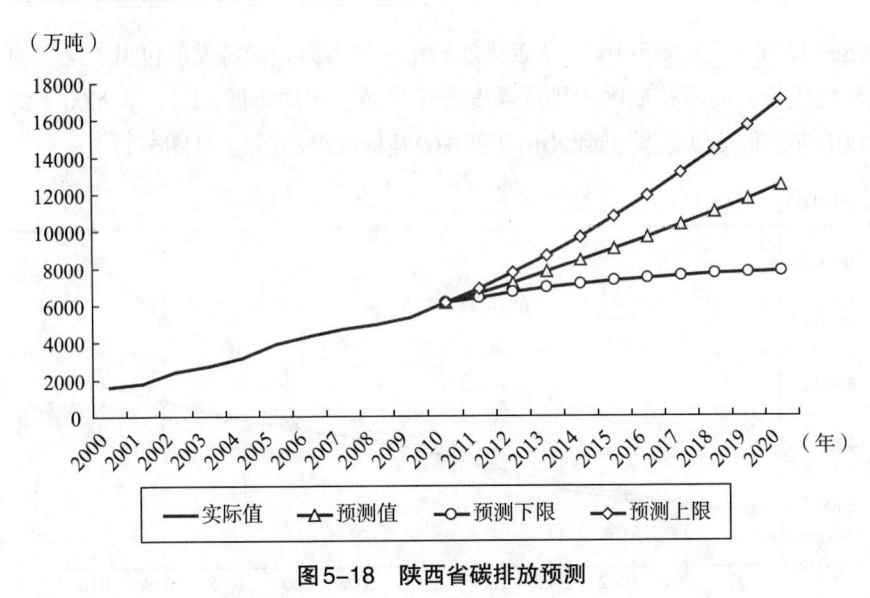

图5-18 陕西省碳排放预测

四、影响因素综述

（一）研究结论

研究回答三个问题：（1）影响陕西碳排放的因素有哪些？（2）从行业发展的角度而言，哪些行业是该地区碳排放量增长变化的主导力？（3）这些研究启示我们中观层面的研究结果如何与宏观及微观层面的研究发现相联系，即如何看待各种因素在不同研究层面的影响方向。

分解结果显示陕西存在影响其碳排放量增长变化的宏观影响因素。经济规模是影响其碳排放量增长的关键因素，而能源强度则表现为主要的抑制力。这一研究发现的一致性或许可以从经济政策的制定反面寻求答案。低碳经济发展从概念的提出到实际经济政策的实施，已经逐渐显现了各国对这一新经济发展政策的认同和重视，因此各国纷纷致力于寻求国民经济发展的低碳化。虽然这些政策在相对微观的层面上在各个行业部门中表现出极为显著的影响力,但是由于改善经济总量的活动的波动性,个别行业宏观上受其因素的影响不大。

工业部门的经济发展在中国的工业化和城镇化发展过程中依然扮演重要的角色。工业部门的经济贡献力在该地区仍然占很大的比重。但其行业碳排放量的总体增长态势不能不引起相应的重视。同时交通运输部门和其他经济部门对碳排放的行业贡献力也较为明显,虽然其他经济部门的占比呈逐年降低趋势。

从宏观的影响因素来看,经济规模和能源强度是影响陕西碳排放的主导因素。经济规模促使了该地区的碳排放量的增长。而能源强度是抑制该区域碳排放的主要因素。其他的影响因素在不同的研究层面上所表达的影响力不尽相同。

(二)政策启示

基于以上的研究发现,笔者认为,陕西省的经济发展及对环境的改善治理,应考虑如下方面:

(1)陕西有着丰富的能源资源,获得了区域经济发展的强大后劲。从能源强度的角度的分析结果来看,能源使用技术的发展仍然是区域经济发展环境改善治理的有效措施和有力途径。同时也是节能减排工作目标实现的重要举措。

(2)从行业的角度来讲,产业部门的优化仍需重视。调整产业结构无论从微观的省级发展需求,还是从中观的区域经济发展的要求来看,都体现着经济发展方式的集约化转变态势。结构的优化更加凸显优势产业的贡献力。

(3)特殊行业的问题苗头不能忽视。比如交通运输行业的发展状况。从近几年的发展情况来看,交通运输部门的问题有所表现,其能源需求迅速增长,已经成为主要的耗能行业,特别是对成品油的消耗(Jian Chai et al.,2012)。不论从节能的角度抑或是减排方面的思考,这种宏观层面表现不显著的行业应当从微观的视角透视其问题所在,及时捕捉问题的发展方向,制定有针对性的解决方案。

第六章

陕西产业碳排放发展

一、产业发展现状

经济发展阶段、资源禀赋、技术水平和能源消费是低碳经济的四大核心要素。在低碳经济的低碳化进程中,低碳存在于两方面,分别为输入端的节能与输出端的减排。下面分别从这四个方面来了解陕西低碳经济的发展现状。

(一)经济发展阶段

社会经济在不断发展,社会财富的积累也在不断增加,同时也促进低碳经济不断向前发展。但是经济越是发展,各国的碳排放更是在不断增加,只是增加的原因不同。就目前而言,发达国家起步较早,所以目前主要是后工业化时代的消费型社会所引起的碳排放量的增加;而发展中国家主要是由于生产建设所带来的碳排放的增加。目前,中国仍处于工业化的发展阶段,碳排放的增加是其发展的必然。纵观陕西的经济发展过程,研究经济发展的背景对于陕西低碳经济转型发展意义重大。

陕西工业化的起步是在新中国成立初期,由于特殊的地理位置和丰富的自然资源,早在"一五"时期和"三线建设"时期就形成了以能源和军工为主导的"重型化"的工业布局,奠定了一定的工业基础。这也决定了陕西在其后的工业化进程中,一方面第二产业在三次产业结构中占有较大比重(见表6-1);另一方面工业结构中采掘业(煤、油、黑色金属、有色金属)占有较大比重,"资源驱动"和"粗放型"的经济增长特点非常明显。在20世纪60年代，陕西的经济建设逐渐形成了以西安为代表，沿陇海铁路向关中及陕南延伸的国家固定资产重点投资区域。一些东北地区及沿海科研单位及工厂迁到西安，与陕西一起构建起了一批以铁路、公路、能源为代表的基础设置及产业项目。20世纪，陕西基本形成了以原材料、机械、能源、电子、航空、轻纺、航天为主导的工业化体系，经济发展取得突飞猛进的发展。

表6-1　　　　　2000~2009年陕西三大产业GDP

年份	生产总值（亿元）	增速（%）	第一产业（亿元）	增速（%）	第二产业合计	第二产业工业	第二产业建筑业	增速（%）	第三产业（亿元）	增速（%）	人均GDP（元）
2000	1804.00	13.27	258.22	1.43	782.58	629.88	152.70	14.84	763.20	16.23	4968
2001	2010.62	11.45	263.63	2.10	878.82	706.62	172.20	12.30	868.17	13.75	5506
2002	2253.39	12.07	282.21	7.05	1007.56	819.51	188.05	14.65	963.62	10.99	6145
2003	2587.72	14.84	302.66	7.25	1221.17	1006.92	214.25	21.20	1063.89	10.40	7028
2004	3175.58	22.72	372.28	23.00	1553.10	1306.50	246.60	27.18	1250.2	17.51	8587
2005	3772.69	18.80	435.83	17.07	1946.31	1650.63	295.68	25.32	1390.55	11.23	10161
2006	4523.74	19.91	488.48	12.08	2440.50	2094.02	346.48	25.39	1594.76	14.69	12133
2007	5465.79	20.82	592.63	21.32	2964.56	2544.42	420.14	21.47	1908.60	19.68	14607
2008	6851.32	25.35	753.72	27.18	3842.08	3293.95	548.13	29.60	2255.52	18.18	12843
2009	8186.65	19.49	789.63	4.76	4312.11	3656.31	655.80	12.23	3084.91	36.77	21732

资料来源：陕西统计年鉴（2001~2010）。

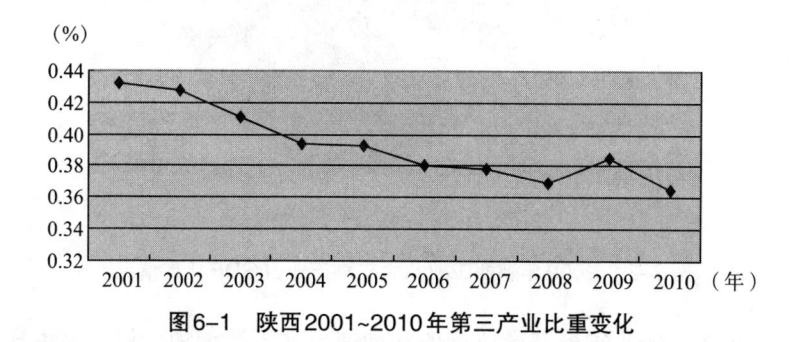

图6-1　陕西2001~2010年第三产业比重变化

从表6-1的数据我们可以看出，陕西第一产业的产值呈逐年增加趋势，增长速度先上升再下降。2009年，第一、第二、第三产业产值分别为789.63亿元、4312.11亿元、3084.91亿元。第一产业产值比重为9.65%，相比2000年的14.31%下降了将近5个百分点。主要是由于近年来陕西省认真贯彻落实中央农村的工作会议精神，开展了农业的现代化进程建设，稳定农业的基础地位，建设社会主义新农村，解决"三农"问题，从而使得农民收入增加，农业出现稳定增长的好局面。陕西第二产业产值也是呈逐年增加，增速基本呈上涨趋势，但是由于出现全球金融危机，使得全球工业原料上涨，第二产业产值的增加幅度突然下降，由2008年的29.6%下降到了2009年的12.23%。但是，中国政府出台一系列保增长的措施，在2009年第二产业增加值达到4312.11亿元，其中工业增加值为3656.31亿元，占第二产业的84.79%；建筑业增加值为655.8亿元，占第二产业的14.3%。2009年陕西省的全部工业总产值8186.65亿元，其中轻工业总产值（主要包括饮料制造业、烟草制造业、非食品制造业、农副食品加工业、食品制造业和医药制造业六大优势行业）为1639.11亿元，占工业总产值的19.6%，重工业产值为6547.54亿元，占工业总产值的80.4%，比例大约为1:4。2009年陕西省工业八支柱产业占GDP比重情况，见图6-2所示。

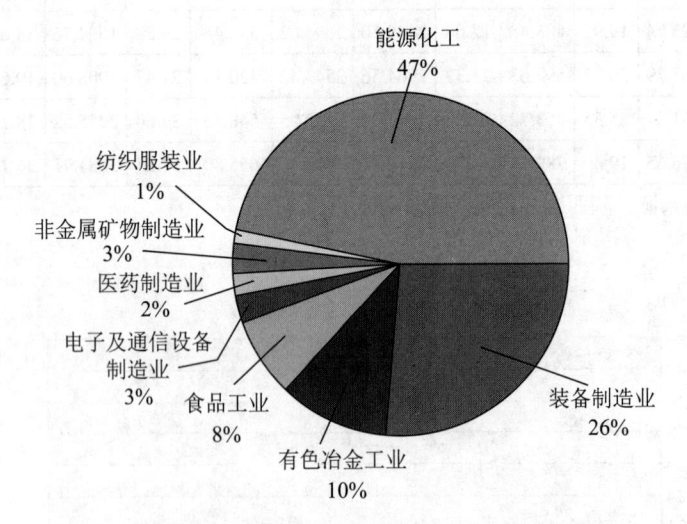

图6-2　2009年陕西工业八大支柱产业占GDP比重情况

近几年，陕西省第三产业产值和增速也在不断增加，但是所占比重却在减少（见图6-1），主要是批发和零售业、运输仓储和邮政业占第三产业的大部分比重，现代化的金融服务业等还比较落后（见图6-3）。

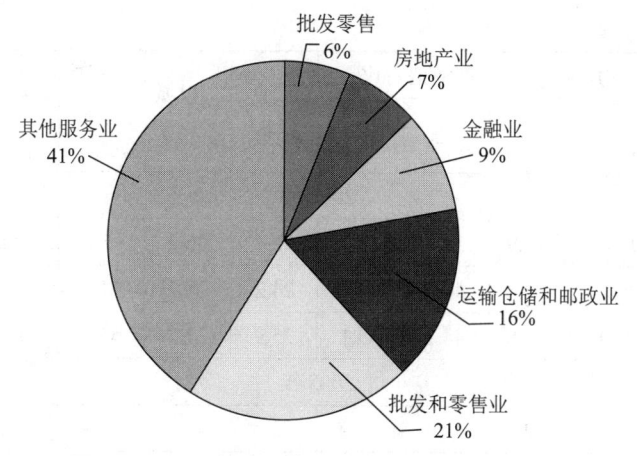

图6-3　2009年陕西第三产业内部结构比重情况

总之，从1995年、2000年、2005年陕西省工业的发展过程看（见表6-2），人均GDP、产业产值比、工业结构、城市化率、产业就业比的贡献度依次为55.8%、36.2%~6.4%、7.0%和7.4%。其中，工业结构的贡献度最小，为负值。另外，从"九五"和"十五"时期工业结构贡献度的情况看，虽然工业结构的贡献度有所提高，从−74.4%提高到4.0%，但是在"十五"时期工业的贡献度仍然最低。可以说，在今后陕西的经济发展中仍然会依靠第二产业。第一产业所占比重较小，而第三产业发展相对滞后。而作为温室气体排放的主要污染源来自第二产业，尤其是第二产业中的重工业，能耗高，污染大，所以陕西省实现低碳经济发展的道路任重而道远。

表6-2　　1995年/2000年/2005年陕西省工业化主要指标

单位：元/人，%

地区	人均GDP（人民币当年价）	三次产业值占比			工业结构	人口城市化率	三次产业就业占比		
		一	二	三			一	二	三
1995年									
全国	4854	20.5	48.8	30.7	30.7	29	52.2	23	24.8
西部	3067	27.7	40.6	31.6	26.6	17.0	64	15.1	20.9
陕西	2843	22.7	40.6	36.7	31.4	20.5	59.5	19.2	21.2

续表

地区	人均GDP（人民币当年价）	三次产业值占比 一	三次产业值占比 二	三次产业值占比 三	工业结构	人口城市化率	三次产业就业占比 一	三次产业就业占比 二	三次产业就业占比 三
2000年									
全国	7078	15.9	50.9	33.2	33.7	36.2	50	22.5	27.5
西部	4687	22.3	41.5	36.2	24.2	28.7	61.7	12.9	25.4
陕西	4549	16.8	44.1	39.1	25.9	32.3	55.7	16.5	27.8
2005年									
全国	14040	12.6	47.5	39.9	52.0	43.0	44.8	23.8	31.4
西部	9310	17.7	42.8	39.5	30.9	34.6	54.8	15.0	30.2
陕西	9890	11.9	50.3	37.9	27.6	37.23	50.8	18.5	30.7

资料来源：中国工业化进程报告（1995~2005）。

（二）资源禀赋

一个地区的资源禀赋是这个地区经济发展的物质基础，也是能否实现低碳经济发展的重要投入要素。陕西具有得天独厚的地理位置和优越的自然资源条件，煤、石油、天然气等自然资源储量居全国前列。不仅为陕西能源产业发展提供动力，而且也成为全国重要的能源接续地。例如西气东输、西电东送等战略性项目的实施，都使陕西的能源产业成为经济增长的主要来源。2009年，陕西原煤产量达到2.83亿吨，位居全国第三；原油产量2370万吨，比2008年增加10个百分点；开采的天然气为104亿立方米，是2008年开采量的1.14倍。而煤炭、油气、天然气的新增产能分别为3000万吨、350万吨、100万立方米。

陕西是主要煤炭资源和生产大省。全省含煤面积5.71万平方公里，有9个市、67个县（市）含煤，约占全省总面积的3/4。截至2009年，煤炭资源总量为3850多亿吨，位居全国第四，仅次于内蒙古、山西和新疆，在西部地区位居第二。其探明地质储量为1685.4亿吨，在全国排到第三位。中国规划的13个大型煤炭基地中，陕西有3个煤炭基地，分别是神东、陕北、黄陵基地。然而全省煤炭资源主要分布陕西北部，尤其是90%分布在延安以北。陕西的石油储量也较为丰富，主要集中在陕西北部地区，位于中国第二大沉积盆地——鄂尔多斯盆地。陕西境内占有的石油资源量为全部盆地的2/3以上。例如，截至2010年，陕北斜坡（陕西）石油地质资源量达到51亿吨，占盆地地质资源量的69.23%，居全国第五位。中国的天然气资源主要分布在陆上西部的塔里木鄂尔多斯、四川、柴达木、准噶尔盆地，东部的松辽、渤海湾盆地，以及东部近海海域的渤海、东海和莺一琼盆地。在这些资源量中，西部地区的资源量61%。2009年西部地区的天然气基础储量为26081.49亿立方米，占全国天然气基础储量的88.55%，其中陕西的天然气基础储量为7435.39亿立方米，是西部地区储量的0.29倍，位列第一。其储量是西部地区石油基础储量平均值的2.85倍，并从2003年开始，以每年增加1倍的平均速度发展。

陕西除了是丰富的自然资源大省，同时包含着丰富的科技资源优势。以西安为例，西安的综合科技实力位居大城市前例，具有仅次于北京、上海的综合科技实力和智力机构。西安是中国高等教育重要基地，现有西安交通大学、西北工业大学、第四军医大学等国内外知名高校近百所，拥有各类科研技术机构3000多个，其中独立科研机构661个、国家级重点实验室93个、国家级技术研究或行业测试中心29个，各类专业技术人员40余万人[1]。中国第一台运载火箭发动机、第一台集成电路计算机、第一架民用客机、第一台高速摄影机、第一台数字化彩色电视机都诞生在西安[2]。西安在电子、机械、化工、材料、勘测、自控、航天、航空等领域具有国内一流和先进的水平，拥有一批具有自主知识产权和技术创新的企业。总之，为传统产业向低能耗高科技产业转型走低碳经济发展道路创造了条件。

（三）技术水平

技术水平是影响低碳经济发展的重要因素。这些技术按照生产和利用的过程可以分为三类：第一类是在燃烧前通过加工和转化技术将煤等中包含的化合物分离降低燃烧过程中污染物的生成量；第二类是利用过程中的处理技术，通过改变燃料性质、改进燃烧方式，适当加入添加剂

---

[1] 关中——天水经济区：http://gt.tianshui.com.cn/index.html
[2] 西安，迈向新世纪的"制高点"[N].西安日报，http://www.xiancn.com/。

等方法来控制污染物的生成；第三类是对污染物的回收，减少碳排放。前两类的技术主要应用在交通电力建筑冶金化工等高能耗部门，清洁高效地利用煤、勘探开发油气资源和煤层、利用可再生能源及新能源等。而对于二氧化碳的回收，主要是利用林业和农业，也可以利用二氧化碳捕获和埋存等技术进行碳吸收。

陕西是国内最早进行低碳探索的省份。英国在2003年首次提出低碳经济的概念，而就在同时，陕西榆林天然气化工公司成功地研制出收集天然气转化过程中二氧化碳的技术，是中国第一个收集并利用二氧化硫的化工企业。从2004~2010年，这种二氧化碳回收装置共收集并转化二氧化碳3.13亿吨，后来各大企业集团也纷纷引入二氧化碳的回收利用装置。到2010年底，已经有近百家企业实现低碳化生产，每年直接或间接吸收和利用二氧化碳达到上千万吨。另外，为促进低碳化经济发展，陕西制定了相关的目标和实施方案，如《陕西节约能源条例》《陕西进一步加快新能源发展的若干意见》等政策法规，通过资金支持，政策鼓励，贴息补助等办法推动陕西省低碳经济的发展。2010年，陕西被国家确定为国家低碳试点省，低碳经济的发展正在为陕西省未来经济发展指明方向。近几年来，陕西各类学术机构，低碳经济研讨会等以低碳经济发展为主题的一系列活动不断举行，低碳意识不断在全民当中普及，人们的低碳消费观不断形成，有利于促进低碳经济的长期发展。

（四）能源消费

目前，陕西经济发展取得了一定的进步。但是，能源消耗大，环境污染严重也是同时存在的主要的问题，这主要是跟能源消费结构有关。

陕西的能源消费主要是煤炭、石油、天然气和水电。从表6-3可以看出，能源消费总量每年都在增加，从2000年2616.78万吨标准煤增加到2008年7440.45万吨标准煤。在2000~2001年、2006~2007年增加幅度较大，2002~2005年能源消费增长较为稳定，年增长率大约在13.5%。能源消费主要是由煤炭为主，在能源构成中大概占到70%左右，这和陕西的资源禀赋有关系。陕西的含煤面积大约占了总面积的1/4左右，所以煤炭一直是主导产业。但是，随着对能源节约，低碳化的消费方式的倡导，煤炭消费总体上呈缓慢下降趋势。石油在陕西能源消费结构中比重不到1/4，也有缓慢下降的趋势，2002年最高达到24.8%，2005年最低是15.15%。天然气与煤、石油不同，所占比重在逐年递增。虽然天然气储量陕西位居全国第二，对于天然气的能源消费有待进一步的开发利用。水电在能源消费中所占的比重最小，并且总体上也是递减的趋势，而且在陕西水电的利用效率是最低的。由以上分析可以得出，陕西能源消费还是以高碳化为主，石油、天然气等清洁能源的使用效率仍然很低，所以相对改进的空间还很巨大。

表6-3　　　　　　　　　陕西一次能源消费结构

年份	能源消费总量（万吨标准煤）	能源消费比上年增长（%）	构成（%）			
			煤炭	石油	天然气	水电
2000	2616.78	1.3	71.3	23.3	3.1	2.3
2001	3034.34	16.0	69.7	24.3	4.3	1.7
2002	3447.88	13.6	68.9	24.8	4.9	1.4
2003	3918.96	13.7	71.1	22.9	5.7	0.4
2004	4692.66	19.74	69.04	22.01	8.48	0.46
2005	5410.13	13.3	79.58	15.15	4.21	1.06
2006	5946.43	9.9	77.2	15.68	6.36	0.76
2007	6872.77	15.6	75.93	15.39	7.79	0.89
2008	7440.45	8.26	72.86	17.07	9.22	0.85

数据来源：《陕西统计年鉴》。

通过陕西和全国一次能源消费结构对比可以看出，陕西煤炭消费比重高于全国，石油的消费比例与全国相当，通过表6-4的对比可以看出，从2000~2008年，在一次能源消费结构中，陕西的煤炭消费比重始终高于全国水平；石油消费比重基本上与全国相当；天然气消费比重高于全国；水电消费比重低于全国水平。所以，今后陕西应继续增加天然气的消费比重，并且适当增加水电的消费比重，减少煤炭等高耗能资源的消费比重。

表6-4　　　　　　　　　陕西与全国一次能源消费结构对比

年份	陕西能源消费构成				全国能源消费构成			
	水电	煤灰	石油	天然气	水电	煤炭	石油	天然气
2000	71.3	23.3	3.1	2.3	67.8	23.2	2.4	6.7
2001	69.7	24.3	4.3	1.7	66.7	22.9	2.6	7.9
2002	68.9	24.8	4.9	1.4	66.3	23.4	2.6	7.7
2003	71.7	22.9	5.7	0.4	68.4	22.2	2.6	6.8
2004	69.04	22.01	8.48	0.46	68.0	22.3	2.6	7.1
2005	79.58	15.15	4.21	1.06	69.1	21.0	2.8	7.1
2006	77.2	15.68	6.36	0.76	69.4	20.4	3.0	7.2
2007	75.93	15.39	7.79	0.89	69.5	19.7	3.5	7.3
2008	72.86	17.07	9.22	0.85	68.7	18.7	3.8	8.9

资料来源：《陕西统计年鉴》（2009），《中国统计年鉴》（2009）。

二、产业比较

（一）经济发展

通过分析陕西2009年和2010年各产业的经济发展水平来进行产业比较（见表6-5和表6-6）。首先，在陕西各产业中，第一产业农业作为基础性产业对于陕西经济发展的作用也是不容忽视的，在2009年和2010年农业增加值分别为789.64亿元和988.45亿元，经济贡献可达10%左右。其次，第二产业中，工业的增加值在所有产业中增加值最高，可以看出陕西仍然是以工业为主导的经济发展模式，2009年达到3501.25亿元和2010年达到4558.97亿元，在整个陕西产业中大约占了50%；建筑业增加值比农业增加值略低一些，2009年和2010年分别为735.17亿元和887.13亿元。再次，第三产业包含的行业较多，对经济发展贡献较多的是交通运输业和批发零售业，在2009年分别为423.24亿元和707.39亿元，在2010年474.60亿元和856.65亿元；住宿餐饮和金融业、房地产业及其他行业也对经济的发展贡献了行业力量。

表6-5 2009年和2010年产业增加值

单位：亿元

年份	第一产业 农业	第二产业 工业	第二产业 建筑业	第三产业 运输业	第三产业 批发零售	第三产业 住宿餐饮	第三产业 金融业	第三产业 房地产	第三产业 其他
2009	789.64	3501.25	735.17	423.24	707.39	175.01	336.21	239.92	1261.97
2010	988.45	4558.97	887.13	474.60	856.65	218.16	384.75	315.95	1438.82

资料来源《陕西统计年鉴？》(2009~2010)。

表6-6 2009年和2010年产业增加值百分比

单位：%

年份	第一产业 农业	第二产业 工业	第二产业 建筑业	第三产业 运输业	第三产业 批发零售	第三产业 住宿餐饮	第三产业 金融业	第三产业 房地产	第三产业 其他
2009	9.7	42.8	9.0	5.2	8.7	2.1	4.1	2.9	15.5
2010	9.8	45	8.8	4.7	8.5	2.2	3.8	3.1	14.1

资料来源：《陕西统计年鉴》(2009~2010)。

（二）能源消耗

通过分析陕西2009年和2010年各产业的能源消耗来进行产业比较（见表6-7）。在陕西省各产业中，第一产业在2009年和2010年能源消耗分别为207.63万吨标准煤和209.44万吨标准煤。第二产业中，工业能耗值仍然为最高，工业是陕西省最主要的能源消耗产业，2009年和2010年分别达到4436.08万吨标准煤和4844.81万吨标准煤；建筑业能源消耗分别为118.77万吨标准煤和158.8万吨标准煤。第三产业中交通运输业能源消耗最大，仅次于工业的能源消耗值，在2009年和2010年分别为873.95万吨标准煤和944.69万吨标准煤；批发零售行业以及其他行业也消耗了大量的能源，但是总体来看，不是主要的能源消耗源，可以从表6-7看出。

表6-7　　　　　　　　2009年和2010年产业能源消耗

单位：万吨标准煤

年份	第一产业	第二产业		第三产业					
	农业	工业	建筑业	运输业	批发零售	住宿餐饮	金融业	房地产	其他
2009	207.63	4436.08	118.77	873.95	280.79	—	—	—	369.84
2010	209.44	4844.81	158.80	944.69	308.48	—	—	—	380.53

资料来源：陕西统计年鉴（2009）。

三、产业排列

根据以上行业的经济发展水平和能源消耗情况，我们可以按照各产业的不同情况对其进行排列，以便清楚地针对不同指标变量对各个产业对比分析（见表6-8）。

表6-8　2009年和2010年陕西省各行业经济发展水平与能源消耗排序

排列顺序	经济发展水平		能源消耗	
	2009年	2010年	2009年	2010年
1	工业	工业	工业	工业
2	农业	农业	运输业	运输业
3	建筑业	建筑业	批发零售业	批发零售业
4	批发零售	批发零售	农业	农业
5	运输业	运输业	建筑业	建筑业
6	金融业	金融业	—	—
7	房地产业	房地产业	—	—
8	住宿餐饮业	住宿餐饮业	—	—
9	其他行业	其他行业	其他行业	其他行业

通过上述产业分析，选取广义的农业代表第一产业，工业和建筑业代表了第二产业，第三产业选择交通运输业为代表。以2009年为例，所选产业在三次产业内部所占比重如表6-9所示，所选择的农业GDP是第一产业中的广义的农业GDP，工业和建筑业构成第二产业，第三产业选择了交通运输业为代表，交通运输业在第三产业中占11.55%。农业、工业、建筑业与交通运输业在陕西省总GDP中所占的百分比达到61.66%，如表6-10所示。所以农业、工业、建筑业与交通运输业基本能够代表三次产业的经济发展水平，同时能反映陕西省产业低碳化的经济发展状况。

表6-9　　　　　所选产业分别在三次产业中所占百分比

指　　标	第一产业	第二产业	第三产业	
	农业	工业	建筑业	交通运输业
GDP（亿元）	35226	135239.9	22398.8	17057.7
所占百分比（%）	100	85.79	14.21	11.55

表6-10　　　　　所选产业在总的GDP中所占的比重

指　　标	农业	工业	建筑业	交通运输业	合计
GDP（亿元）	35226	135239.9	22398.8	17057.7	74682.5
所占百分比（%）	10.35	39.72	6.58	5.01	61.66

同时选取相对具有代表性的产业部门来对陕西低碳经济发展进行产业的低碳化分析。例如以2009年为例，农业、工业、建筑业、交通运输业在陕西产业GDP中占到61.66%，占陕西总能耗的78.4%，占陕西碳排放总量的71%，同时四大产业之间具有碳循环的相互联系，所以基本上可以代表陕西产业低碳化的发展状况。

陕西碳排放呈逐年增长的趋势。能源消费结构主要由煤炭、石油、天然气和水电构成。从总量上来看，陕西碳排放和能源消费总量呈现出逐年增加的趋势。从1999~2008年逐年增长，1998~2003年增长相对缓慢，2003年之后增长较快。

所选产业终端能耗及所占比重如表6-11所示，农业能耗占2.88%，工业能耗占到61.63%，建筑业占到1.65%，交通运输业占到12.14%，其总和已远远超过产业能耗的75%，碳排放总量达到总碳排放量的71%，其研究对于整个产业的节能减排及陕西省产业低碳化的经济发展具有代表性。

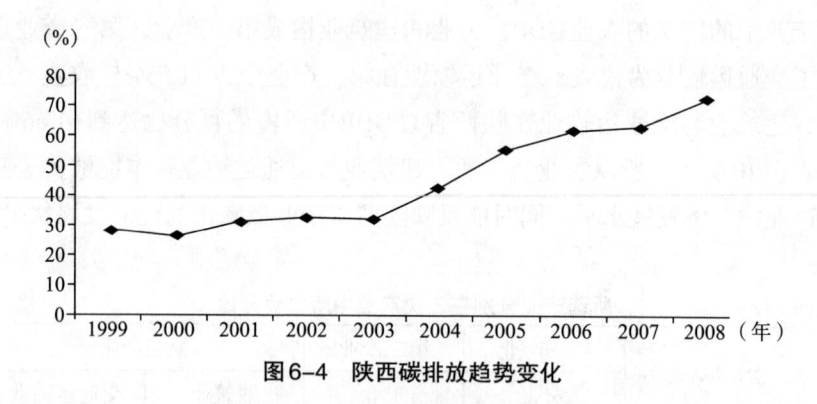

图6-4 陕西碳排放趋势变化

表6-11　2009年所选产业终端能耗总量和所占百分比

指　标	农业	工业	建筑业	交通运输业	其他
产业能耗（万吨标准煤）	207.63	4436.08	118.77	873.95	1560.91
所占百分比(%)	2.88	61.63	1.65	12.14	21.60

四、各产业内部碳排放影响力分析

（一）农业

基于农业影响碳排放的相关因素，选取以下变量：二氧化碳排放量、一次能源消费总量、产业规模和产业GDP。其中，二氧化碳排放量参照陕西农林牧副渔终端能源消费数据，参考IPCC的方法和部分缺省数据，估算2001~2010年的陕西农业的二氧化碳排放量，产业规模选用陕西的农业播种面积，产业GDP采用陕西农业GDP增加值，所选取数据均来自《中国统计年鉴》和《中国能源统计年鉴》，并根据数据归纳整理得到表6-12。

表6–12　2001~2010年陕西农业CO_2排放量、能源消费量及产业GDP

年份	二氧化碳排放量（兆吨：Mt）	标准煤（兆吨：Mt）	农业播种面积（千公顷）	产业GDP（亿元）
2001	0.76	0.51	4264.84	287.24
2002	0.75	0.52	4193.37	288.55
2003	0.92	0.62	4090.26	320.03
2004	1.08	0.74	4303.04	387.85
2005	1.23	0.86	4391.24	435.7
2006	1.51	1.09	4380.16	488.48
2007	1.40	0.99	4044.74	592.63
2008	1.73	1.22	4274.45	753.72
2009	1.79	1.27	4154.10	789.64
2010	1.86	1.33	4185.58	988.45

资料来源：《中国能源统计年鉴》(2001~2011)、《陕西统计年鉴》(2001~2011)。

对表6–12数据采用式5.14进行数据计算可以得到陕西农业CO_2排放影响因素对排放总量的影响贡献程度，见表6–13。

表6–13　2001~2008年陕西农业CO_2排放影响因素

单位（%）

年份	$d(\ln CO_2)$	$d(\ln \frac{CO_2}{PE})$	$d(\ln \frac{PE}{S})$	$d(\ln \frac{S}{IGDP})$	$d(\ln IGDP)$
2002	−1.316	−3.214	3.6986	−2.122	0.4561
2003	22.6667	2.8817	22.2364	−12.054	10.9097
2004	17.3913	−1.645	13.4529	−13.194	21.1918
2005	13.8889	−2.003	13.882	−9.158	12.3373
2006	22.7642	−3.14	27.0648	−11.03	12.1138
2007	−7.285	2.0804	−1.642	−23.886	21.3212
2008	23.5714	0.2752	16.6098	−16.907	27.1822
2009	3.468	−0.605	7.1142	−7.236	4.7656
2010	3.911	−0.777	3.9368	−19.508	25.1773

由表6–13数据可知，CO_2排放总量基本上在不断增加，除在2002年和2007年出现负的增长以外，基本保持在约为11%的增速；能源结构碳

强度整体对碳排放呈负向影响（-0.68%），说明能源结构和减排技术在朝着减少碳排放的方向发展，但对产业碳排放的整体影响较小，说明农业的能源结构整体调整力度不大，仍然在使用一些高污染化肥料等，减排技术也未有明显改进。规模产业能源消耗率对碳排放的贡献在11%上下浮动，除在2007年出现负值（-1.642%），其他各年均为正的增长率，说明陕西农业在生产过程中，为增加农业产值使用高耗能生产工具如大型机械等，使能耗在不断增加。单位GDP的规模产业比率一直是负的贡献率为-12.788%，说明产业供求关系所造成的农业价格比较稳定，农业价格整体上呈上升趋势或产业价值创造能力在上升；产业GDP的影响表现为持续的碳排放正向贡献，9年来均值为12.05%，说明陕西农业正处于健康快速发展阶段。

（二）工业

基于工业影响碳排放的相关因素，选取了以下变量，二氧化碳排放量、一次能源消费总量、产业规模和产业GDP。其中，二氧化碳排放量参照工业终端能源消费数据，参考IPCC的参考方法和部分缺省数据，估算2001~2010年的陕西省工业的二氧化碳排放量，产业规模选用陕西工业总产值，产业GDP采用陕西省工业GDP增加值，所选取数据均来自《中国统计年鉴》和《中国能源统计年鉴》（见表6-14和表6-15）。

表6-14　　2001~2010年陕西工业CO_2排放量、能源消费量及产业GDP

年份	二氧化碳排放量（兆吨：Mt）	能源消耗（万吨标准煤）	工业总产值（亿元）	产业GDP（亿元）
2001	180.46	1489.26	1946.94	706.62
2002	186.73	1717.44	2205.98	819.51
2003	195.24	1482.03	2708.86	1006.92
2004	242.79	2343.54	3389.88	1306.5
2005	290.33	3205.05	4109.32	1650.63
2006	317.02	3167.50	5248.39	2094.02
2007	347.71	3824.32	6587.41	2544.42
2008	423.11	4121.91	7325.95	3293.95
2009	415.44	4436.08	9553.70	3501.25
2010	458.90	4844.81	12421.8	4558.97

资料来源：《中国能源统计年鉴》（2001~2010）、《陕西统计年鉴》（2001~2010）。

表6-15 2002~2010年陕西工业CO_2排放影响因素

单位（%）

年份	d($\ln CO_2$)	d($\ln \frac{CO_2}{PE}$)	d($\ln \frac{PE}{S}$)	d($\ln \frac{S}{IGDP}$)	d($\ln IGDP$)
2002	3.4745	15.3217	13.305	15.9761	3.4745
2003	4.5574	21.1656	−29.727	22.8685	4.5574
2004	24.3546	−21.359	26.3623	29.7521	24.3546
2005	19.5807	−12.562	12.8176	26.3398	19.5807
2006	9.193	10.4874	−22.621	26.8619	9.193
2007	9.6808	−9.157	−3.806	21.5089	9.6808
2008	21.6847	12.8995	−3.084	29.4578	21.6847
2009	−1.813	−8.767	−17.4735	22.6878	6.2934
2010	10.4612	1.1422	−16.0029	0.14511	30.2098

由表6-14和表6-15数据可知，CO_2排放总量近几年均为正的增长率，年均增长率为11.24%，增速整体呈波浪形，增长趋势在达到2004年峰值（24.3546%）之后逐年有所下降，特别是2008年又达到了最高点（21.6847%）；能源结构碳强度整体对碳排放呈正向影响（1.019%），说明能源结构和减排技术在朝着增加碳排放的方向发展，但对产业碳排放的整体影响较小，在陕西工业方面能源结构整体调整力度不大、减排技术也未有明显改进；规模产业能源消耗率对碳排放一直呈剧烈的波动状态，并且阶段性明显，说明节能工作受非市场作用（如政策作用）影响较大，但是基本呈现好转态势，近几年呈负向影响，但节能的趋势不明显；单位GDP的规模产业比率呈比较稳定状态，基本稳定在21.733%，说明工业产品价格整体上变化不大而数值较大，反映工业的单位产品的价值比较低或产业价值创造能力对碳排放影响并没有提高；产业GDP的影响表现为持续的碳排放正向贡献，平均正向贡献为14.336%，说明陕西工业发展势头良好，正处于快速发展阶段，尤其在2010年，工业GDP增加值达到最大值30.2098%，是近十年来工业发展最快的一年。

（三）建筑业

基于产业影响碳排放的相关因素，选取了以下变量：二氧化碳排放量、一次能源消费总量、产业规模和产业GDP。其中,二氧化碳排放量参照陕西交通运输终端能源消费数据,参考IPCC的参考方法和部分缺省数据,估算1998~2008年的陕西建筑业的二氧化碳排放量,产业规模选用陕西房屋建筑施工面积,产业GDP采用陕西建筑业GDP增加值,所选取数据均来《自中国统计年鉴》和《中国能源统计年鉴》,并根据数据归纳整理得到表6-16和表6-17。

表6-16　2001~2010年陕西建筑业CO_2排放量、能源消费量及产业GDP

年份	二氧化碳排放量（兆吨:Mt）	标准煤（兆吨:Mt）	建筑面积（万平方米）	产业GDP（亿元）
2001	1.12	0.83	2225.19	298.8
2002	1.13	0.85	3325.04	256.77
2003	1.26	0.97	3897.19	210.22
2004	1.09	0.77	4004.71	246.63
2005	0.92	0.57	4563.92	295.68
2006	1.22	0.78	5446	346.48
2007	0.38	0.31	6741.82	420.14
2008	1.53	1.25	7843.73	548.13
2009	1.20	0.927	9046.32	735.17
2010	1.65	1.27	11490.67	887.13

数据来源：根据《中国能源统计年鉴》(2001~2010)、《陕西统计年鉴》(2001~2010)整理。

表6-17　2002~2010年陕西建筑业CO_2排放影响因素

年份	$d(\ln CO_2)$	$d\left(\ln\dfrac{CO_2}{PE}\right)$	$d\left(\ln\dfrac{PE}{S}\right)$	$d\left(\ln\dfrac{S}{IGDP}\right)$	$d(\ln IGDP)$
2002	0.8929	−1.481	−31.465	73.8866	−14.066
2003	11.5044	−2.29	−2.636	43.1611	−18.129
2004	−13.492	8.9775	−22.75	−12.411	17.32
2005	−15.596	14.019	−35.044	−4.942	19.8881
2006	32.6087	−3.094	14.678	1.8318	17.1807
2007	−68.852	−21.629	−67.895	2.0901	21.2595
2008	302.6316	−0.147	246.5795	−10.822	30.4637

续表

年份	d($\ln CO_2$)	d($\ln \frac{CO_2}{PE}$)	d($\ln \frac{PE}{S}$)	d($\ln \frac{S}{IGDP}$)	d($\ln IGDP$)
2009	−21.57	5.760	−35.699	−14.011	34.123
2010	37.5	0.364	7.858	5.263	20.67

由表6–16和表6–17数据可知，CO_2排放总量10年的年均增长率并不稳定，增速总体较快，平均增长速度为29.51%，增长趋势在2008年达到峰值（302.6316%）。能源结构碳强度整体对碳排放基本上为零（0.05%），它对碳排放的正向贡献和负向贡献基本抵消，说明能源结构和减排技术在朝着减少碳排放的方向发展，但对产业碳排放的整体影响较小，在陕西建筑能源结构整体调整力度不大、减排技术也未有明显改进。规模产业能源消耗率对碳排放一直呈剧烈的波动状态，整体在不断增加（平均为8.18%），并且阶段性较为明显，说明节能工作受非市场作用（如政策作用）影响较大，在2008年达到最大值246.5795%，说明陕西在这一年建筑材料极为浪费，使用上并不注意使用节能性材料，对碳排放正的增长率使能源消耗达到最大。单位GDP的规模产业比率基本上呈下降趋势，从2002年的73.8866%下降到2010年的5.263%，近几年来下降趋势明显，说明房屋价格整体上在上升或产业价值创造能力在增强。产业GDP的影响表现为持续的碳排放正向贡献，10年均值为14.30%，除了2002年和2003年为负向贡献，从2004年以后均为正向贡献，达到22.98%左右，基本上保持了稳态增长的趋势，说明陕西建筑业也正处于健康快速发展阶段。

（四）交通运输业

基于产业影响碳排放的相关因素，选取了以下变量：二氧化碳排放量、一次能源消费总量、产业规模和产业GDP。其中，二氧化碳排放量参照陕西交通运输终端能源消费数据，参考IPCC的参考方法和部分缺省数据，估算1998~2010年的陕西交通运输业的二氧化碳排放量，产业规模选用陕西的货物周转量，产业GDP采用陕西交通运输业GDP增加值，所选取数据均来自《中国统计年鉴》和《中国能源统计年鉴》，并根据相关数据归纳整理得到表6–17和表6–19。

表6-18 2001~2010年陕西交通运输业CO_2排放量、能源消费量及产业GDP

年份	二氧化碳排放量（兆吨：Mt）	标准煤（兆吨：Mt）	货物周转量（百万吨公里）	产业GDP（亿元）
1998	20.49851	1.6834	53555	115.42
1999	20.2254	1.6828	54869	130.32
2000	15.6778	1.3285	59324	156.18
2001	17.8569	1.5455	70721	188.91
2002	20.8386	1.7658	81713	210.43
2003	30.2673	2.6444	86780	226.01
2004	36.1715	3.2727	103183	204.88
2005	43.7408	3.9114	111531	242.12
2006	50.3252	4.3860	117901	281.54
2007	57.1985	5.0745	136740	311.86
2008	60.3325	5.2651	214073	352.57
2009	89.174	7.9610	234783	423.24
2010	98.096	8.7165	252723	474.60

数据来源：《中国能源统计年鉴》(1998~2009)、《陕西统计年鉴》(1998~2009)。

表6-19 1999~2010年陕西交通运输业CO_2排放影响因素

单位（%）

年份	$d(\ln CO_2)$	$d(\ln \frac{CO_2}{PE})$	$d(\ln \frac{PE}{S})$	$d(\ln \frac{S}{IGDP})$	$d(\ln IGDP)$
1999	-1.33	-1.30	-2.43	-9.26	12.91
2000	-22.48	-1.81	-26.98	-9.78	19.84
2001	13.90	-2.09	-2.41	-1.44	20.96
2002	16.70	2.14	-1.12	3.73	11.39
2003	45.25	-3.01	41.01	-1.12	7.40
2004	19.51	-3.44	4.09	31.16	-9.35
2005	20.93	1.18	10.57	-8.53	18.18
2006	15.05	2.60	6.08	-9.09	16.28
2007	13.66	-1.76	-0.24	4.70	10.77
2008	5.33	1.65	-42.31	33.13	12.30
2009	47.81	-2.25	37.87	-8.64	-8.64
2010	10.01	0.47	1.72	-4.01	-4.01

由表6-18和表6-19数据可知，CO_2排放总量10年的年均增长率为15.36%，增速总体较快，1999年和2000年除外，进入21世纪后就一直呈逐年上升趋势，增速整体呈波浪形，增长趋势在达到2003年峰值（45.25%）之后逐年有所下降，特别是2008年达到了最低点，排放增加率为5.33%，在2009年就又达到最大值（47.81%）。能源结构碳强度整体对碳排放呈负向影响，说明能源结构和减排技术在朝着减少碳排放的方向发展，但对产业碳排放的整体影响较小，10年均值仅为-0.635%，说明在陕西交通运输业，能源结构整体调整力度不大、减排技术也未有明显改进。规模产业能源消耗率对碳排放一直呈剧烈的波动状态，并且阶段性明显，说明节能工作受非市场作用（如政策作用）影响较大，前四年呈负向影响，峰值为2000年-26.98%，中间4年呈正向影响，峰值为2003年41.01%，后两年又呈负向影响，2008年甚至达到负向贡献-42.31%，2009年和2010年又呈正向影响，10年整体来看，年均值为2.15%，正向贡献存在，所以节能的趋势不明显。单位GDP的规模产业比率尽管不如前者波动剧烈但也呈不稳定状态，且波动不规律，大体上呈负向，说明产业供求关系所造成的运输价格不稳定，10年均值为1.73%，说明运输价格整体上呈下降趋势或产业价值创造能力在下降。产业GDP的影响表现为持续的碳排放正向贡献，10年均值为9.01%，并且有8年正向贡献在10%以上或接近10%，除2004年外基本保持了稳态增长的趋势，说明陕西交通运输业正处于健康快速发展阶段。

五、产业间碳排放影响力分析

基于产业影响碳排放的相关因素，选取了以下变量：二氧化碳排放量、一次能源消费总量、产业规模和产业GDP。其中，二氧化碳排放量参照陕西农业、工业、建筑业和交通运输业终端能源消费数据，参考IPCC的参考方法和部分缺省数据，估算2000~2008年的陕西的二氧化碳排放量，产业规模农业选用农作物播种面积，工业选用工业生产总值，建筑业选用房屋建筑施工面积，交通运输业选用货物周转量，产业GDP采用陕西省各产业的GDP增加值,所选取数据均来自中国统计年鉴、中国能源统计年鉴和陕西省统计年鉴,并根据相关数据归纳整理得到表6-20和表6-21。

表6-20　2000~2008年各产业CO_2排放量、能源消费量及产业GDP

年份	二氧化碳排放量(兆吨:Mt)				标准煤(兆吨:Mt)			
	农业	工业	建筑业	交通业	农业	工业	建筑业	交通业
2001	0.76	180.46	1.12	17.8569	0.51	12.77	0.83	1.55
2002	0.75	186.73	1.13	20.8386	0.52	14.04	0.85	1.77
2003	0.92	195.24	1.26	30.2673	0.62	12.03	0.97	2.64
2004	1.08	242.79	1.09	36.1715	0.74	14.84	0.77	3.27
2005	1.23	290.33	0.92	43.7408	0.86	17.64	0.57	3.91
2006	1.51	317.02	1.22	50.3252	1.09	19.13	0.78	4.39
2007	1.40	347.71	0.38	57.1985	0.99	21.63	0.31	5.07
2008	1.73	423.11	1.53	60.3325	1.22	27.05	1.25	5.27
2009	1.79	415.44	1.20	89.174	1.27	28.50	0.93	7.96
2010	1.86	458.90	1.65	98.096	1.33	29.77	1.27	8.71

年份	产业规模				产业GDP(亿元)			
	农业(千公顷)	工业(亿元)	建筑业(万平方米)	交通业(百万吨公里)	农业	工业	建筑业	交通业
2001	4264.84	1946.94	2225.19	70721	287.24	606.12	298.8	188.91
2002	4193.37	2205.98	3325.04	81713	288.55	691.07	256.77	210.43
2003	4090.26	2708.86	3897.19	86780	320.03	834.76	210.22	226.01
2004	4303.04	3389.88	40004.71	103183	387.85	1306.5	246.63	204.88
2005	4391.24	4109.32	4563.92	111531	435.7	1553.6	295.68	242.12
2006	4380.16	5248.39	5446	117901	488.48	2094.02	346.48	281.54
2007	4044.74	6587.41	6741.82	136740	592.63	2544.42	420.14	311.86
2008	4274.45	8358.86	7843.73	214073	753.72	3293.95	548.13	352.57
2009	4154.10	9553.7	9046.32	234783	789.64	3501.25	735.17	423.24
2010	4185.58	12421.8	11490.67	252623	988.45	4558.97	887.13	474.6

对表6-20数据采用公式（5.16）和公式（5.17）进行数据计算可以得到陕西各产业二氧化碳影响因素对碳排放的影响程度见表6-21和表6-22。

表6-21　　　　　　　　陕西产业碳排放因素分解

年份	D_{tot}	D_{Qi}	D_{Mi}	D_{Ni}	D_{Ei}
2001	1.1132	1.1173	1.028	0.9707	0.9985
2002	1.1751	1.1235	1.008	1.0209	1.0164
2003	1.1989	1.1343	1.1147	0.9687	0.9789
2004	1.1920	1.1839	0.9239	1.0826	1.0067
2005	1.1295	1.2304	0.9248	0.9781	1.0148
2006	1.1075	1.1495	1.0361	0.9499	0.9789
2007	1.1353	1.1957	1.1946	0.7933	1.0019
2008	1.1132	1.1173	1.028	0.9707	0.9985
2009	1.1312	1.1165	1.0389	0.9854	0.9897
2010	1.1757	1.1256	1.1765	0.9876	0.899

表6-22　　　　　　　　陕西产业碳排放因素分解，

年份	碳排放变化（兆吨：Mt)					贡献率（%）			
	ΔC_{tot}	ΔC_{Qi}	ΔC_{Mi}	ΔC_{Ni}	ΔC_{Ei}	ΔC_{Qi}	ΔC_{Mi}	ΔC_{Ni}	ΔC_{Ei}
2001	4.5799	4.7402	1.1782	-1.2726	-0.0659	103.5	25.73	-27.79	-1.44
2002	7.8901	5.6956	0.3891	1.0117	0.7936	72.19	4.93	12.82	10.06
2003	10.53	7.3142	6.3041	-1.848	-1.2403	69.46	59.87	-17.55	-11.78
2004	12.1898	11.714	-5.4957	5.5087	0.4628	96.1	-45.08	45.19	3.8
2005	9.7994	16.684	-6.2887	-1.7816	1.1857	170.26	-64.17	-18.18	12.1
2006	9.1901	12.539	3.1884	-4.6212	-1.9161	136.44	34.69	-50.29	-20.85
2007	12.8106	18.037	17.949	-23.372	0.1966	140.8	140.11	-182.44	1.53
2008	4.5799	4.7402	1.1782	-1.2726	-0.0659	103.5	25.73	-27.79	-1.44
2009	7.5065	6.7889	4.4663	-3.8763	0.1276	90.44	59.49	-51.63	1.69
2010	12.2246	7.2376	5.876	-2.765	1.876	59.2	48.07	-22.62	15.35

根据LMDI乘法分解方法，对陕西产业碳排放进行分解，结果如表6-21所示。2001年陕西碳排放增长1.1132倍，其中，产业GDP增长导致碳排放增长1.1173倍，产业估值因素导致碳排放增长1.028倍，节能技术的改善使碳排放保持在原来的0.9707倍的水平上，减排技术的改善使碳排放保持在原来的0.9985倍的水平上；2002年，陕西省碳排放增长1.1751倍，各影响因素对碳排放都有促进作用；2003年基本与2001年差不多；2004年除价值重估因素减少碳排放外，其他因素均增加了碳排放；2005年和2006年两因素增加碳排放两因素减少碳排放；2007年节能技术因素降低碳排放，其他因素都增加碳排放；2008年碳排放总量仍然增加，增长为原来的1.1132倍，节能技术和减排技术因素分别增加碳排放1.1173倍和1.028倍，产业经济因素和产业价值重估弹性分别降低碳排放为原来的0.9707倍和0.9985倍；2009年和2010年，节能技术和减排技术因素分别增加碳排放，产业经济因素和产业价值重估弹性分别降低碳排放。总体来看，在其中的不同时间内，节能技术和减排技术因素是促进碳排放减少的主要因素，产业GDP的增加和价值重估因素导致碳排放的增加。

根据LMDI加法分解方法，对陕西产业碳排放进行分解，结果如表6-22所示。陕西碳排放增长4.5799兆吨，其中，产业GDP增长导致碳排放增长4.7402兆吨，产业估值因素导致碳排放增长1.1782兆吨，节能技术的改善使碳排放减少1.2726兆吨，减排技术的改善使碳排放减少1.2726兆吨。从碳排放的贡献率来看，产业GDP的贡献率为103.5%，产业估值的贡献率为25.73%，节能技术因素的贡献率为-27.79%，减排技术因素的贡献率为-1.44%。2002年，各因素对于碳排放都是正向影响；2003年，产业GDP、产业估值因素对于碳排放仍为正向影响，其他两因素为负向影响；2004年碳排放总量增加值达到较大值12.1898兆吨，除了价值重估因素为负向影响外，其他影响因素均为正向影响；2005年和2006年，碳排放总量的增加量相对变少，均有两因素是正向影响，两因素是负向影响；2007年，碳排放增量再一次达到近几年的最大值12.8106兆吨，除减排技术因素最小0.1966兆吨，其他因素影响都较大，产业GDP、产业估值因素为正的很大，节能技术因素也为负向最大；2008年碳排放增量减小。2009年和2010年，节能技术和减排技术仍然起着重要的作用，产业GDP的增加和价值重估因素贡献率是负的。总体来看，在不同时间内，节能技术和减排技术因素是促进碳排放减少的主要因素，产业GDP的增加和价值重估因素导致碳排放的增加，但是前两个因素的贡献相对比较明显。

六、结　论

陕西作为中国西北地区重要的能源化工基地，能源消耗比较粗放。

从产业内部碳排放影响因素来看，在农业部门中，能源结构碳强度和农业产业GDP是农业碳排放增加的主要因素，说明在发展农业带来经济增长的同时也增加了碳排放，而且农业生产过程中使用高能耗生产作业是农业碳排放的主要原因；在工业生产部门中，代表价值重估的单位GDP规模产业比率和代表产业发展的产业GDP对碳排放变化率的影响较大，主要是由于陕西传统工业的单位产品的附加值比较低，所以产业价值创造能力比较差，带来二氧化碳的增长率变快，另外工业快速发展增加陕西省产业GDP的同时也带来大量二氧化碳排放；在交通运输部门，代表节能改善的规模产业能源消耗率和代表产业发展的产业GDP增加对碳排放变化率的影响较大，其中前者波动较大，反映了节能改善主要来自外部干预，没有稳定性，后者保持稳态，反映了陕西运输产业处在平稳的上升期，代表减排改善和能源结构的能源碳强度的影响力整体不大，且一直平稳，说明陕西运输业在减排技术和能源结构上并无太大改变；在陕西建筑部门中，规模产业能源消耗率和单位GDP的规模产业比率对于碳排放影响较大，说明陕西在建筑材料使用上并不注意使用节能性材料，使节能的趋势降低，另外房屋价格整体上在上升或产业价值创造能力在增强。

从产业间碳排放影响因素来看，节能技术和减排技术因素是促进碳排放减少的主要因素，产业GDP的增加和价值重估因素导致碳排放的增加，但是前两个因素的贡献相对比较明显。具体研究结论如下：(1)产业的经济影响因素即产业GDP增加是二氧化碳增加的主要因素，它与碳排放成正比关系。(2)价值重估因素即单位GDP的规模产业比率，它是覆盖稀缺生产要素的社会经济估价，根据以上它的变化也影响二氧化碳的排放值，它与二氧化碳也成正比关系。（3）节能技术因素即规模产业能源消耗率的改善对于二氧化碳排放具有积极作用，它主要与能源的利用效率有关。（4）减排技术因素即能源结构碳强度的改善能够减少二氧化碳的排放，它主要与能源消耗结构有关。

总之，陕西各产业碳排放总量都呈现不断增长的趋势，工业和交通运输碳排放比较大，农业和建筑业碳排放相对较小。

第七章

陕西能源低碳化路径与潜力分析

近年来，全球二氧化碳的减排呼声日益高涨，2009年12月在丹麦哥本哈根召开的《联合国全球气候变化框架公约》缔约方第15次会议中，美国、欧盟、日本等均提出了各自的二氧化碳减排计划。中国提出了2020年单位GDP碳排放将在2005年基础上降低40%~45%的减排目标，赢得了国际上的广泛赞誉。事实上，在2009年11月的国务院常务会议中，中国就已经确定了此项减排目标，并提出2020年消费化石能源占一次能源消费的15%的发展目标。

可再生能源和核能，亦称非化石能源或低碳能源，在中国取得了迅猛发展，并积极推动着能源结构优化和温室气体减排。在明确2020年中国减排目标的前提下，科学地评估中国低碳能源的发展潜力，评价其对完成国家减排目标的贡献，并分析2020年非化石能源占一次能源消费15%目标的可能性等，已显得尤为迫切和重要。目前已有的相关研究多围绕各个低碳能源品种如生物质能、风能的发展潜力，及其在终端消费领域中替代化石能源和减排二氧化碳的潜力而展开，尚未对新减排目标下低碳能源的发展潜力及对国家减排目标的贡献等进行深入研究。为此以陕西省为例，围绕中国低碳能源的发展潜力及对实现国家减排目标的贡献这一主线，对上述问题进行初步探究，以期为国家应对气候变化，明确低碳能源发展路径提供科学依据。

一、陕西低碳能源发展现状与资源基础

在应对全球变化、优化能源结构、促进经济增长等目标的驱动下，陕西省以水电、风电、太阳能、生物能源为主导的低碳能源得到了快速发展。新能源产业呈现良好发展态势。风电和太阳能发电取得突破性进展，华电、国电等30兆瓦光伏发电项目列入国家"金太阳"示范工程，定边繁食沟一期、张家山一期、靖边席麻湾、龙洲一期等20万千瓦风电项目建成投运。水电建设迎来陕西省历史上第二个建设高峰，汉江干流蜀河电站27.6万千瓦、喜河电站18万千瓦装机建成投产，小水电年装机规模以6%的速度递增。太阳能热利用、生物质能、地热能开发利用初显成效，余热余压利用等清洁能源发电装机26.5万千瓦。新能源装备制造水平不断提高，形成风电整机50万千瓦、零部件配套30万千瓦的生产能力。全省新能源发电装机建设规模突破380万千瓦，投产装机272万千瓦。至2010年底，陕西低碳能源产量约为480万吨标准煤，占一次性能源比重的1.42%，低于全国2005年的平均水平低（11.4%）[1]，碳能源各种产品的发展现状见表7-1。

表7-1　　　　　　　　　陕西省低碳能源现状

类　型	2005年	2010年
水电（万千瓦）	157.8	255
风电（万千瓦）	15	50
甲醇产量（万吨）	73	175

资料来源：本研究整理得，参考陕西省"十二五""十一五"能源发展规划。

（一）水电

水能发电在技术和产业方面都已经非常成熟，在世界各地取得了广泛的应用。陕西的水电发电量有很大的突破发展，截至2012年7月31日24时，陕西电网7月份统调水电发电量达11.08亿千瓦时，同比增长

---

[1] 国家发改委.中国应对气候变化的政策与行动2012年度报告[R].2012. http://www.scio.gov.cn/ztk/xwfb/102/10/Document/1246626/1246626-1.htm.

16.4%，创月度发电量历史新高；年累发电量29.2亿千瓦时，同比增长15.6%[①]。

陕西按照大中小并举的开发原则，坚持工程建设、移民安置和环境保护工作并重的方针，以汉江流域梯级开发为重点，加快建设汉江旬阳、白河和黄金峡水电站，积极推进嘉陵江、南江河、丹江、旬河流域开发，进一步增强陕南水电产业规模和实力。

陕西的水域主要分布在陕南地区，"河流密布，沟壑交织"是陕南地表结构的一个明显特点。汉中区有分属长江一级支流的汉江与嘉陵江两大水系，该地特征是河流密布，河道狭窄，河床比降大，水流急，洪枯变幅大，这些河流蕴藏着丰富的水力资源。安康市位于汉江上游，地处陕西省东南部，属秦巴山区，汉江横贯全境，河沟密布，蜿蜒曲折，穿流于群山峡谷，水流湍急且落差大，而缓流处两岸形成平坝。为充分利用陕南丰富的水资源，陕西省政府计划"十二五"新增水电装机100万千瓦，水电建设规模达到618万千瓦，其中抽水蓄能电站140万千瓦。

（二）生物能源

生物能源的资源品种、利用的技术途径和产品形式较多，一般可分为沼气、生物质发电、生物液体燃料。沼气经过多年发展，市场和产业均已形成规模。陕西省支持农村集中沼气和户用沼气建设，加大规模化养殖场沼气工程以及生物质气化项目建设力度，新建户用沼气60万口、小型沼气池9000处、大中型沼气池300处，实现农村沼气服务体系全覆盖[②]。

生物质发电包括农林废弃物发电、城市垃圾发电、生物质致密成型燃料等。根据关中资源和运输条件，在生物质资源丰富的县区，适度布局建设生物质发电和小火电燃煤机组改生物质发电项目，积极推进煤与生物质掺烧混燃发电示范项目建设。积极探索陕北沙生灌木平茬和退耕还林生物质资源科学利用新技术。利用农林废弃物的生物质发电当前遇到了原料收购半径过大、原料价格偏高等问题。

---

① 2012年7月份陕西电网水电发电量创历史新高［EB/OL］.http://www.chinairn.com/news/20120806/285351.html.

② "陕西省'十二五'能源发展规划"，2012年.http://www.shaanxi.gov.cn/jbyw/ggig/sewgg/zxgg/65841.htm.

生物液体燃料——燃料乙醇和生物柴油发展最快。目前陕西省主要是利用陕南秦巴山区丰富的麻风树、黄连木、光皮树、文冠果、木薯等含油或含淀粉植物资源，积极稳妥地发展生物柴油和第二代燃料乙醇。燃料乙醇发展面临原料来源的巨大挑战，纤维素乙醇技术有待攻克和规模化推广应用。以餐饮业废油、榨油厂油渣、油料作物为原料生产生物柴油的能力达到年产50万吨以上。生物柴油同样面临着原料来源的问题。

生物能源的原料来源广泛。需要注意的是各种原料来源除可利用生物能源之外，还可用于其他多种用途。因此，以往对生物能源原料资源的评价结果往往偏大。

（三）风能

自2002年风能发电特许权招标机制开始运行，尤其是2006年《可再生能源法》实施以来，风能发电得到了快速发展。大型并网风电总装机容量从2000年的35万千瓦增长至2008年的1217万千瓦，年均增长52%[1]。

陕西陕北长城沿线定边、靖边、神木县和渭北等区域风电开发条件较好。但是没能形成相应的规模效应。目前，陕西正在积极建设定边张家山、繁食沟、靖边龙洲等大型风电场。在陕西"十二五"规划中，陕西将启动延安、渭北和秦岭山区风电场建设，以确保风电项目建设接替有序。陕西目前还没有风电机场，陕西规划修建8个风电场，总装机 36×10^4 千瓦，近期规划开发装机 8×10^4 千瓦。

（四）太阳能

太阳能的利用包括发电和热利用。近年来中国太阳能光伏发电产业扩张迅速，太阳能热水器在城乡居民生活热水供应方面发挥着重要作用。

陕西省是国家层面光伏产业发展的重要省份和国际新能源产业的重要参与方之一。近年来，陕西太阳能光伏产业进入了快速发展时期，相关企业已达上百家，龙头企业10多家。陕西占据发展太阳能光伏产业的自然资源优势。陕南地区硅矿石储量超过3亿吨，陕北地区丰富的煤气油资源也为硅提取提供了能源保障。陕西日照充足，太阳能利用效率

---

[1] 韩文科. 我国可再生能源发展战略的软干问题 [EB/OL]. http://www.npc.gov.cn/npc/xinwen/2009-10/31/content_1525123.htm.

高。陕北毛乌素沙漠边缘可提供大量荒地用于建设太阳能电站或用于建设生产性企业。陕西发展太阳能光伏产业的技术和人才基础较厚。2009年，省财政共安排专项资金4950万元用于支持太阳能光伏产业的重点项目建设和关键技术研发。实现了微电子级多晶硅提纯材料零的突破，填补了国内的空白。陕西电子信息集团和西安理工大学共同开发的单晶炉项目作为国家重大科研项目，填补了国内空白。陕西高等院校林立、科研院所密集，高科技人才居于全国前列，具有吸引高端人才进入太阳能光伏产业的人才基础。陕西太阳能光伏产品销售收入从2008年的20亿元增长到120亿元以上，年平均增长145%。以靖边县为例，这里先后引进鲁能、大唐、国电、华电、华能、国华、中电投等"国字号"电力集团。2012年国华光伏20兆瓦、华能龙洲风电二期49.5兆瓦、国电草山梁风电一期49.5兆瓦、国电祭山梁风电148.5兆瓦、中电投李家梁风电一期49.5兆瓦、华电王渠则风电99兆瓦均已并网发电。据统计，仅陕西光伏靖边20兆瓦项目每年就可节约燃煤9000吨，在节约用水的同时，还将减少相应的废水等对环境的污染。电站现在年均发电约2700万度电，实现销售收入2930万元。在国际资源日益趋紧的背景下，作为陕西省唯一的一家光伏产业园区，如果按照目前靖边城市居民户均年用电量100度计算，五年以后，该园区的年发电量将毫不费力地供应一个人口大约33万的城市正常运转3个月[1]。

在太阳能热利用方面，目前应用最广泛的技术是太阳能热水器。尤其是在乡镇农村使用较为方便普及。

陕西具有丰富的太阳能资源，全省太阳能年总辐射量为4410~5400兆焦耳/平方米，按资源丰富程度可划分为三个区，即太阳能丰富区（年太阳能辐射量为5040~5430兆焦耳/平方米，主要包括陕北北部和渭北东部地区；太阳能较丰富区（年太阳能总辐射量为4500~5040兆焦耳/平方米，全年日照时数为2100~2600小时），主要包括陕北南部、关中地区；太阳能资源一般区（年太阳能总辐射量为4100~4500兆焦耳/平方米，全年日照时数为1664~2100小时），主要包括陕南汉中和安康大部。陕西省太阳能资源的分布是北部多于南部，尤其是汉中、安康地区太阳能资源

---

[1] "陕西光伏产业发展新能源"［EB/OL］. http://house.focus.cn/news/2012-11-29/2582744.html.

相对较少，陕北北部是太阳能资源最丰富的地区。陕西省地区太阳能资源丰富，土地总面积20.58万平方公里，其中农用地和建筑用地以外的未利用土地包括滩涂、荒漠、戈壁、冰川和石山等，未利用土地面积1.003万平方公里，假设按未利用土地的30%用于太阳能发电，在充分考虑太阳能电池类型、电池组件安装方式、阵列的日照阴影遮挡、土地利用率、电站的管理用地等因素，按照光电转化效率14%、每10兆瓦太阳能电站占地0.25平方公里，对陕西省太阳能综合利用理论装机容量进行估算，得理论装机容量超过12万兆瓦，理论发电量约1440亿千瓦时。

二、陕西低碳能源发展情景与规模预测

（一）低碳能源发展的情景设置

较之以往的低速发展，近年来低碳能源的发展速度很快，且显著受到政策的影响。已有的对低碳能源发展规模的预测多采用情景分析的方法，并提出了不同的情景设置方法。从总体上看，可划分为保守、稳健、积极三种类型的情景。在中国提出2020年单位GDP碳强度下降40%~50%目标的情景下，保守情景基本可以舍弃。而从陕西省当前风能、光伏发电和水电的大规模扩张来看，设置不排除出现积极的情景。因此，陕西省低碳能源发展应该在稳健和积极两种情景下展开。相应的本研究设置了适度低碳情景和强化低碳情景。适度低碳，指适度提高对低碳能源的投入和政策激励水平，是政策所能够实现的低碳排放情景。强化低碳，则需进一步加大对低碳能源投资，强化低碳政策激励，大力推进对低碳技术的开发利用，较之适度低碳情景需要付出更多的代价，此情景所设定目标的完成具有一定的艰巨性。显然，在设置不同情景的低碳能源发展目标时，将重点借鉴已有研究中对稳健情景（产业结构基准情景）和积极情景（产业结构加快调整情景）的研究成果。结果见表7-2和表7-3陕西省低碳能源发展情景设置及消费结构[1]。

---

[1] 陕西省"十二五"能源发展规划［EB/OL］. 2012, http://www.shaanxi.gov.cn/byw/ggig/sewgg/zxgg/65841.htm.

表7-2　　　2020年陕西省低碳能源发展规模及消费结构（稳健情景）

预测数据	发展规模	单位	最终消费量	单位	消费量折标准煤（万吨）
低碳能源合计	—	—	—	—	1752.47
水电	416.32	万千瓦	146.31	亿千瓦时	496.01
风电	237.78	万千瓦	47.56	亿千瓦时	161.69
太阳能发电	120	万千瓦	18	亿千瓦时	61.2
生物质发电	59.29	万千瓦	30.57	亿千瓦时	120.94
其他	—	—	—	—	914.09

注：（1）消费结构不包含"西电东送"、焦化产品等二次能源外送部分。（2）能源消费总量指标以国家最终下达指标为准。（3）油气产量含长庆在省外区块原油产量700万吨，天然气产量230亿立方米。

资料来源：本研究整理得。

表7-3　　　2020年陕西省低碳能源发展规模及消费结构（积极情景）

预测数据	发展规模	单位	最终消费量	单位	消费量折标准煤（万吨）
低碳能源合计	—	—	—	—	2190.59
水电	519.47	万千瓦	146.31	亿千瓦时	618.92
风电	297.78	万千瓦	47.56	亿千瓦时	202.49
太阳能发电	150	万千瓦	18	亿千瓦时	76.5
生物质发电	74.29	万千瓦	30.57	亿千瓦时	151.54
其他	—	—	—	—	1141.89

注：（1）消费结构不包含"西电东送"、焦化产品等二次能源外送部分。（2）能源消费总量指标以国家最终下达指标为准。（3）油气产量含长庆在省外区块原油产量700万吨，天然气产量230亿立方米。

资料来源：本研究整理得。

（二）低碳能源发展的规模预测

1. 发电领域的低碳能源发展趋势分析

（1）水电。当前陕西省已开发水电仅占经济可发展量的一半，技术可开发量的40%，水电开发仍然有较大潜力。然而，水电开发呈现过快发展的势头，且水电进一步开发受到移民和环境保护影响的压力愈发明显。目前，学术界和政府对2020年水电开发规模的预测结果比较一致，即在

400万~500万千瓦左右,占经济可开发量的75%。显然,由于陕西省水能资源大多分布在生态环境相对脆弱的陕南地区,75%的比例已相当之高。本研究所得预测数据为,在适度低碳和强化低碳情境下,2015年的水电规模分别为392万千瓦和402.5万千瓦,2020年分别为416.32万千瓦和519.47万千瓦。

（2）风力发电。风电近些年呈现出迅猛的发展势头,发展规模多次突破规划的目标。但是陕西省由于前些年资金技术等方面的原因,发展得较慢。目前还没有成规模的风力发电场,按照陕西省"十二五"规划的发展,陕西省在周台子、黄尔庄、董新庄、黄嵩塘、草山梁、烟墩山、神木锦界、宝鸡、太白等地设立9个发电厂,装机容量为36万千瓦/个。按照现有的风能资源评估结果,30万~50万千瓦的风电装机是没有问题的。然而,当前电网对风电发展的限制明显。随着特高压输电线的建设与电网容量的增加,长远来看,风电上网难的问题将得以解决。风力发电在2010年达到50万千瓦的规模。目前风力发电正在以每年6%的速度增加。陕西省"十二五"规划中设置目标为200万千瓦。按照本研究的预测,在适度低碳和强化低碳情境下,2020年风力发电的发展规模将达到237.78万千瓦和297.78万千瓦。

（3）光伏发电。据统计,仅陕西光伏靖边20兆瓦项目每年就可节约燃煤9000吨,在节约用水的同时,还将减少相应的废水等对环境的污染。电站现在年均发电约2700万度电,实现销售收入2930万元。在国际资源日益趋紧的背景下,作为陕西省唯一的一家光伏产业园区,如果按照目前靖边城市居民户均年用电量100度计算,五年以后,该园区的年发电量将毫不费力地供应一个人口大约33万的城市正常运转3个月。尽管目前光伏产业受到欧债危机、金融危机的影响,但毋庸置疑,只要激励政策到位,到2020年光伏产业大点将获得井喷式增长发展。事实上,回顾近些年来的中国的风电发展,就不难理解这一点。在陕西省"十二五"规划中将2015年的光伏发电保守地设置为100万千瓦。

根据当前的光伏产业基础和激励政策,经过2009~2012年的初步发展,2010年度光伏发电量为50万千瓦,2013~2015年将是光伏产业进一步恢复发展阶段,2011年国华靖边20兆瓦大型光伏发电项目和国电5兆瓦金太阳示范工程开工建设,到2015年陕西省光伏发电量将达到100万~120万千瓦。2016~2020年将是光伏产业快速发展阶段,预计光伏发电将达到140万~160万千瓦。在适度低碳和强化低碳情景下，2015年与2020年光伏发电分别为，112万千瓦、115万千瓦和120万千瓦、150万千瓦。

（4）生物质发电。生物质发电经过前两年的快速发展后，由于备受原料来源和价格的困扰，目前已大幅降温。陕西生物质能开发利用正处于起步阶段。目前农村沼气建设已覆盖69个县，争取国家资金1.89亿元，全省累计建成户用沼气池37.5万口，秸秆利用总量约500万吨，西安市卡机填埋沼气发电年发电量3800万度，尽管陕西生物质发电取得了一定的成绩，但与经济社会发展目标还有很大的距离，资源发展潜力远未得到充分开发。结合陕西省"十二五"规划，到2015年，力争全省秸秆能源化利用率达到50%，生物质发电装机容量达到50万千瓦。由于该产业的技术难题等原因，将"十二五"规划的目标值设置为强化低碳情景，设适度低碳情景为强化低碳情景的80%，为40万千瓦。生物质液体燃料年利用量达到100万吨，生物质固体成型燃料年利用量达到220万吨。在2015年生物质能发电占能源总量的0.7%的基础上，分别设置适度低碳和强化低碳情境下2020年预计陕西省生物质能发电所占能源总量的比列为0.83%和1.04%，即达到59.29万千瓦和74.29万千瓦。

2. 交通燃料领域的低碳能源发展趋势分析

交通领域的低碳能源主要是燃料甲醇、生物柴油。由于这些生物液体燃料均受原料来源、生产技术等限制，在经历了2003~2007年的快速增长之后，现已出现发展疲软态势。陕西省2010年甲醇产量265万吨，生物柴油的发展起步晚、生产技术不成熟，截至2011年陕西省生物柴油产量仅为1.2万吨。以《可再生能源中长期规划》中的发展目标作为强化低碳情景下的目标，即在强化低碳情景下，燃料甲醇和生物柴油的年利用量分别为1000万吨和10万吨，即年均分别增加100万吨和1万吨。设定适度低碳情景下年均增加使用量为强化低碳情景下的60%，即在该情景下2010~2020年燃料甲醇和生物柴油年均分别增加60万吨和0.6万吨，由此可推测算出在两种情景下2015年和2020年交通领域燃料的发展趋势。

3. 2020年低碳能源的总体发展规模

根据对发电领域、供热领域和交通燃料领域2020年低碳能源发展规模的预测，可汇总得到2015年和2020年低碳能源在适度低碳和强化低碳情境下的发展模式（见表7-4和表7-5）。

表7-4　　2015年和2020年交通燃料领域的低碳能源发展趋势

单位：万吨/年

类型	2015年		2020年	
	适度低碳情景	强化低碳情景	适度低碳情景	强化低碳情景
燃料乙醇	454	650	664	1000
生物柴油	3	5	6	10

资料来源：据《可再生能源中长期规划》及作者估算而得。

表7-5　　2015年和2020年中国低碳能源的总体发展规模预测

分类	2010年发展规模	2015年		2020年	
		适度低碳情景	强化低碳情景	适度低碳情景	强化低碳情景
发电领域（万千瓦）					
（1）水电	45.6	392	402.5	416.32	519.47
（2）风力发电	50	224	230	237.78	297.78
（3）光伏发电	50	112	115	120	150
（4）生物质发电	–	56	57.5	59.29	74.29
交通燃料领域（万吨）					
（1）燃料甲醇	175	227	325	332	500
（2）生物柴油	1.2	3	5	6	10

三、不同情境下陕西低碳能源发展潜力评估

（一）低碳能源发展潜力评估的技术经济参数

在评估低碳能源发展潜力之前，需要明确各类低碳能源利用的技术参数，以及替代化石能源、减排二氧化碳的折算因子。由于低碳能源利用的终端领域不同，其所替代的化石能源类型亦有差异。根据IPCC温室气体排放清单，可确定原煤、原油等化石能源的净发热值与二氧化碳排放因子（表7-6），以及低碳能源利用及替代的技术经济参数（表7-7）。

表7-6　　　化石能源净发热值与二氧化碳排放因子

类型	净热值（千焦耳/公斤）	缺省数据含量（公斤/吉焦）	1公斤燃料燃烧产生的碳（公斤）	1公斤燃料燃烧产生的CO_2排放（公斤）
原煤	20908	25.800	0.539	1.978
原油	42300	20.000	0.846	3.102
汽油	44300	18.900	0.837	3.070
柴油	43000	20.200	0.869	3.185
天然气	48000	15.300	0.734	2.693

资料来源：IPCC："2006年IPCC国家温室气体清单指南"，http://wenku.baidu.com/view/ff18b0956bec0975f465e25e.html。

表7-7　　　低碳能源利用及替代化石能源的技术参数

类型	重要参数	替代标煤量
水电	年运行小时数为3500	每发1千瓦时电替代0.342公斤煤
火电	年运行小时数为5317	同上
风电	年运行小时数为2000	同上
光伏发电	年运行小时数为1800	同上
生物质发电	年运行小时数为4000	同上
沼气	热值为20908千焦耳/立方米	每立方米沼气可替代0.714公斤标煤
太阳能热利用	—	煤万平方米集热面积太阳能热水器每年可替代180公斤标煤
固体燃料	14635千焦耳/公斤	1公斤成型燃料可替代0.5公斤标煤
燃料乙醇	2700千焦耳/公斤	1公斤燃料乙醇可替代0.609公斤汽油，相当于0.922公斤标煤
生物柴油	2700千焦耳/公斤	1公斤生物柴油可替代0.628公斤柴油，相当于0.922公斤标煤

资料来源：（1）国家能源局：《2009年电力工业指标》，2010年。（2）中国可再生能源发展战略研究项目组《中国可再生能源发展战略研究丛书·综合卷》，中国电力出版社，2008年。（3）国家电力监管委员会：《电力监管年度报告》，2009年。（4）国家统计局能源统计司、国家能源局综合司：《中国能源统计年鉴2010》，中国统计出版社，2010年。

（二）低碳能源替代化石能源的总体规模评估

根据对2015年和2020年低碳能源在适度低碳和强化低碳情境下发展规模的设定，并结合对低碳能源发展潜力评估的技术参数分析，可预算出2015年和2020年低碳能源替代化石能源的潜力。在适度低碳情景和强化低碳情境下，2015年低碳能源可分别替代1652万吨和1696.25万吨的化石能源，2020年的替代量分别为1752.47万吨标煤和2190.59万吨标煤。

（三）不同终端领域低碳"能源"替代化石能源的潜力分析

从表7-8可知，在发电和交通燃料2大终端领域中，低碳能源在发电领域所替代的化石能源最多。

表7-8　2020年不同终端领域的低碳能源替代化石能源的能力

单位：万吨标煤

分类	2015年 适度低碳	2015年 强化低碳	2020年 适度低碳	2020年 强化低碳
发电领域				
水电	467.04	497.55	496.01	618.92
风力发电	152.32	156.40	161.69	202.49
光伏发电	57.12	58.65	61.2	76.5
生物质发电	114.24	117.3	120.94	151.54
交通燃料领域				
燃料甲醇	689.02	707.48	731.27	913.51
生物柴油	172.26	176.87	182.82	228.38
合计	1652	1714.25	1753.93	2191.34

第八章

陕西行业低碳化路径与潜力分析

一、陕西交通业低碳化研究

（一）陕西交通业碳排放现状

1. 低碳交通定义

低碳交通是在对气候变化及其对人类生存严重影响的认识不断加深的背景下，以节约资源和减少排放、实现社会经济的可持续发展和保护人类生存环境为根本出发点，根据各种运输方式的现代技术经济特征，采用系统调节和创新应用绿色技术等手段，实现单种运输方式效率提升、交通运输结构优化、交通需求有效调控、交通运输组织管理创新等目标，最终实现交通领域的全周期全产业链的低碳发展，促进社会经济发展的低碳转型。

低碳交通是指以节能减排为目标、以交通基础设施为基底、以交通节能减排政策为扶持手段、以碳审计为评价体系、以公共交通为主导、慢性交通、新能源交通为两翼的多元化交通体系，既可满足常规交通出行的需要，又能适应偶然交通出行的需求。

2. 交通业碳排放现状

我们从表8-1中可以看出陕西交通业碳排放不断增长，从2000年的171.0305万吨增长到2010年的1070.138万吨。同时，陕西的货物周转量在不断增大，这表明陕西交通运输业的运输能力不断提高。陕西碳排放总量在不断增长，从2000年的1824.96万吨增长到2010年的6069.84万吨。交通运输业的碳排放量占陕西碳排放总量的比例在不断增长，从2000年的9.37%增长到2010年的17.63%。

表8-1　　　　陕西省碳排放总量以及交通运输业碳排放量

年份	交通运输业碳排放量(万吨)	标准煤(万吨标准煤)	货物周转量(百万吨公里)	产业GDP(亿元)	陕西省碳排放总量(万吨)	交通运输业碳排放所占比例(%)
2000	171.0305	132.85	59324	156.18	1824.96	0.093717
2001	194.8025	154.55	70721	188.91	2112.54	0.092212
2002	227.3302	176.58	81713	210.43	2398.79	0.094769
2003	330.1887	264.44	86780	226.01	2760.13	0.119628
2004	394.5982	327.27	103183	204.88	3308.29	0.119275
2005	477.1724	391.14	111531	242.12	3809.81	0.125248
2006	549.0022	438.6	117901	281.54	4255.58	0.129008
2007	623.9836	507.45	136740	311.86	4598.72	0.135686
2008	658.1727	526.51	214073	352.57	4955.16	0.132826
2009	972.8073	796.1	234783	423.24	5534.56	0.17577
2010	1070.138	871.65	252723	474.6	6069.84	0.176304

注：数据计算根据IPCC准则所规定的系数进行计算。碳排放量是指计算的排放的二氧化碳中碳的质量。

资料来源：《中国能源统计年鉴》(2001~2011)、《陕西统计年鉴》(2001~2011)。

从表8-2可以看出，在交通运输部门能源消费总量快速增长的同时，电力和柴油的消费也在不断的增长，其中，电力消耗从2004年的21.99亿千瓦时增长到2010年的38.62亿千瓦时；柴油的消耗从2004年的77.12万吨增长到2010年的356万吨；煤油的消费量有所下降，从2004年的34.36万吨减少到2010年的6.5万吨。"十一五"期间，陕西交通运输系统不仅实现了公路交通由严重制约到明显缓解的历史性转变。同时按照建设资源节约型、环境友好型行业的发展要求，以科技创新为依托，以低碳交通引领交通运输发展方式转变，采取有效措施，节能减排工作取得了显著成效。

表 8-2　　　2004~2010年陕西交通运输业各类能源消耗情况

年份	能耗总量（万吨标准煤）	原煤（万吨）	汽油（万吨）	煤油（万吨）	柴油（万吨）	燃料油（万吨）	天然气（亿立方米）	电力（亿千瓦时）
2004	327.27	13	44.23	34.36	77.12	0.07	1.3	21.99
2005	391.14	19.65	98	33.06	102.61	1.8	1.3	26.16
2006	438.6	42.32	102.5	32.94	120			27.83
2007	507.45	25.64	127.5	0.08	179.14	0.18		32.62
2008	526.51	78.64	62.78	13.5	291	0.2		34.67
2009	796.1	38	132	6.31	324.5		3.55	36.9
2010	871.65	52	136.5	6.5	356		4.35	38.62

资料来源：《中国能源统计年鉴》（2005~2011）、《陕西统计年鉴》（2005~2011）。

各级道路运输管理机构积极采取措施，推进道路客运实行集约化、规模化、公司化的经营模式，通过公司化改造后的线路，经济效益有了明显的上升。运输经营业户"多、小、散、弱"的局面得到了显著改观，运输企业集约化、规模化程度的提高，使得能源消耗和成本降低，运输企业的竞争能力不断增强。截至2010年底，陕西省全省拥有道路旅客经营业户539家，比2005年减少了7199家，高速公路客运班线全部实现了公司化集约化经营，有效降低了运输企业能源消耗和运输成本。与此同时，陕西还重点发展安全舒适型客车、大型专业化货车、节能环保型车辆。截至2010年底，全省道路运输系统已淘汰老旧车辆7097辆，提升了道路运力的整体技术水平，取得了经济收益和节能减排工作的双丰收。优先发展公交系统，倡导低碳交通消费模式。把城市"公交优先"放在重要的战略地位，结合城乡一体化战略的实施，采取城市公交下乡，短途公路客运班线进城，推行公交化管理，促进城乡客运一体化。

改造低质量船舶，水路运输节能减排工作不断加强。建立了陕西省水路交通运输行业节能减排检测考核体系。开展耗能高的低质量船舶的专项治理活动，强制改造耗能不合格船舶245艘，强制报废104艘。优先选用能耗比低、污染物排放量小的新型船用柴油机，积极探索液化石油气、液化天然气和电力等清洁能源为主的新型船用动力系统。通过建立健全船舶节能设计规范、评价体系和技术标准，大力发展船舶节能新技术。对船舶航行过程产生的油污、生活垃圾、生活污水集中收集并处理。

全面推进港口技术改造工作,加大老码头更新改造力度,提升现有码头设施的专业化和现代化水平,提高港口通过能力和生产效率,降低港口生产能耗水平。

利用天然气资源储藏丰富的优势,在有条件的市县大力推广使用清洁燃料客车。目前全省客运线路已投放双燃料和天然气车辆316辆,西安市油气两用和纯天然气公交车达到93.8%,出租车中油气两用车占到了99.5%,出租车尾气排放全部达到欧Ⅲ标准,做到了经济效益和社会效益双赢。在高速公路推广ETC收费模式,到2010年底全省高速公路已建成ETC车道44条,减少了汽车停留时间,达到了减排目的。推广公路隧道节能技术,省高速集团对汉宁线贺家峡等8个隧道进行照明系统技术改造,使节电率达到了20%,有效节约了资源。推广路面再生技术,省交通集团绕城分公司在养护生产中采用CAP完全封层、沥再生、ERA-C等路面再生技术,及时处理公路病害,延长公路使用寿命。西安公路研究院联合省公路局自主研发的沥青混合料微波加热车,不仅减轻了工人的劳动强度,降低了路面养护成本,而且具有高效、环保、节能、低污染等优点,总体达到国际先进水平。

(二)陕西交通业减排途径

1. 优化交通网络,调整碳排放结构

在新型城市化发展的要求下,交通体系建设必须考虑到居民日益增长的对舒适性和可达性的要求。在交通系统能源使用优化的理念下,转变交通模式,优化交通网络,对私人机动交通出行量、交通出行方式产生影响,通过改变公共交通和非机动交通在城市交通结构中的比重实现低能低碳排城市交通模式。

2. 构建紧凑城市空间,加强土地利用耦合

交通系统是城市空间、功能和社会系统的媒介。交通结构的各种要素不是交通系统的内部变量,而是与系统外的城市空间因素密切相关。通过改变城市公共空间的布局、公共设施的供给和道路网络的使用条件,能够直接影响城市交通结构。在合理的土地开发形态和城市空间结构下,城市交通的供应和需求得以形成动态的耦合平衡,并以最低的空间阻抗为此生态经济的交通体系,从根本上实现低碳机动化。

3. 优先发展小排量汽车

在交通工具选择上,鼓励优先发展小排量汽车,加快小型汽车的技术升级。小排量汽车车体轻、耗油少、排放量较低。资料显示,经济型轿车二氧化碳排放为134克/公里,中高档轿车为148~161克/公里,高档豪华车为198克/公里。中国在2006年已经调整了汽车消费税,根据不同排量制定了不同的税率表(见表8-3)。

表8-3　　　　　　　　2009年汽车消费税率

汽车类型	税率
1.0升(含)以下	1%
1.0~1.5升(含)	3%
1.5~2.0升(含)	5%
2.0~2.5升(含)	9%
2.5~3.0升(含)	12%
3.0~4.0升(含)	25%
4.0升以上	40%

资料来源:根据国家税务总局,2009年消费税税目税率表整理得出。

4. 强化节能技术应用,推广新型交通工具

研发和使用先进电动汽车,超高效柴油和混合燃料,氢动力和生物质燃料汽车,从排放源头遏制环境污染。同时,通过对新型公交系统的设计和规划,大力发展非机动车交通体系和公共交通,开发利用替代材料和替代能源、可再生能源利用技术、非交通运输的替代方式等,以有效的新技术加快减碳的实现。

5. 坚持低碳政策取向,完善低碳法制保障

采取管制手段,充分发挥政府和规划部门对城市发展的导向作用,通过排放限额、排放标准、供电配额等方式对碳排量进行直接控制。采取财政手段,通过制定能源环境相关税收政策、补助政策等,通过价格杠杆引导低能低排放的交通方式。推广碳排放交易,在机动车排放限额的基础上进行直接管制和经济激励相结合的减排手段,降低全社会的减碳成本。

6. 引导居民低碳意识，鼓励社会节能措施

加强公共的低碳意识教育，培养社会的低碳交通理念，鼓励市民积极参与到低碳交通建设中来。一方面，引导居民采取自行车、电动车、公交车和步行等低碳交通方式出行，降低自身碳排放。同时，合理进行路权分配，设置公交专用道，引导自行车等低碳交通工具与城市轨道交通的无缝连接，鼓励公共交通发展。

（三）陕西交通部门减排对策

交通运输系统是节能减排的大户，也是节能减排的重点行业。如何改变人们以前对节能减排工作"说起来重要，干起来次要，忙起来不要"的错误认识？需要各级交通运输部门转变观念，创新机制，积极转变交通运输发展的工作思路，有计划、有步骤地深入开展节能减排活动。坚持每年开展节能减排宣传周活动，先后开展了客货运企业节能典型示范活动、十万名营运车辆驾驶员节能竞赛活动，参加了交通运输部组织的"车、船、路、港"低碳交通运输专项行动等。通过悬挂宣传标语、散发宣传单、制作宣传展板等多种形式广泛宣传，促使各级领导和交通运输系统职工进一步明确节能减排工作形势，提高对节能减排的重要性和紧迫性的认识，自觉地把节能减排作为一个重要的理念贯彻到全省交通设施建设、运输生产、行业管理的各个环节。

1. 建设高效的综合交通换乘枢纽

居民交通出行时间一般包括在途时间和等车换乘时间，而等车换乘时间占有相当大的比重，这也是很多市民选择私人汽车交通的首要原因。因此，如何将交通枢纽与道路交通统一规划设计，使换乘乘客的交通等候时间和换乘距离尽可能缩短，也是低碳可持续交通发展的重要方面。以日本东京为例，该城市是世界人口最多的城市，缓解交通压力的主要措施之一就是建设综合性交通枢纽，综合性交通枢纽有效地将高速铁路、城市轨道交通、地面公交、汽车停车与城市商业布局有机地联系起来，既缩短了乘客的换乘时间，方便乘客活动，也有效地提高了土地利用率及交通节点处的交通安全性。

2. 中心区边缘设置大型停车场，多手段引导中心区公共交通的利用

设置中心区边缘大型停车场和换乘中心，使市民在进入高密度城市中心区时进行公交换乘；同时，政府通过法律法规、地方行政法规等政策调整来限制中心区机动车数量、引导公共交通的利用。如伦敦实行的"拥堵收费"、减少市中心停车位、提高停车费用，欧登塞对市民购买轿车收取高额税率，中国部分城市实行的汽车牌照拍卖、提高油价及燃油税来限制小汽车的使用，提高私人小汽车在市区运行成本，采用限行日出行、时段禁行、车种禁行、转弯禁行等禁行交通策略，减少车道上机动车数量。还可借鉴国外多占位车辆（HOV）优先政策，或鼓励单位通勤车，从而引导中心区公共交通的发展。

3. 积极发展自行车、步行系统，提高自行车服务业水平

步行、骑自行车是常用交通方式中零碳的交通方式，但由于该方式只适用于短距离交通，国内很多城市自行车、步行系统不完善，道路功能混乱，行人、骑车人交通安全不能得到保障，市民出行往往选择其他非零碳的交通方式。首先，应建立自行车专用道路系统、完善步行系统，使机动车与非机动车分流，提供安全、舒适、高效的自行车通行环境。同时，在换乘点合理配建自行车停车场，实现与公共交通的无缝连接，引导自行车作为有价值的接驳工具与轨道等公共交通相连接，使市民短距离出行更愿意选择自行车或步行。如丹麦欧登塞建设了510多公里的自行车专用道，平均每一个常住居民拥有超过3米的自行车道。其次，建立完善的自行车租赁和服务网络。如丹麦欧登塞自行车的服务业非常发达，骑自行车者享受众多"便利"；德国的不来梅拥有42个自行车俱乐部、网点密布各街区，取代了1000辆私家车。完善的自行车租赁和服务网络是保障低碳（零碳）交通或公共交通方式得以顺利实施的基础。

总之，要实现交通运输业的可持续发展，达到节能减排的目标，我们必须优化资源配置，转变交通运输业的发展模式，由粗放的交通运输业消费模式转向集约、节约型的交通消费模式。不断优化资源组合、提高利用率。倡导可持续发展的理念，真正实现交通运输部门的节能减排。

二、陕西建筑业低碳化研究

（一）陕西建筑业低碳化发展现状

1. 什么是低碳建筑

低碳建筑是指建筑具有可持续发展的特性：节能减排，最大限度地减少碳源（温室气体的排放），同时增加碳汇（吸收空气中的二氧化碳），减少总的碳排量，从而减轻建筑对环境的负荷；与自然环境的融合和共生，做到人及建筑、自然的和谐、持续发展；提供安全、健康、舒适的生活空间。从低碳建筑的内涵上看，绿色建筑、生态建筑也是低碳的，可以说，低碳建筑的建设和发展并不是一个全新的领域，只是在低碳经济时代，低碳的概念及碳交易市场促使了低碳建筑概念的形成，低碳经济加速了低碳建筑的发展。

2. 陕西建筑业碳排放现状

随着人口的快速增长、人类生活水平的不断提高，人类对居住环境的要求无论是从数量上还是从质量上都越来越高，从表8-4可以看出变化。建筑需要消耗大量的资源，并常常以破坏环境为代价，如土地资源和能源资源被占用、森林被砍伐、矿产资源被消耗，同时在建筑的过程中伴随着其他环境污染，如噪声、粉尘、挥发性气体、辐射、水资源被污染等。如何解决上述这些环境问题，并且最大限度地满足人类对居室内部环境的舒适性和对外部环境的优美要求，必然成为新的课题，低碳建筑正是在这种情况下产生的。

表8-4　　　　　　　陕西建筑业能源消耗情况

年份	能耗量（万吨标准煤）	原煤（万吨）	汽油（万吨）	煤油（万吨）	柴油（万吨）	电力（亿千瓦时）
2005	57	54.3	—	—	8.6	4.66
2006	78	66	—	—	15	7.13
2007	31	12	14.3	—	1.1	8.88
2008	125	22.95	5.69	0.21	56.45	9.37
2009	92.7	23	6.82	0.25	35	12.1

续表

年份	能耗量 （万吨标准煤）	原煤 （万吨）	汽油 （万吨）	煤油 （万吨）	柴油 （万吨）	电力 （亿千瓦时）
2010	127	31.5	9.5	0.36	48	16.46

资料来源：《中国能源统计年鉴》（2006~2011年），《陕西统计年鉴》（2006~2011年）。

2005~2010年，建筑业的电力消耗不断增加，从2005年的4.66亿千瓦时增长到2010年的16.46亿千瓦时（见表8-5）。

表8-5　　　　　陕西碳排放总量以及建筑业碳排放量

年份	碳排放量 （万吨）	标准煤 （万吨标准煤）	建筑面积 （万平方米）	建筑业GDP （亿元）	碳排放总量（万吨）	建筑业碳排放所占比重
2001	112	83	2225.19	298.8	2112.54	0.053017
2002	113	85	3325.04	256.77	2398.79	0.047107
2003	126	97	3897.19	210.22	2760.13	0.04565
2004	109	77	4004.71	246.63	3308.29	0.032948
2005	92	57	4563.92	295.68	3809.81	0.024148
2006	122	78	5446	346.48	4255.58	0.028668
2007	38	31	6741.82	420.14	4598.72	0.008263
2008	153	125	7843.73	548.13	4955.16	0.030877
2009	120	92.7	9046.32	735.17	5534.56	0.021682
2010	165	127	11490.67	887.13	6069.84	0.027184

资料来源：《中国能源统计年鉴》（2002~2011年），《陕西统计年鉴》（2002~2011年）。

2001年以来，陕西建筑面积不断增长（见图8-1），从2001年的2225.19万平方米增长到2010年的11490.67万平方米。然而建筑面积的增长并没有带来碳排放的增长。并且，2001年以来，建筑业所占的碳排放比例有着下降的趋势，这表明建筑业的技能减排取得了一定的成果。这主要是由于施行《陕西省建筑节能条例》，其为加强建筑节能管理，降低建筑能耗，提高能源利用效率，促进节约型社会建设提供了法律依据。《关于加强农村建筑建材节能工作的通知》《关于做好2008年建设领域节能减排工作的通知》等文件的颁布实施，对建筑节能工作做了周密部署，提出了开展建筑节能工作的指导思想。然而当前，实现经济社会的可持续发展，必须进一步推进建筑领域节能减排工作。开展建筑节能工作首先应下大力气抓好新建建筑，全面执行建筑节能设计标准。

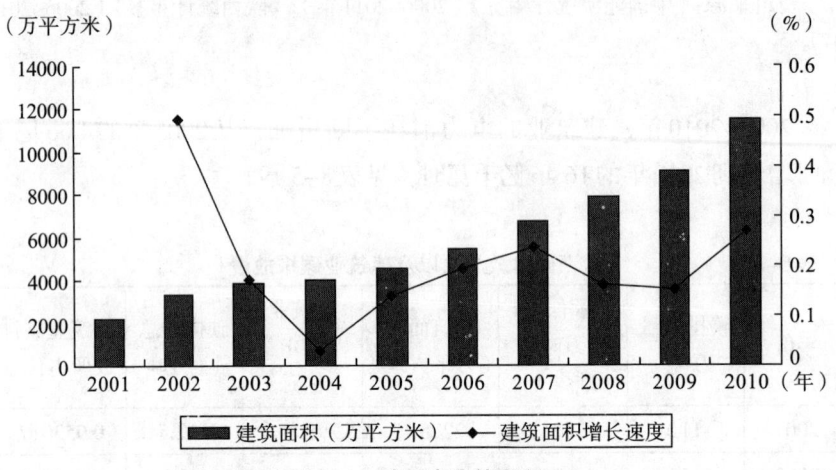

图8-1　陕西省建筑面积

（二）实现低碳建筑的途径

1. 低碳节能建筑明显地降低了能量的消耗

建筑物在建设和使用过程中消耗能源大于50%，同时生成34%的污染物。低碳节能建筑能有效地减少能耗，据统计数据，低碳节能建筑的耗能与一般的建筑相比能耗降低超过70%。

2. 低碳节能建筑再现新型建筑艺术

传统的建筑采用的是商品化的生产技术设计和建设过程。低碳节能建筑突出强调了将本地的文化和原材料融入建筑设计之中，不违背当地的自然和气候条件，展现出本地风格并形成新的建筑美学。

3. 低碳节能建筑适应四季之景

传统的建筑很多与自然环境是相冲突的，室内空气不流通，这对身体的健康是不利的。低碳节能建筑设计内部与外部是连通的，根据气候变化，对室内环境进行自动地过渡调节。

农村住宅建筑节能，不容忽视。在近几年社会主义新农村的建设过程中，村庄建设量逐步加大。通过对陕、甘、宁、青四省村镇建筑节能及改善室内热环境关键技术研究调研，我们发现农村现有住宅建设在规划、设计方面存在盲点，节能问题更无从谈起。多数农村住宅不能满足《民用建筑热工设计规范》要求的最低水平，存在耗能高、室内热环境舒适度差的特点。据统计，陕西农村既有建筑住宅面积54009万平方米，其中，混合结构18410万平方米，占34%；砖木结构22373万平方米，占41%；其他结构（土草房、窑洞）13226万平方米，占25%。围护结构墙体普遍以粘土实心砖为主，门窗主要采用木制门窗，屋面普遍较单薄，围护结构、保温隔热整体性能差，热量散失快。在冬季平均室温普遍只有10度左右，与城市16~20度的平均室温有明显差距。而农村建筑单位能耗高达30~40公斤标准煤，为城市建筑单位能耗的1.5~2倍，每年陕西农村建筑能耗1620万~2160万吨标煤。如果现在不开始注重农村住宅的建筑节能普及，将会直接加剧能源危机，给陕西经济社会可持续发展造成严重障碍。党的十七届三中全会就"三农"问题做出了重要决策，其中也将加强农村基础设施和环境建设作为农村发展的一项重要目标任务提了出来。因此，在近几年社会主义新农村的建设过程中，新建农村住宅的规划、设计、节能技术的应用及其推广就显得愈来愈重要了。

长期以来，中国农村建设处于粗放式发展状态。由于观念、认识、技术力量等多方面原因，在建设中还存在村庄布局与建筑形态缺少品质与特色，千村一面现象；基础设施建设盲目套搬城市模式，村内道路过宽，路灯过高过密，建广场、追求大草坪；重形式、轻功能，重体量、轻质量等问题。因此，农村住宅的规划、设计、建设和能耗问题不容忽视。而科学规划是村庄建设的前提和基础。设计是规划意图的实现，是完善功能、提高效果、增加安全、改善舒适性、提高投资效益、提升建筑品质。

制定规划应立足现实、着眼未来、统筹兼顾，充分考虑农村经济与城镇化的未来发展。要把节能省地的理念贯穿于规划、设计、房屋与基础设施建设、环境与绿化建设的全过程，这直接关系到农村建设的可持续发展。要因地制宜，彰显特色。例如在陕北和关中地区的生土建筑已有悠久的历史，主要表现形式为窑洞建筑和土坯屋，具有就地取材、造价低廉、建设和维修简便、节约能源、能较好保护环境等特点。要积极推动可再生能源技术在建筑中的应用。鼓励农民使用太阳能热水器。要因地制宜开发并推广农村所需节能型建筑材料。在陕北和关中地区应发挥粘土资源丰富的优势，生产高性能的空心砖和多孔砖，在陕南地区利用当地的砂石资源发展自保温混凝土砌块。积极推广太阳能、沼气、秸秆气、中水与雨水等再生资源在建筑中的应用。

若农村既有建筑逐步通过节能改造，全部达到节能30%~50%的要求，陕西每年可节约486万~1080万吨标煤；农村新建建筑每年竣工面积约1500万平方米，按节能30%~50%的要求建设，每年又可节约18万~30万吨标煤。

（三）低碳设计理念及途径

1. 低碳建筑设计的原则和指导思想

要注重"低碳节能"的思想，要在思想上树立节能意识，并且合理运用低碳节能技术。要积极挖掘和利用低能耗资源及自然资源来做好低碳节能建筑设计；低碳节能建筑设计的特点在于符合建筑整体设计。从当地的文化内涵深度发掘不同建筑类型的特点，整合并完善建筑使用功能，设计出适合本地生态环境的建筑技术，提升整个建筑的文化品质。

2. 材料选用

在中国每年大量的能耗中，建筑能耗占40%，要真正实现节约能源，建造可持续建筑；低碳的建材对低碳建筑的实现有着非常重要的作用。既要减少排放，又要节约能源。所以要通过低碳设计来实现低碳技术和零碳技术乃至负碳技术策略，实现低碳、零污染、高效率可持续发展目标。

（1）太阳能。太阳能在建筑上的应用分为光伏发电和太阳能热水系统。前者是利用半导体界面将光能直接转换为电能。可以将光伏电池板作为建筑元素与楼顶、墙面、阳台和窗户有机的结合，构成一体化设计。

（2）风能。传统的建筑，室内设计是密闭的，对空调有较强的依赖性。节能建筑则是较好地利用自然风让房间清新如田野。节能建筑的自然通风不仅是完全靠自然风的流动来调节室内空气流动，保持空气的清新度；而且还要借助无动力屋顶通风设备来调节风流和风速。后一种能长期保持良好的工作状态，它是利用无动力通风设备，不需要维修。

（3）地热。地源热泵系统是将土壤、地表水和地下水等变为冬季制热的来源及夏季制冷的来源，它是一种利用浅层地热能，借助热泵机组实现向建筑物热量和冷气的供应，同时还可以制备生活用热水，是一种新型的中央空调系统。

（4）植被。植被可以吸收辐射，不但能非常有效地遮阳，还可以有效降温。此外植被产生空气压差，能改变风速强度，改变气流方向，来导引绕开建筑物或气流进入。植被在光合作用的过程中能吸收太阳辐射，从而使周围环境变得凉爽。在墙面绿化上也是采用以上原理，强烈阳光直射面爬满绿色藤状植物，减少对墙面的照射，降低外墙表面温度，以此来保证室内温度稳定。

3. 主动建筑低碳设计

建筑立面选择素混凝土，既节省了一次性瓷砖贴面、花岗岩大理石和粉刷层，也避免了开采石材时对大自然造成的人为破坏；为了减少在运输过程当中对能源造成的浪费，水泥可以就地取材并且搅拌成混凝土。

4. 被动建筑低碳设计

在建筑中，外围护结构的热损耗较大，在外墙使用外保温，使用中空玻璃，使用保温屋面，是建筑节能的主要实现方式，以此提高能源利用的效率并优化能源系统。

5. 利用节能建筑围护构件

为了更好地满足透光、通风保温、隔热等各种需求，应更好地利用新的建筑围护结构部件，根据外界条件的变化改变其物理性能，达到维持室内良好的物理环境、同时降低能源消耗的目的，这是实现建筑节能的最基础技术条件。其主要涉及的产品有：屋顶保温和隔热、外墙保温和隔热、热物理性能优异的外窗和玻璃幕墙、智能外遮阳装置以及基于相变材料的蓄热型围护结构和基于高分子吸湿材料的调湿型饰面材料。尤其是通风型屋顶产品、通风遮阳窗帘的使用、外墙外保温可通风装饰板都大大提高了产品的质量，同时又降低了建筑运行成本。

6. 智能系统的优化设计

利用建筑智能系统化技术实现低碳建筑的目标，发掘现有建筑智能化系统的节能降耗的内在潜力，主要通过建筑设备管理系统对建筑环境参数及空调、电梯等机电设备进行实时监测与控制，在满足当前需求的前提下，优化运行设备，减少设备开启台数和运行时间以节约电能，从而减少发电厂对大气污染物的排放，以保护环境。

（四）陕西建筑业低碳化对策

1. 节能减排相辅相成，缺一不可

节能减排是一个系统工程，主要包含节能和减排两个重要方面，这两方面相辅相成，缺一不可。节能是我们当前工作应抓住的重点，减排也不可掉以轻心，要做到两手并抓。尤其是对一天生活污水量达到1000吨左右的小城镇，在经济条件许可（具备）情况下均应建设污水处理厂，不能将未经处理达标的污水直接排入河流。一天生活污水量不足1000吨的小城镇不具备建设污水处理厂条件的，可进行生态处理的方法（如利用污水池种植植物等）将污水沉淀过滤、生态净化后达标排放。

具备条件的城镇，对生活垃圾均应设置集中填埋厂，陕西大中型城市还应对垃圾分类收集，回收利用（再生重复利用、垃圾发电等）。随着城市建设、城中村改造，建筑垃圾的量也愈来愈大，应针对此开展相应的研究工作，使建筑垃圾得到充分的再次利用（如生产新型建筑材料，以及在建筑地基处理、交通道路建设中利用）。建立建筑节能的技术支撑体系要充分发挥陕西科技的优势，探索院校、科研单位、企业之间优势互补、成果转换的科研攻关和科技创新的模式，完善创新体系链。尽快建立陕西省建筑节能重点实验室、陕西省建筑节能技术中心，以此为依托大力开发节能减排新技术、新产品，积极推进产学研相结合的节能减排技术创新体系建设。重点发展建筑围护结构节能成套技术，加大对外墙外保温等相关问题的研究解决力度，发展隔热保温、轻质高强、环保利废、节能节地的新型墙体材料。加大开发利用可再生能源的力度，重点做好太阳能、地源热泵、热电冷三联供技术以及沼气和风能的推广应用。建立陕西省建筑能效测评机构，加快建筑节能检测技术、节能产品的检测技术的研发工作。

2. 加大投入力度，推广示范项目

要加大陕西省节能投入力度，重点支持节能重大技术改造项目和示范项目；推广节能减排新技术新产品产业化、规模化应用项目；淘汰落后的高耗能设备、落后生产能力项目；鼓励可再生能源开发利用项目；以及节能标准体系，能源监测能力及服务体系建设项目。示范带动，以点带面，带动全省节能减排工作的发展。

3. 加大宣传力度，倡导行为节能

加大节能宣传的力度，通过媒体、画册宣传、专家咨询、知识问答等多种形式，使节能意识深入人心，成为每一个公民自觉的行动，从生活的点滴做起。与需要大量研发投入的技术节能相比，行为节能可谓举手之劳。例如，自觉减少办公电器设备待机时间。家庭中也可以通过使用节能电器、更换节能灯具、节能马桶达到节约用电、减少二氧化碳排放量的目的。节能减排工作和资源、环境与可持续发展休戚相关，关乎子孙后代的福祉。当前，我们面对的节能减排形势严峻，箭已在弦，我们必须迎难而上。面对建设领域节能减排工作的重任，我们必须咬定青山不放松，实现我省经济发展与节能减排的双赢。

第九章

陕西消费低碳化路径与潜力分析

一、低碳消费概念及其构成

虽然哥本哈根会议已经结束，但是低碳生活已经成为人们生活中的热议话题。为了保护自然环境以及濒临灭绝的动植物，建立绿色生活方式，低碳消费以及低碳生活已经迫在眉睫。低碳经济目前已经成为经济发展的最优模式之一，它被界定为一个新的经济、技术和社会体系，与传统经济体系相比在生产和消费中能够节省能源，减少温室气体排放，同时还能保持经济和社会的持续发展。发展低碳经济不仅仅需要制造部门减少能源消费，高污染及淘汰落后生产能力，也需要政府部门引导公众去反思诸如浪费资源，污染等一系列不良习惯，这样才能发掘出公众日常消费以及生活中的巨大潜力，最终促使人们转向低碳消费方式或者可持续的生活习惯。因此，为了发展低碳经济，我们必须提倡低碳生活以及低碳消费。

低碳消费是经济发展中非常重要的一个环节，它起到了承上启下的作用，通过消费可以引导工业生产，并且能够在市场上进一步推动低碳生产。低碳消费最初的研究始于20世纪70年代初，主要是针对能源保护，以及如何鼓励人们减少能源消耗。到了80年代末，研究的重点转变为各种节约能源的行为，以及人们对于能源使用结果的反馈信息。在20世纪90年代末到21世纪初，可持续发展和气候变暖成为人们研究的热点。学者们更多的考虑绿色运输，循环利用等。但是随后又有学者发现消费者在低碳态度和低碳行为上不一致。从而盖勒（Geller）认为应该在信念和态度上促使消费者向低碳消费方式转变,并且他认为这种转变具有长期性。总体来说,低碳消费行为的研究重点一直是如何减少人们高能耗,高污染,高排放的消费模式。

低碳消费主要是指当代消费者为了社会及子孙后代的长远发展追求低污染、低能耗、低排放的消费方式,它是基于社会文明、科学及健康的生态消费方式。低碳消费反映了一个国家的思想、价值观及行为方式,它的本质就是消费者选择式做出决定的过程,以及实际生活中发生的买卖消费行为。这种消费方式代表了人与自然,社会经济与生态环境的和谐发展的理念。

(一)低碳消费生活方式的特征

现代社会,由于消费结构不断优化升级,消费水平以及能力大大提高,给人们带来极大满足的同时,也给环境造成了一些负面影响。消费的高碳化,给气候带来了严重的损害,环境日益恶化。因此,我们应该发展一种新型的消费生活方式,既不影响人们的消费水平,同时保持低碳化。

首先,消费结构低碳化,在微观层次上是通过消费促进人的全面发展,主要是指消费者衣食住行等各种消费中低碳消费商品的数量增加。宏观层次上主要是指日常的生产和生活所排出的CO_2数量级有所降低。

其次,低碳消费是一种资源节约的生活方式。要求人们从人与自然和谐共存的角度出发,把消费方式从奢侈型转向生态型,不浪费有限的自然资源,把社会整体消费水平控制在自然资源承载能力范围之内,并且坚持可持续发展观。

最后,低碳消费重点关注如何实现气候目标。它要求每个人都必须从自身做起,从小事做起,承担起社会责任和道德责任,最终实现社会主义物质文明,精神文明和生态文明。

(二)低碳消费行为研究综述

目前对于低碳消费行为研究最为广泛的是社会心理学领域,即通过行为干预形成低碳消费行为。他们不但能帮助人们理解低碳消费行为的心理和社会因素,而且能够提供一定的证据证明行为改变的可能性。行为的改变虽然比较困难,但是可以通过一定的条件以及措施来改变其行为（徐国伟，2010）。刘宁认为亲环境态度并不等于亲环境行为，能源节约行为研究证明具有高度亲环境态度的消费者在社会结构中往往处于较高的阶层，但是其能源消费水平却是最高的（Gatersleben，2002）。习惯在改变行为中起到了重要的作用，因为即使某些消费者具有低碳消费的价值和意识，但是由于习惯的行为锁定性，造成了消费者的行为不一定是低碳。即低碳理念和低碳行为会有冲突。虽然习惯难以改变，但是如果改变外部条件，加大亲环境行为的频率，并且正强化这些行为，最终有可能建立起一个更好的习惯。英国实施的家庭行为方案采取通过家庭会议方法来讨论能源节约和交通出行等环保议题，最终形成新的低碳消费习惯（Jackson，2006）。说服与社会学习理论进一步说明了外部条件如何影响个体内部因素。该理论认为外部信息会改变消费者的态度，继而改变行为。但是取决于外部信息的可信度以及条件的说服力。

赵敏从保护消费者身体健康以及社会责任角度出发，提出了优化低碳消费结构的几种途径。张浩等基于消费心理学，探讨了消费偏好的形成机理，并且指出低碳认知是形成低碳偏好的重要动因，提出了基于信息认知的低碳消费偏好引导路径。

郑林昌等针对低碳经济的内涵，设计了低碳经济发展水平指标，并且进行了综合评价，得出中国低碳水平东高西低，南高北低的格局，并且不同省份之间有着明显的阶段性。其差异化是能源分布、能源利用、发展水平等多种因素综合作用的结果。

二、陕西低碳消费现状以及区域比较

面对全球发展低碳经济的背景，陕西省尽可能减少碳排放，2007年陕西省万元GDP能耗比2006年下降4.5%，相当于节约能源645万吨标准煤，减少CO_2排放1451万吨。但由于陕西仍是一个欠发达省份，加快低碳是当前和今后的主要任务，在实际发展中仍然存在一定障碍。生活能源消费主要是指日常生活吃穿住行等所消耗的能源，和居民日常消费有密切关系。低碳消费中CO_2排放的主要来源为生活能源消费,因此研究将以生活能源消费作为主要依据。

自从1998年"低碳概念"被提出,已经被众多消费者所熟知,但是能够真正认识低碳,崇尚低碳并且实践低碳消费的人可谓少之又少。大概有以下两个方面的原因:第一,多数人对于低碳经济以及低碳生活的理解有偏差。据北京网络媒体协会推出的《网民低碳生活报告》显示,在低碳的生活实践中,网民态度和准确认知不匹配,网民虽然对于"低碳"态度积极,但是准确认知度低。其中有97.8%的网民认为,低碳与我们的生活息息相关,并且92.4%的人认为,应该提倡低碳经济;仅有10.5%的网民能够准确认知低碳概念。第二,低碳实践存在较大困难。虽然很多消费者认为这些行为均是高碳行为,但是由于习惯等原因较难更改。例如,对于一次性筷子和塑料袋的使用,明知是高碳行为,却难以祛除。政府对于低碳经济和低碳生活等口号也是仅仅停留在纸面上,没有实质性的行动,如政府的形象工程、游乐场所的构建等,并没有将低碳上升为内在的文化。

从图9-1中可以看出陕西省生活能源消费碳排放从2001年的1979万吨增加到2011年的7289万吨,年均增长率为13.92%。2005年以前一直低于全国碳排放的平均水平,陕西省碳排放低于全国平均水平大约1200万吨左右,从2006年开始,陕西省碳排放首次超过全国平均水平,并且在随后几年开始缩小碳消费差距,2010年和2011年亦超过全国平均水平。这一方面说明陕西省经济发展开始加速增长,居民生活及消费水平大幅度提高,但同样也说明了陕西省面临着低碳减排的严峻考验。图9-2反映了陕西省乡村及城市电力消费情况。由于陕西省是以煤发电为主,水能和风能等其他能源为辅,因此电力消费可以反映出居民碳消费的一个方面。乡村电力消费从2000年的12亿千瓦时增加到2011年的52亿千瓦时,年均增长率为14.21%,城市电力消费从2000年的21亿千瓦时增加到2011年的78亿千瓦时,年均增长率12.54%。其中2000~2005年乡村年均增长速度为9.09%,城市11.54%;2006~2011年乡村年均增长速度为18.65%,城市13.39%。与图9-1中陕西碳排放从2006年开始有大幅度增长相互印证。

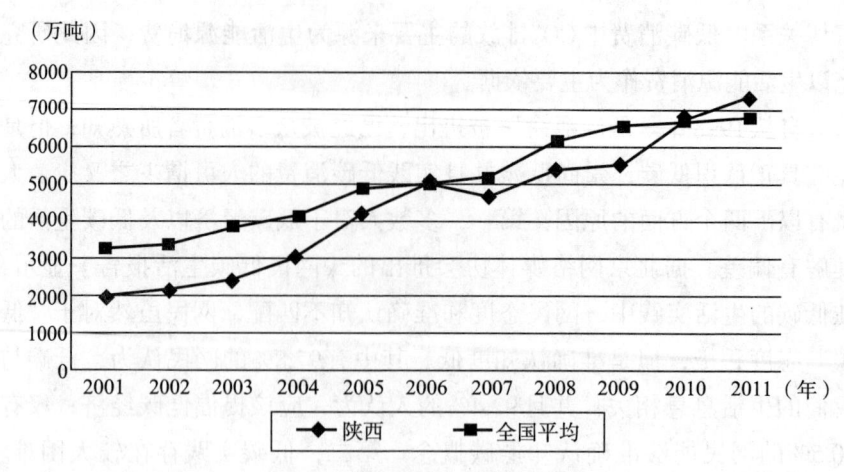

图9-1 生活能源消费碳排放

资料来源:《陕西统计年鉴》《中国统计年鉴》。

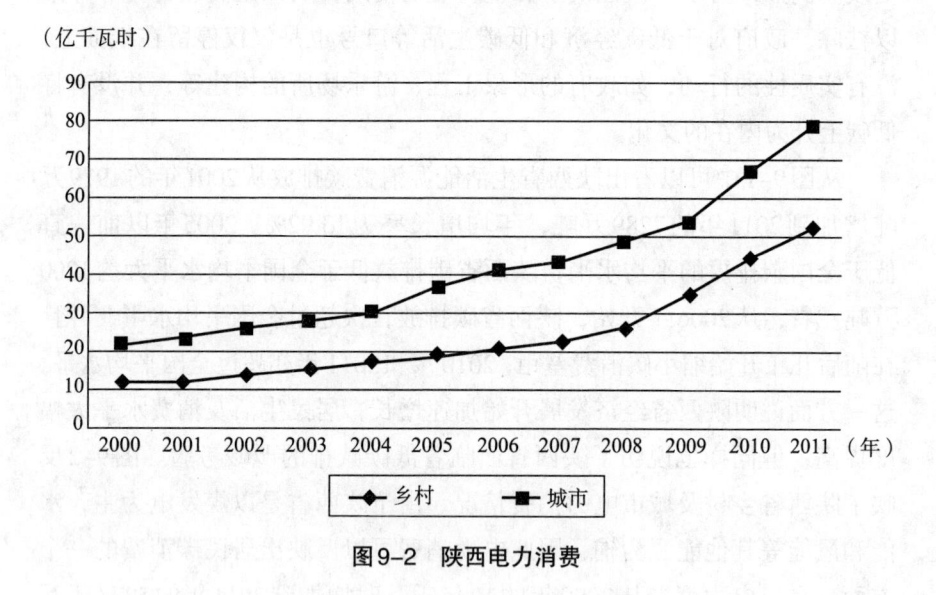

图9-2 陕西电力消费

三、消费低碳化的主要途径

消费者的消费方式可以反映其消费生活特征、消费价值观以及偏好和生活习惯等。但是在实际消费中,由于习惯偏好等内在的原因影响消费选择，同时因为消费者对于不同商品的选择必然会引导厂商生产不同的消费品，因此，最终会引导着不同的经济发展方式。综上所述，通过对消费需求的引导可以推动厂商向低碳商品方向改进。从而实现整个经济的低碳循环发展，因此，仅仅推动低碳经济是不够的，还需要从消费角度进行全新的阐释，实现减排目的，进而实现经济的健康发展。

（一）树立低碳消费观，培养低碳消费习惯

胡锦涛在2007年参加APEC会议时，提出"不仅要发展低碳经济，还要加强宣传教育，提高公民节能意识"。进行宣传和引导，利用电视、报纸和其他媒体等多种形式有针对性地宣传低碳消费的必要性和重要性。倡导公民"绿色消费"的环保责任，培育市民的低碳意识，营造文化氛围。通过宣传和引导，让低碳消费成为一种习惯。购买绿色产品、进行垃圾分类、使用节能电器等，从细节做起，长久下来就能达到低碳效果。

消费由其主体区分可分为个人消费，家庭消费，与企业消费。随着中国经济的不断发展，人民的生活也越来越富裕，一些并不必要的浪费、奢侈之风也开始显现。这与低碳经济、低碳消费的本质背道而驰。因此促进消费方式的转变，将奢侈性消费变为节约型消费，最重要的一点是让居民、企业了解到文明消费、低碳消费是一种高尚情操，一种可贵的精神。我国正处于快速的城市化进程当中，人民的消费理念、消费习惯有了非常大的改变。良好的消费方式是个人素质与优秀企业理念的体现，每个有社会责任感的人都应极力做到。与此同时，为了迎合低碳城市建设的春风，对消费方式的正确引导是至关重要的。为了让中华节约的美德继续发扬，让低碳城市的建设更加顺利，笔者认为应从以下几方面加以考虑。

第一，引导个人文明、节约消费，让每个居民都了解到其内在含义。人从本质上来说是贪婪的，随着生活逐渐富裕，从已有的满足自身基本需求的消费渐渐变为了满足自身欲望、对物质无穷无尽占有的这么一种病态的消费观。这种消费观毫无疑问会造成社会各方面资源浪费，进而直接增加能源消费与碳排放量。因此，引导个人文明消费，弘扬节约、不铺张浪费的美德是至关重要的。当所有人都接受这种绿色的消费理念时，就会认识到奢侈是一种错误，积少成多，减少碳排放、保护环境的结果会非常可观。

第二，倡导家庭合理消费，将低碳消费思想传播到每家每户。家庭是人类社会活动最基本的单元，其承担着生产、消费和教育等功能。个人最初的消费观念就来自于家庭潜移默化的引导，因而节约的家庭消费意识对于下一代人优良消费观念的培养是极其重要的。倡导家庭合理消费、绿色消费，引导家庭单元将原有不良消费观念摒除对于低碳城市的建设是不无裨益的。

第三，大力弘扬企业低碳生产与消费，支持环保型企业。企业肩负着生产和供给社会生产生活所需的产品和服务的任务，是市场经济最为活跃的主体。要想让企业实现循环生产的目标，就要对领先的环保类企业给予政策支持与优惠。从而使得企业愿意引入先进污染处理系统设施，激励企业通过新技术的开发、进步使得能源消耗量最大程度的减小。只有这样做，企业低碳、环保的生产体系才会逐步建立，最终完成低碳化的宏伟目标。

（二）优先发展交通运输业

交通运输系统是国家转运物资、人类出行必不可少的工具，同时更是城市各系统之间得以交流、流转的纽带。交通系统由于其特殊性，无可避免会产生大量二氧化碳。有关研究显示，交通运输系统产生的二氧化碳仅次于工业，美国交通运输系统温室气体排放量占比为28%，欧盟平均为21%，由此可见，交通运输系统是温室气体排放的重要来源。为此，城市道路规划研究方面，应注重交通方式的调整，使得交通系统变得更有效率，从而减少额外的碳排放量。

第一，城市建设应大力发展公共交通，让城市的交通运输更有效率，能源利用价值更高。公交车、私家汽车、轨道运输、出租车、自行车和步行等，目前均已成为我国最主要的交通方式。在这些方式中，公共交通是最节能的。据有关资料研究发现，当小汽车每百公里的平均能耗设为单位1时，公共汽车是8.4%，无轨电车为4.4%，有轨电车为3.4%，地铁为5%。由此可见，以公共交通为主的交通运输方式是最合算、最低碳的形式，此种交通格局对碳排放减少效果最为明显。迎合此意，我们可以大力发展大运量的快速公交系统（BRT）。

第二，努力让城市空间规划尽量紧凑化，减少不必要的交通运输里程。城市变得紧凑可以让城市建筑物聚集程度变大，伴随空间的减少，城市建筑物也会增加建筑高度,这样一来有助于减少城市用地,缩短交通运输距离,从而减少不必要的碳排放,降低能源消费。

第三,加强交通工具能源输入端的多样化,将电力、太阳能、氢能等清洁能源运用于交通工具的能量供给端上,由此展现出新能源交通工具在低碳减排领域的"示范效应"。与此同时,提高尾气检测的相关控制标准,对环境造成严重危害的车辆应强制其退出市场,停止应用,这样也会对减排产生积极作用。此外,还可以通过创新、研究交通工具的能耗技术,来降低单位里程的能源消耗量,从而减少碳排放。

(三)重点关注低碳建筑

推动低碳消费,必须要有低碳产业和低碳产品的支撑。只有生产出低碳绿色食品、环保型汽车以及低碳的公共交通系统,才能推动低碳消费的发展。政府对于低碳产品应颁布一定的优惠条件,使得公众在商场购买产品时更加倾向选择低碳产品。因此,应该尽快调整产业发展,大力发展低碳产业。从产品设计开始,就应用可持续发展的意识指导开发设计。增强企业的环保意识,加强低碳产品的质量检测和监督。

随着中国经济不断地发展,人民的生活水平越来越高,当然对于住宅的要求也越高。将民众日益提高的生活要求与低碳减排理念相结合,做到二者兼顾,是我们现今遇到的实际问题。为此,有如下应对方案:

第一,对公共建筑、城镇居民供暖设施进行相关节能改造,虽然大型的公共建筑在目前仅占城镇总建筑面积的5%~6%,但其电耗远远高于当地住宅的总电耗,因而,必须对公共建筑的能耗要求作出硬性规定。对于民用供暖方面,例如住宅区内的集中供暖,在白天时,住宅区内许多居民外出工作,而暖气在这段时间还是正常开放,造成不必要的浪费与能源消耗,将这部分不必要的浪费节约起来,也是一笔不小的财富。因而变换供暖方式、提高热源效率等策略,可将现有建筑供暖能耗水平大大降低。

第二,鼓励建筑承包商将更多的节能环保因素加入建设施工当中,将节能理念体现在细节。低碳建筑讲求以尽可能低的能源代价与环境代价带给居民最优质的享受,在低碳技术不断创新的过程中,建筑商也应派专人学习,将低碳建筑的相关知识带进工地,带给每个业主,保证低碳城市顺利、快速的建成。

（四）大力发展公用交通体系，推进新能源

目前，陕西省主要是以化石燃料燃烧为代价来换取日益增加的经济效益，对于其他清洁能源，例如太阳能、风能、氢能等能源利用较少。因而为了改变以煤、油为主的能源结构，应加强发展新能源利用与开发技术，并增加清洁能源、新能源在整个能源消费中的比重。

四、低碳消费的预测与减排潜力分析

陕西作为西部大省，2010年生产总值10123.5亿元，在全国31个省市自治区中，排名第18位，整体发展水平仍然较为落后，当前的优先目标是经济与社会发展。陕西只需要制定和目前经济社会发展相适应的温室气体和环保政策。

（一）预测方法以及结果

ARIMA模型是将预测对象随时间推移而形成的数据序列视为一个随机序列，用一定的数学模型来近似描述这个序列。这个模型一旦被识别后就可以从时间序列的过去值及现在值来预测未来值。现代统计方法、计量经济模型在某种程度上已经能够帮助企业对未来进行预测。

实际应用中大多数时间序列是非平稳的，但可以采用差分法消除序列中含有的非平稳趋势，使得序列平稳后建立模型。博克斯-詹金斯提出的针对非平稳时间序列建模具有广泛的影响力。ARIMA建模思想可以分为以下四个步骤（1）对原序列进行平稳性检验，如果不满足平稳性条件，可以通过差分变换或者其他变换，使其满足平稳性条件。（2）通过计算序列的一些统计量，例如自相关系数和偏自相关系数来确定ARMA模型的阶数。（3）估计模型的未知参数，并检验参数的显著性，以及模型本身的合理性。（4）进行诊断分析，以证实模型与观察数据特征。

ARIMA模型预测结果表明陕西省生活能源碳排放增速将逐渐减缓（见图9-3），从2011~2020年碳排放年均增长率为5.56%，相比2001~2010年降低了7个百分点。并且碳排放增长不稳定。由于ARIMA模型预测方法

是基于自身记忆性，即基于2001~2010年的实际水平，并没有考虑到结构方面的因素，即如果在未来产业结构有大幅度调整时，碳排放仍然会有一定降低。表9-1中则反映了"十二五"期间各市区二氧化硫控制量，说明未来政府对于改善环境及提升生活质量的决心。

图9-3 陕西生活能源碳排放预测值

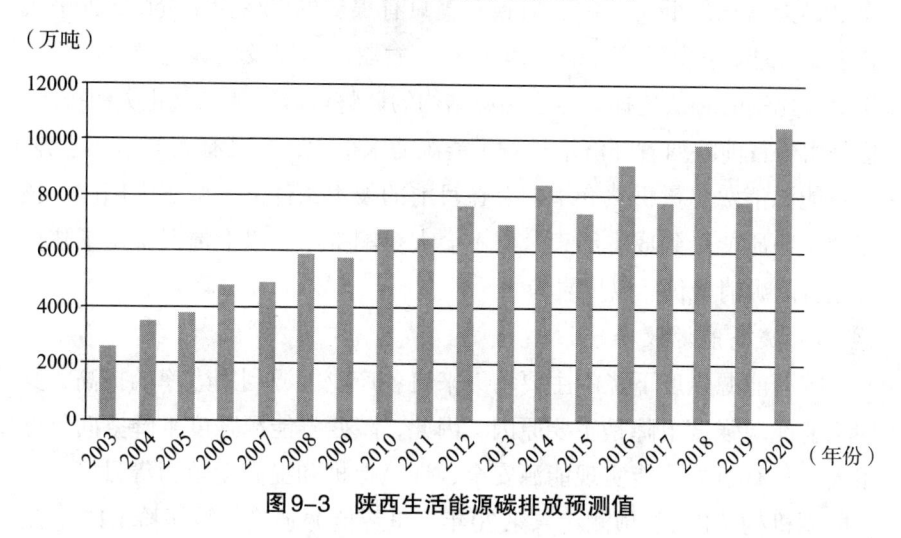

表9-1 "十二五"各市区二氧化硫排放总量控制计划

单位：吨

市区	2010年排放量	2015年控制量	2015年比2010年（%）
西安	117359	108088	-7.9
宝鸡	51037	47005	-7.9
咸阳	95322	87791	-7.9
铜川	24240	22325	-7.9
渭南	324665	296095	-8.8
延安	23132	21629	-6.5
榆林	233645	215187	-7.9
汉中	38446	36139	-6.0
安康	13064	12411	-5.0
商洛	26047	24745	-5.0
杨凌	727	698	-4.0
合计	947684	872817	-7.9

（二）政策建议

1. 调整能源结构

陕西省属于煤炭大省，在三种化石能源中，煤的含碳量最高，石油次之，天然气最低，单位热值碳密集只有煤炭的60%（庄贵阳，2005），核能、风能、太阳能等属于无碳能源。发展低碳以及无碳能源是减少煤炭消费比例的必然选择。尽管能源结构的调整可以减少二氧化碳的排放，但是由于目前陕西省经济增长对于能源需求很大，并且有大幅增长趋势，化石能源消费总量仍然会增加。在目前的技术条件下，由于太阳能、核能和生物质能受到成本约束，仍不会大范围推广。以上情况决定了陕西省化石能源消费仍然以煤炭为主。

2. 提高能源效率

陕西能源强度下降的主要动力来自各产业能源利用效率的提高，其中工业能源强度下降是主要原因。因此，陕西省能源强度下降空间仍然很大。只有节能才能实现能源安全、环境保护和提高竞争力等目标。国际能源机构（IEA）预测，未来20年，世界能源强度年均下降1.1%。陕西要实现这一目标，能源强度至少要下降到2.3%。因此，工业、交通和建筑三大部门是节能减排的重点。

3. 调整产业结构

产业结构不同，碳排放量可能会相差很大。农业几乎不使用商品能源，或者商品能源只是辅助性的。服务业虽然在办公过程中会需要一些办公设备，但是其单位产值消耗的能源也非常有限。工业、装备制造业和交通运输业需要消耗大量能源。产业结构是与一定的经济和社会发展相适应的，因此，调整产业结构会受到诸多因素的制约。陕西省正处在工业化进程中，只有在充分工业化后，才可能由服务业主导。

4. 制定法律法规，推动低碳消费

制定相对应的法律，调节消费者的行为，在制度上引导公众消费低碳产品。通过财政补贴推动太阳能等新能源项目的发展。完善市场准入制度，减少能源密集型产品进入市场。加大对于高碳产品的检查力度，优化环境，保护消费权益。

第十章
陕西城市低碳化路径与潜力分析

一、低碳城市的概念

城市作为经济活动的中心地带是社会发展的心脏,然而城市同时也是巨大的温室气体排放源。据联合国统计,全球各城市所排放的温室气体总和占到温室气体排放总量的75%以上。因而城市无法避免地应在温室气体减排中承担重要责任。因此,打造低碳城市、壮大低碳城市成为经济可持续发展的题中之意。

从低碳消费、低碳社会的视角来看;夏堃堡(2008)认为,低碳城市就是将低碳经济的思想运用到城市发展建设中。低碳城市的建成,包括低碳生产和低碳消费两个方面,使得城市成为良性、可持续的能源生态体系;汤春玲(2011)认为城市中的低碳消费模式是一种低成本、低代价的生活方式,提出了充分利用风能、氢能、太阳能等新能源和可再生能源;赵敏(2011)认为低碳消费是从保护消费者身体健康、保护生态环境、承担社会责任角度出发,在生活消费过程中减少资源浪费和防止污染而采用的一种理性消费方式;郭立珍(2011)阐述了我国低碳消费文化建设应遵循的基本原则,接着分析了我国城市低碳消费文化建设的基础和条件,最后尝试建立起低碳消费文化与低碳经济可持续发展模型,并对低碳消费文化建设路径进行了探索;戴亦欣(2009)认为低碳城市是通过消费理念和生活方式的转变,在保证生活质量不断提高的前提下,有助于减少碳排放的城市建设模式和社会发展模式。归纳低碳消费、低碳社会的相关文献,不难看出:首先,低碳城市绝不是以牺牲经济发展来换取环境优良的过激模式，而是将经济发展、社会进步和环境保护三因素综合考虑的一种思想理念，注重三者之间平衡、均衡的发展；其次，低碳城市的建设是以城市管理者的良好管理、合理规划、政策指引为基础，通过城市居民自觉转变消费观念、生活方式等内容来实现低碳城市目标，从而实现全社会的低碳经济发展。

本研究认为低碳城市应是以最小的碳排放得到最大的经济利益为基础，在城市环境优良为前提下的一种城市发展模式。

据国内外低碳城市的相关研究和先有的实际开发经验，低碳城市应具有如下特征。

1. 经济发展低碳化

经济发展低碳化是指经济的发展不以高能源消耗为代价，相反，应以最少的能源消耗换取最大的经济产出，即实现经济的高效化和集约化。要达到高效化和集约化这一目标，需要在经济发展过程中，不断优化产业结构，实现产业结构升级，努力将重化工业向集约化、轻工业化转型，将第一、二产业规模的占比缩小，使得第三产业所占比重不断增大，持续提高经济效率。

2. 城市基础设施低碳化

城市基础设施是城市发展的物质载体，是城市经济发展正常运行的基础。基础设施的低碳化主张把"低碳化"的理念贯穿到城市规划和城市基础设施建设过程中，融合城市"紧凑、舒适、合理、宜居"的发展目标，充分运用科技创新来引领绿色建筑和公共交通的新风尚。

3. 生活方式的低碳化

居民消费观念、生活方式的变化，对城市的能源消耗有举足轻重的影响。人类低碳化消费理念和行为的形成将有助于实现二氧化碳等温室气体的减排目标。低碳化生活方式有助于引导人们转变原有消费观念，促使生活方式由高消费、多浪费转向自觉、积极消费相关低碳产品，促使低碳消费习惯的养成，同时有助于促使人们更多追求精神文化消费，提高生活质量，进而实现生活方式的低碳化，达到有助于减少城市的能源需求总量。

4. 低碳技术的产业化开发与规模化运用

低碳技术是指可以改善公众生活品质，推动清洁能源发展，促进能源使用效率，最终降低温室气体排放量的高科技技术。低碳城市的各个方面（如经济低碳化、建筑低碳化、交通运输低碳化、低碳产品及环保等方面）都不可或缺低碳技术。因此，探索建立多元化、宽领域的低碳技术体系，是低碳城市建设的题中之意和迫切要求。

二、陕西低碳城市发展状况

2010年8月出台的《国家发改委下发关于开展低碳省区和低碳城市试点工作的通知》一文中，要求首先在广东、辽宁、湖北、陕西、云南5省，以及天津、重庆、深圳、厦门、杭州、南昌、贵阳、保定8市开展低碳试点工作。

陕西省作为西部欠发达地区之一，面临着经济发展与生态文明建设的双重压力，国家以陕西省作为低碳试点省份之一，不仅可以督促陕西省进行低碳经济发展的相关工作，而且可以将陕西省作为低碳试点的成功经验发布全国，为国家履行减排承诺作出一定贡献。这无论对陕西本身还是整个国家都是颇有裨益的。

（一）政策支持

目前，陕西政府按照《国家发展改革委关于开展低碳省区和低碳城市试点工作的通知》规定的五项任务，作出了一系列科学规划与实践，通过颁布法律、政策，为低碳试点工作的全面进行提供法律和政策支持，并取得了新进展。

1. 政策方面

首先，《陕西省低碳试点实施方案》通过了国家专家组的评审，确立了陕西省"十二五"期间和2020年低碳发展目标、任务、指导思想和建设原则等关键事项，确定了从技术、产业、政策、人才、国际交流等诸多方面开展低碳试点，引导低碳发展的新思路。

其次，在2011年初出台的《陕西省国民经济和社会发展第12个五年规划纲要》中，陕西省政府要求单位生产总值能耗和二氧化碳排放量分别降低16%和15%，主要污染物排放总量减少10%，森林覆盖率达到

43%，森林蓄积量达到4.7亿立方米（见表10-1）；要求以大幅降低能源消耗强度及二氧化碳排放强度为目标，推动低碳产业和清洁能源快速发展，推广利用低碳产品和技术；通过综合利用技术、市场、政策等多种手段，努力降低工业、交通、建筑等领域的温室气体排放；着力开展低碳城市、产业园区、企业、社区、村镇等建设活动，鼓励全民参与低碳社会建设；牢牢树立低碳理念，加大低碳生产、生活知识的宣传和普及力度，引导低碳消费，倡导低碳生活；着力开展植树造林，增加森林覆盖率，增加森林碳汇；力争实现二氧化碳排放强度下降15%，而固碳能力年递增2%左右的目标等。

表10-1　　2001~2008年陕西省各市建成区绿化年均覆盖率

西安	铜川	宝鸡	咸阳	渭南	延安	汉中	榆林	安康	商洛
27.9%	25.8%	35.5%	34.9%	16.2%	20.6%	21.3%	13.6%	29.5%	16.2%

资料来源：以上数据出自2002~2009年《中国城市统计年鉴》。

2. 低碳金融方面

目前中国人民银行西安分行已明确要求，各金融机构应当将企业生产状况与企业生产过程中的环境损耗、进行的环境评估报告结合起来，以此为准判断企业的授信额度，对高能耗、高污染的企业信贷进行严格控制。与此同时对在日常生产活动中注意环保，降低能耗的先进企业，应较那些高污染、高浪费的企业获得更多的信贷支持，促进低碳企业、低碳技术的不断发展。根据中国人民银行西安分行的一系列指导意见，陕西金融界也开始学习中国人民银行西安分行的先进理念，开始摸索、发展"低碳金融"，并对高耗能、高排放企业进行贷款约束。

3. 低碳经济技术方面

目前陕西省榆林天然气化工公司技术人员正倾力研究从天然气转化过程中产生的烟道气中提取出二氧化碳，以提高甲醇产量的方法。经过多次论证和实验分析，成功地研制出通过采用乙醇胺水溶液吸收释放二氧化碳的原理来收集天然气转化过程中二氧化碳的技术。据统计，从2004~2010年的7年间，榆天化3套二氧化碳回收装置，收集转化二氧化碳共计3.13亿吨。榆天化由此成为中国第一个收集利用二氧化碳的化工企业，为化工行业走低碳化的道路摸索出了切实可行的经验。随后兴华集团、渭河煤化公司等大型煤化工企业也引进了二氧化碳回收利用装置。经过这几年的发展，至2010年底全省直接或间接方式吸收消化二氧化碳或通过能源转化实现低碳化生产的企业已有近百家，每年吸收和利用二氧化碳达上千万吨，收益超百亿元。

虽然陕西在低碳经济建设方面的硕果累累，但也有诸多不足之处。所以陕西应该继续努力创新，踏上新的发展平台。面对陕西低碳经济方面所进行的艰苦努力和积极探索，我们有充足理由相信陕西有能力摆脱依靠投资拉动的单一增长模式，找到经济社会发展的新"引擎"。

（二）2001~2008年生产总量

观察数据不难发现陕西10个地级市生产总量在2001~2008年逐年递增（见表10-2），且陕西省地级市以2001年为基期的年均生产总量增长率，计算如表10-3所示。

表10-2　　　　　　　2001~2008年陕西地级市生产总量

单位：亿元

城市	2001年	2002年	2003年	2004年	2005年	2006年	2007年	2008年
西安	733.85	823.5	941.6	1095.87	1270.14	1473.68	1763.73	2190.04
铜川	37.08	40.9	48.69	58.9	69.52	83.63	102.27	128.65
宝鸡	195.08	218.15	261.12	320.3	415.79	476.93	581.75	714.07
咸阳	231.91	250.04	287.64	338.56	432.52	483.97	585.89	764.56
渭南	170.09	181.77	207.46	247.7	312.42	350.07	424.88	489.72
延安	106.26	118.76	142.76	191.76	370.62	453.11	610.08	713.27
汉中	153.01	141.31	163.44	192.53	216.58	246.79	291.09	352.61
榆林	92.63	111.36	138.1	185.04	320.04	439.47	672.31	1008.26
安康	80.52	90.36	103.6	119.55	137.85	157.24	187.37	233.67
商洛	62.6	65.63	75.59	87.15	100.16	114.16	135.8	174.04

资料来源：以上数据出自2002~2009年《中国城市统计年鉴》。

表10-3　　　　　　　年均生产总量增长率

西安	铜川	宝鸡	咸阳	渭南	延安	汉中	榆林	安康	商洛
28.3%	35.3%	38%	32.8%	26.8%	81.6%	18.6%	1.4%	27.2%	25.4%

（三）2001~2008年工业废气排放总量与工业总产值

根据表10-4和表10-5数据，通过公式：$r(X,Y)=E\{[x-E(x)]\times[y-E(Y)]\}/\sqrt{D(X)}\times\sqrt{D(Y)}$ 分别算出2001~2008年陕西省各地级市工业废气排放量（e）与工业生产总值（p）的相关系数，计算结果如下：西安 r（e, p）=0.94；铜川 r（e, p）=0.93；宝鸡 r（e, p）=0.89；咸阳 r（e, p）=0.86；渭南 r（e, p）=0.94；延安 r（e, p）=0.87；汉中 r（e, p）=0.75；榆林 r（e, p）=0.98；安康 r（e, p）=0.95；商洛 r（e, p）=0.96。计算表明e与p呈正相关态势，说明陕西省工业总产值增长随着产生这些工业废气的原料（含碳）用量增加而增加。

表10-4　　　　2001~2008年陕西地级市工业废气排放总量

单位：亿标立方米

城市	2001年	2002年	2003年	2004年	2005年	2006年	2007年	2008年
西安	275.8	303.5	353.1	428.3	470.6	642.2	1149.4	1519.2
铜川	395.7	414.3	418.8	429.3	445.3	508.7	579.9	918.1
宝鸡	357	359	746.5	811.6	821.9	835	1044.2	1427.9
咸阳	396.7	399.1	465.9	467.7	440.7	455.6	589.2	575.9
渭南	887.2	1235	1137.8	1272	1452.5	1587	1578.8	1832.9
延安	47	49.2	48.5	53.4	97.8	243	139.3	339.5
汉中	204.1	295.9	299.1	330.4	311.4	319.4	337.9	686.3
榆林	232.8	297.3	315.2	495.8	782.6	835.9	927.4	1675.7
安康	26.9	28.2	32.7	42.1	44.7	55.8	59.5	63.4
商洛	34.8	42.5	42	42.8	47.9	51.1	61.3	244.2

资料来源：以上数据出自2002~2009年《陕西省统计年鉴》。

表10-5　　　　2001~2008年工业总产值

单位：万元

城市	2001年	2002年	2003年	2004年	2005年	2006年	2007年	2008年
西安	485.41	517.28	676.93	892.6	952.18	1194.6	1577.05	1936.52
铜川	30.11	33.38	42.13	59.91	70.49	99.53	123.84	165.5
宝鸡	150.9	177.77	252.95	315.47	409.95	536.67	672.2	852.49
咸阳	160.11	221.51	286.13	309.65	359.16	458.52	583.38	804.68
渭南	103.14	122.01	191.74	257.79	337.71	377.63	449	582

续表

城市	2001年	2002年	2003年	2004年	2005年	2006年	2007年	2008年
延安	121.96	156.03	255.93	348.1	537	764.07	795.64	928.16
汉中	72.36	83.61	110.07	142.76	165.41	204.37	235.94	263.06
榆林	53.99	90.06	142.27	278.39	360.04	528.2	755.16	776.96
安康	19.04	22.71	30.45	37.71	43.57	56.28	78.03	97.88
商洛	11.12	12.16	22	26.82	32.76	41.39	60.08	79.66

资料来源：以上数据出自2002~2009年《中国城市统计年鉴》。

（四）碳强度值（工业）

通过表10-1看出在陕西省的10个地级市中宝鸡市的绿化覆盖率最高为35.5%，榆林市最低仅为13.6%，但是在表10-2中发现，在2008年榆林市是除西安市外生产总值最高的，宝鸡市排第四。但是2001~2008年年均生产总值的增长率榆林市仅为1.4%，延安市最高位81.6%。这和榆林市当地实际经济发展形式有关，榆林的发展是以资源开发和一次能源生产为主，能源化工业独大。榆林的五大支柱行业，无一例外都是能源化工产业。根据榆林市统计局的资料，2012年上半年榆林全市能源化工工业完成产值1396.2亿元，占规模以上工业总产值的94.5%。在历年排放废气量均值中渭南市排放量最高，其次为西安市，宝鸡市居中。2008年碳排放强度值见表10-6。

表10-6　　　　　　　　2008年碳排放强度值

单位：吨

西安	铜川	宝鸡	咸阳	渭南	延安	汉中	榆林	安康	商洛
0.78	5.55	1.67	0.72	3.15	0.37	2.61	2.16	0.65	3.07

在以陕西省地级市为例的数量分析中，通过所设指标与数学模型的结合，得到宝鸡市在陕西范围内是较低碳的城市，这与陕西实际也是较相符的。宝鸡地处陕西西部，是陕西省第二大城市，经济发展水平可见一斑；同时，其又是中国优秀旅游城市、国家卫生城市、国家环保模范城市，说明宝鸡较陕西其余地级市来说，在经济发展与环境保护方面都是领先者，这与低碳经济的实质不谋而合。因此也从侧面说明本研究的低碳城市评价体系具有一定的可操作性与正确性。

三、低碳城市建设的路径选择

（一）低碳城市构成元素

1. 低碳产业园区与低碳社区

低碳产业园区作为低碳城市的构成元素之一，即低碳产业园是以各种低碳产业、产品为目标，集生产、采购等一系列市场行为为主体的空间场所，是构成低碳城市最基本的元素。低碳产业园区的建设，一方面，可以让低碳产业企业分布聚集化，加强产业园区内企业的交流合作，使其能够更好的发挥技术、资金等有利因素，发挥明显的集聚效应与溢出效应，加快经济效应；另一方面，低碳产业园区建设的本质在于降低碳排放，其可以有效降低城市能源消耗与温室气体排放，因而是一种以低排放为主要特征的产业体系，它对低碳城市的建设，低碳经济的发展起到举足轻重的作用。所以，建设低碳城市离不开低碳产业园的壮大与发展。

低碳社区是低碳城市中满足人类日常生活、娱乐休闲的载体，低碳社区较一般社区最大的特征在于其对低碳化、节能化因素的考虑，是低碳城市不可或缺的构成部分。在建立低碳城市的过程中，低碳社区的主要作用是倡导居民日常生活低碳化、节约化，是进行居民生活低碳化的工作室。在低碳社区中，应特别注重能源系统低碳化、建筑材料低碳化、资源利用低碳化、消费模式和生活方式低碳化等方面的工作。因此，低碳社区的建设对于低碳城市的建立是关键一步。

毫无疑问，低碳产业园与低碳社区是低碳建筑的一部分，它们以厂房、住宅、办公楼等建筑物形态出现于低碳城市之中。建筑一方面为人类居住、企业生产、商务办公、消费等活动提供所需场所，另一方面也是碳排放的主要来源，因此，大力推进建筑低碳化的实施，不仅是建设城市低碳进程中不可缺少的步骤，也是建设低碳产业园区、低碳社区的先决条件。

2. 顺畅的低碳城市运行体系

作为低碳城市，除了必须对低碳产业园区和低碳社区这两个基本元素进行建设之外，还须存在贯穿不同低碳产业园之间、不同低碳社区之间等单元结构的支持低碳城市正常运转的城市运行体系。所谓的低碳城市运行体系是由低碳的交通运行网络、低碳的市政设施、低碳的公用基础设施(如道路、通信等)、低碳消费、低碳能源等组成。因而，低碳城市运行体系是城市内部低碳化的桥梁，它使得城市内部单元之间产生了较为广泛的经济联系、文化联系、生态联系等，起到了低碳城市子系统之间良好的媒介作用。所以，顺畅的低碳城市运行体系对于城市低碳化进程的作用是毋庸置疑的。

3. 构建低碳城市的生态系统

低碳城市建设当中，良好生态系统的培养是至关重要的。城市生态系统按照地理位置可分为两类：一种是城市内部生态系统；另一种是城市周边（外围）自然生态系统。在城市生态系统循环过程中，城市内部生态系统，包括低碳产业园区、低碳社区及其他子系统均是以排放二氧化碳为主的温室气体的排放方，然而城市周边（外围）自然生态系统与城市内部生态系统大大相反，是二氧化碳的吸收者。由产生温室气体再到吸收温室气体，增加碳汇能力这一生态角度出发，构建"排多少，吸收多少"的近自然型的生态系统，会让城市与大自然融为一体，使得城市发展与城市环保两者之间变得不再矛盾。

4. 低碳城市的社会系统

低碳城市建设除了要在硬件设施上（如建筑、交通、市政设施等方面）下功夫外，还必须注重由文化教育、生活消费等非实体性因素构成的软件设施的建设。低碳生活之内涵要求我们在一定生活作息时间范围内（一般指一个工作日）尽可能减少能源消耗，减少碳排放的增加。为了能从实际做到这点，需要城市居民能从日常活动中的细节做起，注意水、电、油、气等能源的节约。

低碳文化作为城市低碳化软件设施的重要组成部分，其理念应该尽早、尽可能快的深入每个居民内心。文化是人类活动的产物，优良的文化氛围无疑会影响到每个人，影响到整个民族。因而，要想发展低碳经济，改变个人旧有的生活方式与消费习惯，亟须重视低碳文化，低碳理念的传播，让它融于社会，融于每个人心中，使得低碳经济之发展，低碳城市之建设进行的更加顺利。

可见，建设低碳城市既要注重硬件设施的建设，也要加强低碳文化等软件设施的传播，低碳城市社会系统的成形与二者息息相关。

(二)低碳城市建设的基本思路

通过相关文献研究与切身体会,对于低碳城市建设的基本思路应从如下方面实行。

(1)低碳城市建设中,出台较合理的空间布局与科学的整体规划是低碳建设的前提。好比打仗有行军路线图一样,低碳城市的建设也要具有详尽的规划细则与空间布局,有了"行军图",城市低碳化的进程才会有章可循,顺利进行。空间布局与整体规划应立足于科学性、适用性原则,尽量兼顾各个布局、规划的整体协调与联动性,进而形成合力促进低碳城市的发展。

(2)低碳产业园区及低碳社区建设是重要抓手。低碳产业园区作为大量低碳产业企业的集聚地,毫无疑问会在某一区域内形成一定的聚集优势。其对资金、高素质技术人员有强大的吸引能力。同时低碳产业园区为发展低碳城市也提供了一个很好的平台,无论是先进的低碳技术研究,大量低碳领域技术人员培养,还是先进的低碳消费品生产等都在园区内进行,使得越来越多有关低碳的产品、知识、思想被人们接受,因此它对扩大低碳经济、低碳城市建设的影响力具有得天独厚的优势。积极推进低碳社区建设,发挥低碳社区"示范效应",让更多的人自愿加入到低碳队伍这一行列,具体措施为:一是规划设计低碳化;二是社区环境低碳化;三是建筑材料低碳化;四是资源利用低碳化;五是能源系统低碳化;六是生活方式低碳化。

(3)低碳城市生态系统建设是重要支撑。低碳城市生态系统按地域分为两类:一种是城市内部生态系统;另一种是城市周边(外围)自然生态系统。城市生态系统循环过程中,城市内部生态系统排放温室气体,而城市周边(外围)自然生态系统吸收二氧化碳。当两者一边排放一边吸收的自然格局成立后,由于经济、社会发展所需要的必要碳排放就会由于生态系统的作用而减少,维持自然界合理、优良的生态水平,使人们生活在一个宜居、舒适的城市环境中,因而生态系统的建设是低碳城市的重要支撑。

(4)低碳城市社会系统建设是低碳城市建设之纽带。低碳文化作为低碳城市社会系统的重要组成部分,其理念应该尽早、尽可能快的深入人心。低碳城市的建设最主要的一点还是在于人们思想意识的改变。当低碳文化、理念贯彻于所有人时，离真正的低碳城市也就不远了，故而低碳城市社会系统建设是低碳城市建设的纽带。

（5）政府作用是重要推力。低碳产业作为一种新型产业，在发展初期自然会遇到诸多困难，例如面临低碳技术难题研究，人才引进，企业信贷等一系列问题。因此政府作为管理者应尽可能为低碳城市发展创造有利条件，发挥政府的引导职能与推力作用。通过相关文献的学习，政府对低碳事业的发展应做到如下几点：一是科学规划、合理布局，发挥规划指导作用；二是完善政策法规、提升执法能力，发挥法律保障作用；三是提倡低碳消费，培育低碳的生活方式，发挥宣传示范作用；四是建立健全考核激励机制，加大低碳绩效考核与激励；五是明确责任目标，强化问责制度。另外，政府还要出台引导措施，间接地对低碳城市建设、低碳产业发展等进行宏观调控，从而达到鼓励和支持低碳经济发展的目的。

（三）城市减排与三次产业占比关系实证研究

第二产业一直是碳排放的主要来源；第一产业由于其自身的特殊性，只会产生少量的碳排放，对温室气体的增加没有显著效应。第三产业主要是服务业，其发展不仅会对经济效益的增加有显著效果，而且其并不依靠化石燃料燃烧来发展，因此大力发展第三产业会对温室气体的减排有促进作用。故在城市中大力发展第三产业能够起到非常好的减排效果。本研究依靠陕西省相关统计数据来说明上述论断的正确性。

通过收集数据，得到陕西省三次产业占比与能源消耗分别如图10-1和图10-2所示。

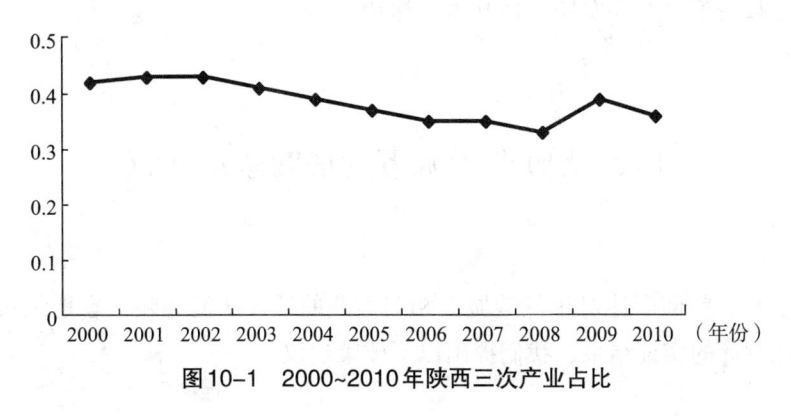

图10-1　2000~2010年陕西三次产业占比

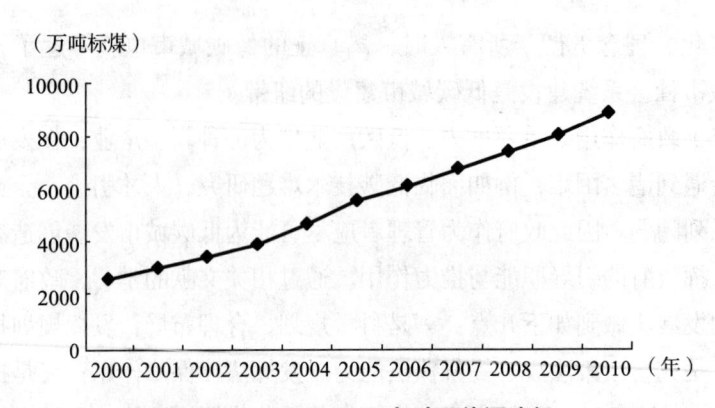

图10-2　2000~2010年陕西能源消耗

对比陕西三次产业占比与能源消耗走势,不难发现三次产业占比呈微弱下滑态势,而能源消耗却呈增长态势。据陕西省统计年鉴,在2000~2010年,陕西第一产业比例一直很平稳,因此第三产业占比不仅仅反映第三产业的发展态势,还说明了第二产业占比大致的走势——逐年增加。由三次产业占比数据与能源消耗数据相结合,容易得到第二产业占比走势与能源消耗走势一致,第三产业占比走势与能源消耗走势出现背离。在三次产业结构中,第二产业工业生产所需能源能耗较高,第一、第三产业所需能源相对较少,但由于第一产业所占比重在城市中较小,因而当第三产业比重越高时,说明城市产业结构优势越明显,需要的能源消费量就会越少。与此同时隶属于第三产业的发达的环保产业会抑制温室气体的排放,即环保产业越发达,碳排放治理效果越明显。二者之间具有负相关关系。因此要想建设低碳城市,大力发展第三产业,适量减缓第二产业发展也是其重要途径。

四、陕西低碳城市发展的政策建议

基于前面所述对于低碳城市相关实践的综述研究和陕西省地级市低碳化测评的实证结果,我们提出以下政策建议。

（一）颁布低碳城市建设的指导意见，将低碳城市的建设变得系统化、制度化

低碳城市的建设涉及城市内部子系统的方方面面，而由于每个系统没有统一的标准，人们对低碳城市的理解、低碳建设实施方法有不同看法。因此，一套完整的低碳城市建设指导意见对这些子系统进行低碳改革具有标准化、纲领化的重要意义，同时政府出台的低碳城市建设指导意见；陕西省成立了由常务副省长任组长，18个相关厅局为成员单位的应对气候变化领导小组。公布实施《陕西省循环经济促进条例》等地方性法规，让各部门对低碳城市建设达成共识，使得政府部门得以全力发挥宏观指导作用，从而使低碳城市建设制度化、系统化与法制化。

（二）低碳城市建设应纳入国家战略规划

低碳经济、低碳产业作为新兴事物，其发展在初期时自然困难重重。由于单方面找不到好的低碳城市建设的方法与实施要领，因而建设低碳城市不仅需要地方上的努力，也需要国家政策、技术创新、银行信贷等多方面的大力支持。陕西省应把低碳城市建设作为未来发展低碳经济的重要支撑与途径。因而，应不断对低碳城市建设进行关注，并进行有利扶持，将低碳城市的建设纳入到国家战略规划之中，为城市低碳化进程创造必要的软硬环境。

（三）产业结构优化升级，减低经济发展中的碳排放量

当前，陕西省面临的问题主要表现在第二产业在国民总产值中的比例过重，生产方式粗放，造成大量的能源耗费及一系列的环境问题。在陕西省的工业生产中，大部分企业的发展都是以高能源消耗、高排放为代价，来获取经济效益。因而高碳产业企业的低碳化就显得十分重要。如何缩短高碳产业所相关的产业链条，逐一完善产业链"低碳化"就至关重要。因此在现实发展中，特别要注重对高排放代表性企业的改造，将这些企业作为低碳改革的试点，通过低碳技术的引进与完善，对其施行"低碳"措施，为建设低碳城市的建设找到突破口。

（四）空间布局结构调整，建筑节能

目前，陕西省正处于发展的快速阶段，城市化进程的步伐也随着愈来愈大，伴随这一现状，越来越多的农业人口走向城市，造成城市拥挤，城市用地需求、规模日益扩张。因而合理的城市空间布局调整越发重要。建设低碳城市从根本上是要求土地运用做到集约化，让城市的空间布局变得更加紧凑、更加富有效率。因此，就要努力改变过去一土地一用途的旧理念，让土地的运用更加多样，倡导混合利用这一概念，尽最大努力缩短居民住宅区与工作区的距离，减少交通所耗费的能源，降低碳排放。

目前陕西省正处于快速发展阶段，城镇化速度也因此加快，有资料显示未来30年内，陕西省城区面积将扩大1倍。因此，建筑节能的实施，可以很大程度上改善陕西省城市碳排放问题。

（五）加大城市绿化水平

陕西省"富煤贫油少气"的能源分布决定了陕西省以煤炭为主的能源消费结构，在短时间内，这种现状很难有较大改变，因而加大城市绿化水平，增强城市碳排放的吸收和封存能力是一种行之有效的减排方法。据相关资料统计，每公顷阔叶林每年大约吸收360吨碳当量，每公顷针叶林每年大约吸收930公斤碳当量，每公顷草坪每年大约吸收870公斤碳当量，林木每生长1立方米，平均吸收1.83吨二氧化碳。由此可见，绿色植被对二氧化碳有非常强的吸收能力，并且能让城市环境更美观，更宜居，也更容易达到低碳城市增加碳汇、减少排放的要求。

据实际观察，大部分城市屋顶都处于闲置状态。假如将这数千万平方千米的楼顶面积建成有绿色植被的绿地，不仅能增加碳汇能力，美化城市，而且还可不占用更多的土地就可提高城市绿化率，降低城市普遍存在的"热岛效应"。

第十一章

陕西低碳经济发展的政策设计和前景展望

一、低碳经济发展的政策体系

（一）发展低碳经济的政策框架体系

低碳经济作为一种全新的发展模式，需要建立一个完善的政策体系。当前中国低碳经济政策出现政出多门的现象，如能源产业的能源管理职能分散在多个部门，包括国家能源局、国家发展和改革委员会、国土资源部、中共中央组织部、国务院国有资产监督管理委员会、商务部、财政部、科技部、环境保护部、国家安全生产监督管理总局等十多个部门。中国目前缺少集中的能源宏观管理部门和统一的能源法律与政策，相关企业竞争无序，相互掣肘。因而为了更好地促进低碳经济的发展，中国急需一个统一的政策体系，明确哪些行业需要实现低碳经济，如何实现低碳经济，政府在全国推行低碳经济时应该采用哪些政策工具等相关问题。

政策体系主要包括政策主体和政策客体。政策主体主要是指整个政策周期中进行能动活动的组织和成员，主要包括政策制定主体、政策执行主体、政策评估主体。政策目标能否实现，除了政策制定者与执行者的因素外，与广大政策对象有着直接关系。低碳政策体系是低碳政策制定和实施的基础，既决定着低碳政策主体的基本行为，又决定着低碳政策目标的实现。中国现有促进低碳经济和社会的政策包括三个层面，即国家战略、部门政策和地方实践，如图11-1所示。战略和政策主要是由中央政府部门负责制定，这些部门主管建立节约能源、提高能效以及推进低碳消费的宽泛原则。而政策的最后落实则主要由地方政府负责，同时地方政府也必须保证当地低碳发展战略与中央政府政策的高度一致性。

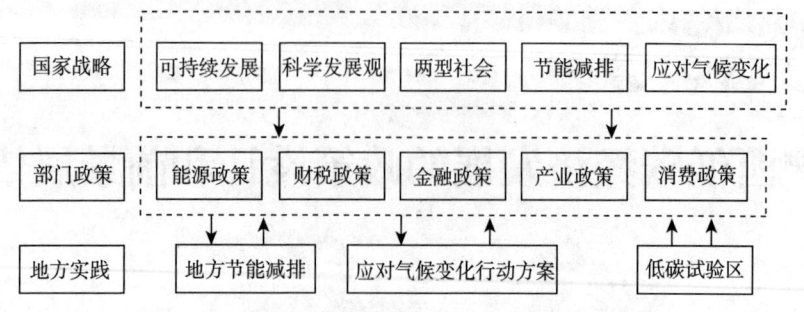

```
国家战略 ─ 可持续发展  科学发展观  两型社会  节能减排  应对气候变化
                              ↓                          ↓
部门政策 ─ 能源政策  财税政策  金融政策  产业政策  消费政策
              ↓         ↓                    ↑          ↑
地方实践   地方节能减排   应对气候变化行动方案    低碳试验区
```

图11-1　中国促进低碳经济和社会发展的政策框架

资料来源：李士，方虹，刘春平，中国低碳经济发展研究报告［M］.北京：科学出版社，2011：3.

（二）陕西发展低碳经济的地方行动体系构建

中国政府向世界承诺，到2020年中国自主减排并不附带任何条件，单位GDP碳排放下降40%~45%，并建立碳指标的国内考核和监控体系。为了实现碳减排的阶段性任务和长远目标，全国节能减排的总体任务已经落实分解到了各省市、各有关部门。陕西省是全国碳排放重型区之一，节能减排的任务较重，应当依据国家节能减排的总体战略，借鉴其他省的先进经验，尽快建立和完善陕西省低碳发展的地方体系。具体做法主要考虑以下几方面：

（1）各级管理部门高度重视，逐步构建全面推动节能工作的政策法规体系，进一步强化政府责任。成立陕西省级及各地市节能减排工作领导小组，加强领导干部节能监督考核，层层落实节能责任，奠定节能减排工作的组织基础和思想基础；同时，完善节能政策法规，为推进节能减排工作构建制度保障；强化节能目标责任考核和问责，对行政不作为、措施不力和没有完成任务的市县和部门，追究主要领导的责任；进一步完善和强化节能减排工作的组织领导和协调联动机制，建立健全节能减排工作的长效机制和标准。

（2）抓好重点领域，强化治本管理。突出重点地区、重点工程、重点行业和重点企业，抓好源头控制，强化治本措施，严把项目准入关，严格执行节能评估审查和环评制度，积极引导各方面加大对低能耗、低排放、高附加值的延伸加工项目等新兴产业项目的投资力度。同时，建立重点领域节能示范工程，以重点领域示范作为推进节能工作的突破口和带动力，全力推进节能重点工程。

（3）优化调整产业结构和能源结构，加快转变经济发展方式。以产业结构调整促进节能减排，在推动发展、积极调整、转变方式中推进节能减排；坚决淘汰落后产能和严控高耗能、高排放行业发展。许多地区对未完成关停任务的地区，都暂停项目的环评、供地、核准和审批，并且追究主要领导人的责任。对"两高"和产能过剩行业新上项目，强化项目管理，加强审核，严把审批程序关；加快节能技术改造和开发应用。突出工业领域，发展清洁生产和循环经济、低碳经济，实施重点节能项目；加快发展服务型经济和高技术产业，因地制宜地开发低碳新业态，努力形成低能耗、低排放的经济结构。

（4）搭建碳交易平台，优化市场机制。着力打造与国际协调、自主创新的自愿减排市场体系，使企业、个人都可以在网上进行碳交易，在自愿减排的同时，达到宣传环保和碳中和的目的。可以成立相关绿色产业投资基金，分阶段地对基础社会节能改造进行投资。

（5）强化技术引领作用，加大技术推广力度。重点在三个层面进行低碳技术开发与利用：一是减碳技术，即高能耗、高排放领域的节能减排技术，煤的清洁高效利用、油气资源和煤层气的勘探开发技术等；二是无碳技术，如核能、太阳能、风能、生物质能等可再生能源技术；三是去碳技术，典型的如二氧化碳捕获与埋存等。加快低碳技术改造和开发应用，加大政策、资金支持力度，鼓励和引导企业积极引进和应用新工艺、新技术，实施节能减排技术改造。

（6）搭建全方位多角度节能宣传教育体系。倡导全社会开展节能减排自愿协议试点。试点企业可就一定期限实现一定节能减排目标，自愿与政府部门签订协议并作出承诺，由此可优先申报国家节能减排项目的有关专项，优先获得节能专项资金支持和中介机构的政策、技术、管理等咨询服务。政府将协调金融机构为试点企业解决节能减排项目的融资、担保等问题。此外，可通过节能环保相关展览会、公益活动等进行宣传教育活动，努力提高公民自觉节能意识。构建以政府为主导、企业为主体、全社会共同参与的节能减排工作格局。

从整体来看，尽管陕西省在节能减排方面已经取得了有效的成绩，但是总体的节能减排任务仍然非常艰巨。尤其是在"十二五"期间，陕西面临经济快速发展的大好机遇,但节能减排和低碳发展从长远看既是机遇又充满挑战。因此陕西省应把握机遇,率先建立健全陕西低碳经济发展的地方行动体系。

二、陕西低碳经济发展的政策设计

(一)产业结构调整,有计划提高低碳经济比例

1. 企业转型升级,为产业结构调整打下基础

(1)淘汰企业落后产能,实现关中、陕南和陕北区域产能优化。淘汰落后产能是发展低碳生产的有力措施。为响应国务院淘汰落后产能的要求,陕西在国家相关政策基础上制定了范围更宽、标准更高的淘汰计划。在政策导向的同时,陕西省着重发挥法律法规的约束作用和技术标准的门槛作用,并通过提高土地使用成本、加大差别电价加价幅度、资源性产品惩罚性价格等手段,使落后产能无利可图、无法生存。2011年陕西全省工业行业淘汰落后产能情况为:焦炭61万吨,铁合金2万吨,电解铝2万吨,水泥222.2万吨,造纸8万吨,印染2752.5万吨,纺织5458.87万吨。从区域来看,淘汰落后产能主要集中在关中和陕南地区,陕北涉及延安的水泥行业。2012年陕西继续下达对19个工业行业和电力行业进行淘汰落后产能的目标,其中电力行业23.8万千瓦,水泥279万吨,造纸9.1万吨,电石3万吨,钛合金4.72万吨,铅冶炼5.72万吨,印染3570万米;关中、陕北、陕南三大区域产能优化的基本思路是按照产业发展布局的战略思路实现部分产业转移,体现出三大区域各自的产业优势,同时要严格监控落后产能的转移,还要防止新增落后产能,总之要将落后产能排除在发展进程之外。

(2)鼓励低碳技术创新,实现企业产能优势互补。低碳技术是低碳经济的核心和灵魂,要实施低碳经济,突破性的低碳技术必不可少。在技术层面,引进外国的先进技术是目前最为行之有效的措施。但是引进技术不等于引进技术创新能力,技术的引进只能作为发展低碳经济的权宜之计,而技术的自主创新才是发展根本所在。此外,低碳技术自主创

新应同企业产能的优势互补相结合,通过新技术的互换共享、新技术的应用和推广、新技术转化为先进产能等环节,实现企业产能素质的整体提升。

（3）实行企业年度能源预算,严格执行节能计划。企业是能源利用的基本单位,围绕企业能源利用而衍生的一系列因素如产能素质、能耗量、能源种类等是衡量一个国家能源利用整体状况的根本要素。在中国提出到2020年单位国内生产总值二氧化碳排放比2005年下降40%~45%的目标之后,企业能源的利用也应有一个明确的量化标准。实行企业年度能源预算将成为实现这一整体目标的具体措施之一。立足实际的用能情况,按照企业的类型和规模,以及行业性质规定企业用能的上限,通过严格执行节能计划,实现企业的节能,进而推进全省节能进程。

（4）细化低碳生产环节,保障企业产销过程低碳化。低碳生产是企业的义务,也是企业社会责任的重要表现,应当包含两方面:一是低碳产业的低碳化生产;二是高碳产业的低碳化改造和生产。对于二者来说,低碳生产的程度要求是有差别的。高碳产业的能耗应当立足实际,通过开发减排潜力,实施能耗预算和碳排放量控制。而低碳产业,节能减排也有相当大的空间。如耗能低的服务业,在生产经营的过程中碳的产出与排放量固然很小,但服务过程中人员的活动与交流会大幅度利用交通,导致碳排放从经营过程转移到公共交通上,隐蔽了经营主体的碳排放。由此看来,从产品的初始生产到最终投放市场,产销各个环节都存在能源的消耗和碳排放。细化低碳生产环节,将低碳概念贯彻产销行动的始终,才能真正使低碳生产名副其实。

（5）进行低碳行动效益分析,提高低碳经济回报率。为践行低碳经济,中国已采取一系列节能减排的措施,从政策和法律上分别予以督促与推进。但是,各类措施行动在短时间内的大量实施,很可能导致各方面的不适应。因此,各类低碳行动的范围以及力度都应有所调整,以求适应经济发展的客观状况,更好的为低碳发展贡献力量。这就需要在措施实施一段时期后,分析各类低碳行动的实施效果及企业的反馈来确定各种措施的效益,从而进行合理安排,提高低碳经济回报率。

2. 产业结构调整,有计划提升低碳经济比例

（1）产业低碳化转型,厘清产业结构调整的重点。研究表明（姚宇,2010）,通过基于脱钩弹性的历史趋势分析,对当前趋势下陕西区域产业

总体碳强度变化和2020年减排目标进行了缺口分析，得出结论，按照目前态势减排目标不能实现，需要进一步的政策治理和改善。通过碳强度、碳排放总量比较和产业发展弹性分析，表明陕西碳强度治理的重点产业是高排放、高能耗、支柱性的交通运输业、能源化工业、非金属矿物质制品业和有色冶金业；通过碳强度、边际碳强度比较和是否符合战略性新兴产业要求，陕西产业结构调整的重点产业是电子及通讯设备制造业、装备制造工业、医药制造业和清洁能源发展。这些重点产业的大力发展可以大大提高低碳经济的比例。

（2）产业低碳化转型，高排放产业节能优先。根据本项目阶段性研究成果的数据可知，陕西省交通运输业、能源化工业、非金属矿物质制品业和有色冶金业等高排放、高耗能的经济支柱产业是陕西能源消费的碳排放主要来源，从产业节能入手进行低碳技术开发和产业减排治理应当作为这些产业低碳化发展的关键。在西部大开发战略进入战略纵深阶段之际，陕西作为西部大开发战略中的重要省份，起着关键作用，陕西必须抓住这一重大战略机遇加速经济增长和发展，这与低碳经济发展形成冲突，因此在这种大背景下，在能源结构和新能源发展没有取得突破性进展的情况下，陕西高排放产业的低碳化之路的重点在于节能优先。高碳产业的节能优先战略可以最大限度地降低碳排放强度，为低碳经济的比例提升作出应有贡献。

（3）产业低碳化转型，战略性新兴产业规模发展优先。通过对战略性新兴产业规模发展的可持续性分析，陕西产业总体碳强度降低的另一条道路是以战略性新兴产业发展改善产业结构；通过格兰杰因果检验方法对电子通讯及设备制造业、装备制造业和医药制造业等战略性新兴产业的产业规模、产业GDP和产业碳强度的关系进行了实证分析，对清洁能源发展进行了定性分析，得出结论：战略性新兴产业扩张不仅不会导致产业碳强度增高，相反会导致产业碳强度降低；战略性新兴产业扩张不仅不会导致产业GDP下降，相反会导致产业GDP提升；因此通过战略性新兴产业规模扩大的道路改善产业结构具有可持续性，同时会不断增强战略性新兴产业的低碳化优势（姚宇，2010）。战略性新兴产业是陕西降低碳排放，发展低碳经济的重要途径，但是从当前情况来看，战略性新兴产业的比重还太低，不能发挥其降低碳排放的显著作用，因此战略性新兴产业的发展要以规模发展优先。

（4）产业低碳化转型，大力发展低碳现代农业。联合国粮农组织指出，耕地释放出大量的温室气体，超过全球人为温室气体排放总量的30%，相当于150亿吨的二氧化碳。而生态农业系统可以抵消掉80%的因农业导致的全球温室气体排放量，无须生产工业化肥每年可为世界节省1%的石油能源，不再把这些化肥用在土地上还能降低30%的农业碳排放。因此，发展低碳经济，农业潜力巨大。

现代农业是建立在对化石能源使用的基础之上的，化肥和农药是现代农业发展的支柱，曾经为解决人类粮食问题做出贡献，但是，现在化肥和农药的高能耗、高污染的弊端已经被我们认识，它不仅影响土壤的有机构成、农作物的农药残留和食品安全，而且化肥和农药的生产过程，本身消耗大量的化石能源、产生大量的二氧化碳排放。因此，现代农业甚至可以被称为"高碳农业"。低碳农业就是生物多样性农业，不仅要像生态农业那样提倡少用化肥农药、进行高效的农业生产，而且在农业能源消耗越来越多，种植、运输、加工等过程中，电力、石油和煤气等能源的使用都在增加的情况下，还要更注重整体农业能耗和排放的降低。低碳农业重在科技的持续扶持及加大各种资源要素投入，以点带面，最终形成农民增收、农业增效的可持续发展模式。

发展低碳农业的路径：一是大幅度地减少化肥和农药的用量。降低农业生产过程对化石能源的依赖，走有机生态农业之路。如用粪肥和堆肥作为化肥的替代品，提高土壤有机质含量；通过秸秆还田，增加土壤养分，减少径流，增加入渗，通过作物残茬及覆盖在地表的秸秆可防止风蚀和水蚀，提高土壤生产力。采用深耕作物与中耕作物轮作，微生物共同熟化深层土壤，扩大作物根系营养能力。二是充分利用农业的剩余能量。如农作物收割后的秸秆是农业中的剩余能量，其中70%以上的纤维素、木质素等得不到利用，而且燃烧释放出的有害气体严重污染大气。为了充分合理利用作物秸秆资源，防止环境污染，还需探索综合利用作物秸秆资源的新途径，如用作饲料、肥料、培养料；采用秸秆气化技术，在高温、高压、厌氧条件下经热解气化成可燃性气体；利用秸秆发酵生产乙醇燃料。三是推广太阳能和沼气技术。在农村普及太阳能集热器是发展低碳农村的有效途径。在规模化畜牧业养殖中，可利用畜牧粪便开发沼气，获得生物质能。

发展低碳农业，改善土地利用，扩大碳汇潜力，以提高对温室气体的吸收。森林、耕地及草地是增加碳汇的三个领域，同时，每个领域有增加碳库储量、保护现有的碳储存和碳替代三种方式。

陕西的杨凌示范区和其他的城市不同的是，它不是一个城市，而是一个示范区，它是中国唯一的国家级农业高新区。在规划中，杨凌示范区的战略定位是建设成为中国干旱半干旱地区农业科技创新中心、现代农业发展示范辐射高地、城乡一体化表率，着力打造现代农业创新、国际科技合作、现代农业企业孵化、良种繁育、标准化生产、农产品加工、现代物流和休闲农业等示范项目，形成"核心示范—区内带动—区外辐射"的示范推广新格局。示范区农业生产总值主要包括四个部分：种植业、林业、畜牧业、渔业。示范区农业总产值已由成立之初的1.53亿元增加到5.99亿元，增幅达291.5%。随着示范区对农业内部结构的进一步调整与优化，农业发展将呈现更迅猛的势头。在低碳经济发展背景下，杨凌示范区的现代农业应当与低碳农业技术紧密结合，在技术上体现现代农业产业低碳化，争取建成在西部及全国有影响力的低碳农业示范区。

（二）能源结构调整，重点解决节能减排问题

1. 加快低碳能源新材料开发，提高低碳能源消费比重

调整能源结构一方面要立足于对旧能源的新利用，即提高利用效率，制定科学合理的使用规划；另一方面要开发污染少、储量大、可循环利用的新能源，对于节能减排、保护气候环境意义重大。目前陕西能源消耗大多以煤为主，呈高碳型，能源供需、节能减排现状亦不容乐观。煤炭、石油作为陕西经济发展的重要物质基础，为陕西工业提供了90%以上的动力。除了陕西本省的煤炭消费，陕西还承担着煤炭外调的任务，2009年陕西外运煤炭3520万吨。陕西作为中国能源的战略接续地，煤炭石油等能源的大量开发一方面给陕西地方经济发展形成巨大带动和促进作用；另一方面煤炭开采业和石油开采业及相关化工业给陕西脆弱的自然生态环境带来巨大威胁。化石能源最根本上看是可耗竭的，不可再生的，而且其大规模开发还十分容易形成"资源诅咒"效应。因此，新能源的开发和利用是能源短缺的根本解决措施，新能源应当成为能源结构的主体。

2. 加快可再生能源建设，发展可再生资源制造业

可再生能源建设是发展循环经济的重要内涵，可归结为"资源—产

品—废弃物—再生资源"的模式。传统经济是"资源—产品—废弃物"的单向直线过程，创造的财富越多，消耗的资源和产生的废弃物就越多，对环境资源的负面影响也就越大。一直以来，发展依赖于消耗有限的资源，而只有开发利用可再生资源，才能将物质利用永续下去。可再生资源制造业就是通过回收废弃物，并进行加工和改造，制造成新的产品投入市场。同时，发展陕西的可再生资源制造业，借鉴发达国家的经验十分重要。

3. 集约开发和使用传统能源，提高利用效率

传统能源包括煤炭、石油、天然气、水能、木材等，是如今广泛利用的常规能源，具有有限性、污染大、利用率低、成本高、代价大等缺点。对传统能源的大量消耗带来了严峻的环境问题，如温室效应、酸雨、光化学烟雾等。2010年中国的基本能源消费总量为32.5亿吨标准煤，比上年增长5.9%。而陕西煤炭消耗也处于高水平，2010年陕西第二产业煤炭能源消费量共达5003.61万吨。近年来，煤炭在一次能源中的比重不降反增，占到近70%。从现实来看，传统能源与低碳发展是对立的，矛盾恰在于短期内传统能源的利用不可能停止。然而，为发展低碳经济，在传统能源的开发利用过程中我们仍可以有所作为。即集约开发传统能源，减少能源开发中的浪费，以及合理配置能源，在使用中做到节约有效，这样才是对待传统能源的正确态度。

4. 发挥市场功能效应，进行资源能源性产品价格改革

资源性产品，主要是指水、能源、矿产、土地四大类产品。中国能源资源总量丰富，但人均能源资源拥有量较低，煤炭和水力资源人均拥有量相当于世界平均水平的50%，石油、天然气人均资源量仅为世界平均水平的1/15左右。同时，能源资源分布不均衡，煤炭、石油多分布在北方，而天然气分布在西部。一方面，中国东部多为能源资源消费的大省，在很大程度上依靠其他省市的输送；另一方面，由于中国能源资源价格市场化程度低，不能真实地反映市场供求关系和资源稀缺程度。而能源资源性产品价格改革可以通过市场价格机制来改变能源资源的市场地位，增加能源资源的利用成本从而实现资源合理利用。所以，西部各省特别是陕西省应加快推进能源资源的价格改革，逐步建立能够反映资源稀缺程度、市场供求关系和环境成本的价格形成机制。

（三）加速低碳技术引进，加大自主开发力度

截至2012年2月1日，陕西省进入联合国清洁发展机制（CDM）项目申请流程的项目总数共113个，其中水电项目37个，风电项目29个，节能项目18个，煤层气项目15个，还有其他各种类型项目共14个。根据中国清洁发展机制网和国家发改委CDM项目数据库管理系统的统计，截至2012年1月中旬，国家发改委已经批准的在陕CDM项目85个，其中有41个在联合国CDM执行理事会（EB）获得注册，9个项目已获得正式签发。在已获批的85个项目中，申报项目较多的城市包括：安康22个、榆林16个、汉中12个及渭南11个。按国内减排类型统计，新能源和可再生能源的项目53个，占总项目比重为63%；节能和提高能效的项目23个，占比27%；甲烷回收利用的项目8个，占9%。按照《联合国气候变化框架公约》（即UNFCCC）的减排类型统计，占比最高的为水电项目共40个，占比48%；其次为节能类型项目共23个，占比为27%。在已注册成功的项目中，按国内减排类型统计，占比最多新能源和可再生能源项目及节能和提高能效项目分别为28个和9个，占总项目比重分别为69%和22%；按照UNFCCC减排类型统计，占比最高的水电项目及节能类型项目共计26个和9个，分别占64%和23%，其他各类项目占13%。

1. 出台紧缺技术项目目录，引导CDM项目进入

清洁发展机制，即CDM机制，是《京都议定书》第十二条确立的发达国家与发展中国家合作实现温室气体减排的灵活机制。因此，CDM项目是当前引入外国先进技术的最佳途径之一。陕西近几年，开放程度逐步提高，在对外贸易等方面积累了较多经验。在CDM机制的运行方面应积极主动，走在全国前列。但是在引入过程中不能盲目，必须预防和阻止外国公司极端粗放的开发方式。通过计算项目的开发成本及难度、技术需求性，从而确定较为合适的项目领域，同时出台紧缺技术的项目目录，引导外国企业来陕西省投建CDM项目。

2. 加大引进优惠力度，吸引低碳技术落户陕西

CDM项目是一种碳交易机制，其本质是以发展中国家的碳排放资源换取发达国家的资金和先进技术，顺应了世界低碳发展的潮流。如今，中国已成为全球主要的国际碳排放资源提供国。中国在联合国已注册的项目年平均减排量总和达1.80亿吨二氧化碳当量；已获签发减排量1.43

亿吨二氧化碳当量。中国已注册项目数及签发的减排量均为全球第一。财政部、国家税务总局联合下发《关于中国清洁发展机制基金及清洁发展机制项目实施企业有关企业所得税政策问题的通知》,给予了CDM项目大量税收优惠。陕西也应积极制定政策法规,给予CDM项目更多更长远的优惠,从而打开外国CDM项目落户陕西的局面。

3. 发展低碳科技园区,增设低碳技术研发部门

陕西向来是中国科教大省,但在科技转化为产业生产力方面,还存在许多问题。陕西应借低碳经济发展的大好机遇,加大科教转化力度和水平。陕西省自20世纪90年代建设高新科技园区以来,经过十几年的发展,取得了辉煌的成绩,高新科技园区已成为陕西高新技术产业发展的先行区、新体制的试验区,同时也是陕西经济发展最为强劲的区域,但是与发达省份相比,陕西省高新科技园区发展水平总体上还有差距。

1991年国务院批准西安高新技术开发区为国家级开发区,同年,陕西省在宝鸡、咸阳、渭南和杨凌等地建立开发试验区。1998年陕西省政府出台了《关于加快关中高新技术产业带的若干决定》,制定了关中高新技术产业带的发展规划。以西安、宝鸡、和杨凌三个国家级高新技术开发区为骨干,把关中高新技术产业带作为陕西省新的经济增长点,这标志着陕西省高新技术开发区建设的全面展开。2000年以来,陕西省科技园区进入了快速发展的时期。"十五"时期,陕西高新科技园区迅猛发展,以五个高新区为核心的关中高新技术产业开发带,在2002年3月由国家科技部批准成为第二条国家级高新技术产业开发带。特别是西安高新区,1994年以来其综合指标一直位居全国53个国家级高新区的前列。在科技部火炬中心发布的《2004年国家高新区发展报告》中,西安高新区有多项经济指标在全国处于领先地位。其中,企业聚集位居全国第二;就业人口排名第二;营业总收入和上缴税收总额均排名第六;在全国高新区的综合排名由2002年的第二十位上升至第五位,科技创新能力处于前茅。2005年8月经国家质检总局、国家标准化管理委员会正式批准,西安高新区成为全国第一个国家级高新技术产业标准化示范区。同时,西安高新区还被国家确定为中国要建成世界一流高科技园区的五个高新区之一。另外,杨凌示范区是中国唯一的国家级农业高新技术产业示范区。这些都反映了陕西高新区在全国有较大的影响,在中西部处在领先位置。

（四）出台建筑和交通重点领域行业节能减排政策

1. 推进建筑节能，开发低碳建筑

国务院将建筑节能列为10项节能重点工程后，陕西省将建筑节能纳入"十一五"发展总体规划，并明确建筑节能硬性指标。在2011年的全国"两会"上，代表提交的议案中，10%左右与"低碳"有关，尤其是有一些有关建筑节能的提案。建筑能耗的比重过大，节能减排成为了节能的核心，建筑节能成为国家"十二五"期间的重点。建设部要求地方出台适应当地的建筑节能地方性法规，陕西的节能形势非常严峻，加强建筑节能工作的管理将是陕西地区迫切需要解决的问题。

（1）树立建筑节能管理的理念与意识，加强节能宣传。陕西目前正处于从50%节能标准向65%节能标准过渡时期，陕西省的节能工作面临着新的挑战，树立建筑节能意识，倡导节约能源的建筑方式是摆在面前的严峻问题。依据目前中国的经济增长速度，能源的需求还会不断增加，生态环境的影响还在继续，传统的粗放式的经济增长形势已经造成了大量资源浪费。要促进社会的科学发展，就必须要树立全方位的节能减排意识，树立起坚持经济与适用共同进步的建筑节能意识，正确处理近期与长期发展的关系，不仅仅是让全民有所想，更要有行动，以人的全面发展来取代过去传统的经济增长方式，并建立起一套合理的机制，强化企业、个人的社会责任感，同时加强政府的执行力度，使节能减排能落到实处。

在全社会倡导建筑节能的大环境下，陕西在这一方面已经采取了一些措施[1]多方式、多渠道对建筑节能知识、外墙外保温知识进行宣传，除了利用电视、报纸、广播、网络进行宣传外，陕西地区还为此开设了《陕西建筑节能网》《秦能网》，以提高公众的节能环保意识，让市民认识到建筑节能与自身的利害关系，了解当前建筑节能的形势与动态，让节能从行政行为，慢慢转变为建设主体的自主行为，让全民都参与到建筑节能中来，形成全民都响应节能的氛围。可以说，陕西地区已经开始为建筑节能行动起来了，但这样的力度还有待加强，执行力也需进一步深化。

---

[1] 陈滨，孟世荣等.中国住宅中能源消耗的CO_2排放量及减排对策［J］.可再生资源，2006（5）.

（2）加强外墙外保温管理体制的建立。目前，中国已经认识到建筑节能的重要性与紧迫感，已经开始采取一定行动和措施来促进建筑节能工作的开展，尤其是外墙外保温的工作。但是，外墙外保温工作的侧重点有，却不够全面，尤其是相关的法律法规还不够完善，缺少政策机制的引导，没有合理的激励机制，实施与监管力度也有待加强[①]。以外墙外保温整个内容来看，涉及范围多、面广，不仅包含材料的生产、加工，还包括保温施工、管理、监控、维修等，外墙外保温管理急需市场与政府共同合作，相互补充。一方面政府采取必要的强制措施来规范市场，限制生产者与消费者行为；另一方面，以市场为引导，发挥市场的调节作用，建立起以政府宏观调控为主，市场为辅的机制，有效地推进外墙外保温管理体制的建立与完善。

2. 优化交通体系，引导低碳出行

交通运输行业减排潜力巨大，实施减排兼具环境、经济和社会效益。2010~2020年将是中国交通运输行业高速发展的重要阶段，在低度减排情景下虽然也能够实现一定的减排量，但减排效果有限。要满足能源安全和温室气体减排的要求，中国需要实施更为严格的产业和环境政策。

当前，气候变化问题日趋严重，节能减排已经成为衡量中国经济社会可持续发展的重要指标。在此形势下，各交通运输行业都应当从战略和全局的高度，用科学发展观来审视和定位节能减排的管理问题。在道路运输行业节能减排方面，应主要进行四个方面的改进：

第一，改进基础设施，创建良好的出行环境。公共交通方式是交通出行中最为节能的方式之一，为推进交通节能减排，中国应加大公共交通基础设施建设、优化公共交通站点布局、强化各种运输方式之间的便捷换乘、推行城乡交通一体化进程，从多方面提高公共交通出行的比率。同时，在基础设施建设的过程中，也应当重视道路路面情况和道路通畅程度等方面，改善直接影响机动车能耗的道路条件，完善路网结构，减少拥堵状况也可有效地达到道路运输节能减排的目的。

第二，推进技术创新，降低机动车能耗污染。在机动车生产技术方面，中国和世界先进的汽车制造商已经取得了节能技术的创新成果，包

---

① 刘晶茹，王如松．中国家庭消费的生态影响——以家庭生活用电为例［J］．城市环境与城市生态，2002（3）．

括改善发动机的燃料经济性、减轻车辆自重、减少行驶阻力、改进车速箱和传动系等。如果将这些成果运用到生产环节,将能有效降低汽车能耗,减少碳排放量。同时,将新型技术应用进一步扩展到汽车保养维护方面,通过加强车辆检测维护,使车辆保持良好的技术性能,也可有利促进节能减排。

第三,提升公民素质,加大节能减排的宣传力度。实施节能减排必须充分发挥交通从业人员和交通出行居民的主观能动性,提高民众的道德素质、专业技能、综合品质等,培养全民节能减排的整体意识。只有借助媒体及行业协会的力量,通过制作宣传广告、发布节能减排信息、出版节能减排书籍等措施,采取各种渠道来宣传道路运输节能减排,才能使广大基层人员明确节能减排的意义,真正变被动节能为主动节能,使交通出行节能减排取得长效发展。

第四,优化道路运输结构,加强道路运输的能效和经营效率管理,也是提高节能减排工作效率的关键环节。在运输结构方面,建议发展集装箱运输、甩挂运输和汽车、列车等的节能运输模式,通过改善运力结构来提高能源利用效率。在组织结构调整方面,要引导运输企业实现规模化、集约化、网络化经营,整合传统运输企业,组建实力雄厚、技术先进、管理科学、运作规范、集货物运输和站场服务为一体的新型运输集团,交通运输部门的节能减排工作需要所有部门的共同配合。本研究仅着重分析了道路运输出行的节能减排潜力,如需对节能减排潜力进行进一步挖掘,则中国应当实施更为严格的交通减排政策。铁路、航空、水运等行业也应当积极有效地开展节能减排工作,贯彻落实节能减排的有关制度和政策。铁路运输方面应加快电气化铁路发展,实现以电代油,提高用电效率,发展机车向客车供电技术,推广使用客车电源,逐步减少和取消柴油发电车,加强运输组织管理,优化机车操纵,降低铁路运输燃油消耗。航空运输方面应优化航线,采用节油机型,提高载运率、客座率和运输周转能力,提高燃油效率。水上运输方面应制定船舶技术标准,加速淘汰老旧船舶,发展大宗散货专业运输和多式联运等现代运输组织方式,优化船舶运力结构等。

总之,要实现交通运输部门的可持续发展,达到节能减排的目标,就必须优化交通资源配置,转变交通发展模式。由以经济发展为导向的拉动内需式交通发展模式向以资源节约为导向的可持续交通发展模式转变；由粗放型的交通消费模式向集约、节约型的交通消费模式转变。不断优化资源利用方式，提高能源生产、转化利用效率，倡导循环经济和可持续发展理念，最终在根本意义上实现交通运输部门节能减排的深化改革和跨越式发展。

（五）加大宣传和引导，促进城市和生活消费低碳化

1. 建设低碳城市

城市是能源重点区域，根据OECD和欧盟国家的经验，城市建筑和交通用能占终端能源消耗的2/3。中国建筑和交通用能占终端能源消耗的比重增长得也很快，其比例由2000年的35.9%上升到2007年的41.9%。基础设施建设周期长，城市形态改变起来也很难，因此应尽早进行布局优化和提高基础设施的能源效率，发展低碳城市，避免碳锁定。具体途径如下。

第一，倡导紧凑型城市化道路，大力发展公共交通系统，优化城市交通模式。开发低碳居住空间，提供低碳化的城市公共交通系统。城市交通工具是温室气体主要排放者，发展低碳交通是未来的方向，即大力发展以步行和自行车为主的慢速交通系统。2006年法国巴黎推出了城市自行车租借系统，上万辆自行车租借点遍布城市各个角落，在城市交通系统中设立自行车专用道；鼓励大中城市发展公共交通系统和快速轨道交通系统，如轻轨和地铁系统，这些是低碳交通的标志，尽管轻轨和地铁系统的基础设施建设需要巨额投资，以高碳排放为代价，但从该系统低碳运行几十年或上百年的角度看，仍属城市低碳交通；限制城市私家汽车作为城市交通工具，2007年北京市区尝试单双号汽车上路的4天，不仅明显改善了城市空气质量，减轻了城市交通压力，也是一次城市减碳交通的尝试，充分发挥了低碳交通系统的作用；城市交通应该倡导发展混合燃料汽车、电动汽车、氢气动力车、生物乙醇燃料汽车、太阳能汽车等低碳排放的交通工具，以实现城市运行的低碳化目标。

第二，加强建筑节能技术和标准的推广，开发城市低碳建筑。低碳城市的建设离不开低碳建筑这个单元，发展低碳建筑要从设计和运行两个方面入手。在建筑设计上引入低碳理念，如充分利用太阳能、选用隔热保温的建筑材料、合理设计通风和采光系统、选用节能型取暖和制冷系统；在运行过程中，倡导居住空间的低碳装饰、选用低碳装饰材料，

避免过度装修，在家庭推广使用节能灯和节能家用电器，鼓励使用高效节能厨房系统，从各个环节上做到"节能减排"，有效降低每个家庭的碳排放量。

第三，改进城市能源供给方式，扩大新能源的利用，加强城市能源管理，开展节能产品认证。

2. 倡导低碳消费模式

低碳消费已被认为是实现低碳经济的重要内容之一，引导消费者树立低碳消费观念，把有限的资源用于满足人类的基本需要，在提高人们生活质量的同时，使环境质量也得到同步改善，成为当前消费领域的一个重要课题。各地在统筹规划本地城市低碳经济发展时，从优先打造低碳消费经济入手，自下而上、积极稳妥、深入扎实地推动城市低碳经济健康有序、科学有效地持续发展。要强化社会低碳消费支撑系统、改善现有消费结构与消费环境、引导群众树立科学理性的低碳消费观念，强化自主意识、建立可持续的低碳消费政策评估改进体系。

发展低碳消费是建立低碳发展模式的一条重要途径。在经济发展水平、产业结构相近的情况下，日本人均能源消耗为4吨标油，美国为10吨标油，日美能源消耗差距的70%归因于消费模式的差异。低碳型消费是可持续消费理念在低碳经济领域的延伸，具有"6R"原则：reduce，节约资源，减少污染；re-evaluate，绿色消费，环保选购；reuse，重复使用，多次利用；recycle，垃圾分类，循环回收；rescue，救助物种，保护自然；re-calculate，再计算，即消费者在选择商品和服务的过程中，不仅要计算其消费行为的直接经济成本，还要计算生产该产品或提供该服务的全过程的碳排放量，即碳足迹。鼓励消费者选择"碳足迹"少的产品和生活方式。要建立低碳消费模式，需要从低碳型消费文化、消费政策、消费理念、消费准则、消费习惯、消费行为和消费评价等多个方面加以推进，具体措施有加强制度建设，加大财税金融激励，加强宣传教育力度。

（六）优化土地等自然资源的利用，落实碳汇增进政策

1. 林业生态系统碳汇增进

作为主要的陆地生态系统，森林在应对气候变化的问题中发挥着极为重要的作用。发展林业、增加森林植被是减少大气中温室气体的有效

途径之一。森林是最经济的"吸碳器"。人工林在中国生态碳汇中发挥了重要作用。

近十年来陕西全省共完成人工造林4803.75万亩。全省林地面积已达1.84亿亩,森林面积1.15亿亩,森林覆盖率由1999年的30.92%提高到2010年37.26%,林木总蓄积达3.6亿立方米,特别是近几年陕西省活立木蓄积量平均每年增加1200万立方米。据研究结果推算,陕西省森林资源共吸收固定二氧化碳11.54亿吨,放出氧气10.21亿吨,仅活林木蓄积增加一项平均每年就吸收固定二氧化碳2000多万吨,放出氧气1900多万吨。陕西目前通过四个途径增加林业碳汇:一是努力增加森林植被。自1999年陕西省率先在全国启动实施退耕还林工程以来,共完成退耕还林3449.5万亩。还通过实施防沙治沙、三北防护林体系建设等重点治理工程,累计沙区保存造林面积1869万亩,固定流沙700万亩,建成了总长1500公里的四条大型防风固沙林带,三北地区森林覆盖率达25.8%。加上其他重点项目,全省十年累计造林8366万亩。二是严格保护天然林。1998年陕西省启动实施天保工程至今,全面停止了天然林的商品性采伐,森林资源得以休养生息,全省累计减少森林资源消耗5000多万立方米,相当于年均森林生长总量的3.8倍,累计完成公益林建设2618.12万亩。通过天然林保护,既提高森林质量,增强林业碳汇,又减少森林消耗,从而减少毁林排放。三是加强森林、湿地等各类自然保护区建设。全省建立各类自然保护区42个,面积达98.7万公顷,占总土地面积的比例由2000年的1.25%提高到4.8%;全省有重要湿地55块,建立湿地类型的保护区10个,总面积达17.8万公顷,对保持局部地区气候稳定起到了积极作用。四是加快推进重点区域绿化。按照科学规划、突出重点、板块推进的原则,组织力量对村镇周围、江河两岸、道路两旁等重点区域进行绿化。2007年启动实施"三化一片林"绿色家园建设,全省有402个试点村完成造林绿化3.79万亩,栽植各类绿化苗木477.6万株,村容村貌有了明显改善。今年省重点区域绿化取得突破性进展,完成造林绿化115万亩。各地结合实际组织开展本辖区的重点区域绿化,完成造林91万亩。宝鸡荣获全国森林城市称号,进入全国14个森林城市行列。

总的来看,陕西省林业发展为应对气候变化做出了积极贡献。但是,还面临着许多突出矛盾和问题。一是森林分布不均。主要分布在秦岭、巴山、乔山等五大林区,五大林区土地面积占全省的45.3%,而森林面积占全省的79.5%，森林蓄积占全省的94.3%。黄桥林区以南生态相对较好，延安以北地区生态环境比较脆弱，水土流失、土地荒漠化和湿地退化等问题仍然较为严重。二是林分质量不高。由于长期的森林采伐和人为破坏，天然林中约有80%左右为次生林，林分结构不合理，单位面积蓄积量只占全国平均水平的85.3%、世界平均水平的55.65%。这些问题，严重制约着陕西省林业的可持续发展，严重制约着林业在应对气候变化中发挥更大作用。

为切实发挥林业在应对气候变化中的碳汇增进作用，今后政策导向的重点应考虑如下五个方面：

一是加大宣传力度，倡导绿色生活，提高全民生态意识。通过各种渠道宣传和普及林业碳汇知识，倡导绿色生活方式。鼓励和支持全社会积极参与植树造林，多方投入恢复森林植被，重视森林保护，把全社会关注气候变化的热情，变成多种树、种好树的实际行动。

二是坚持政府主导，加大资金投入，推进林业快速发展。各级政府提高应对气候变化工作的重视力度，把加快林业建设、发展碳汇经济纳入目标责任考核内容，大幅度增加林业投入，推进林业快速发展，确保森林增长速度跟上或超过工业快速发展推高的温室气体排放速度。

三是加快造林步伐，严格保护森林，增加林业碳汇。继续推进实施现有各项林业重点工程建设，全面推进身边增绿，进一步加大森林保护力度，加强对中幼林的抚育，不断提高林分质量，增强森林固碳放氧能力，力求全省森林覆盖率到2013年达到41%，到2018年达到43%。

四是推进林业立法，完善法制体系，促进林业碳汇规范发展。进一步修订和完善《陕西省森林管理条例》等法律法规，加快制定《陕西省义务植树条例》，不断完善林业法制体系，为全省林业的发展奠定坚实的法律基础，促进全省林业碳汇事业走上法制化轨道。

五是推进林业改革，健全政策机制，完善生态效益补偿。全面推进集体林权制度改革，深入试点推广新的林地管理、林木采伐政策，积极探索通过碳汇市场交易和碳汇基金实现对公益林的补偿，逐步完善生态效益补偿机制，促进全省林业良性发展，不断增强林业发展活力，进一步提高林业应对气候变化的能力，为陕西省经济社会的可持续发展做出更大贡献。

2. 农业生态系统碳汇增进

在保证粮食产量和土壤肥力的前提下，寻求切实可行的方法，减少农田温室气体的排放。针对不同农田类型区，进一步研究土壤固碳潜力与实施方法，重点研究有机肥施用、秸秆还田、免耕、作物品种更换、耕作制度变化、农田水分管理等措施提高减排增汇的效率和效益。在此基础上，因地制宜，采取最有效的农田管理措施与耕作制度，从而实现最大效益的固碳减排效果。通过在典型区开展示范工作，最终向区域推广。

（1）重视低碳农业研究、示范和推广。

从战略高度充分认识低碳农业对于陕西省农业发展方式转变的重大意义，重视并推动关于低碳农业的研究、示范和推广。尽快组织农业和经济领域专家学者及相关部门负责人共商对策，并且通过设立专项基金的方式支持对低碳农业进行应急性攻关研究，在梳理已有做法的基础上，提出可行的运行模式和技术规程，并出台专门政策予以示范推广，建立若干低碳农业示范园区。尤其要将低碳理念与各地原有的有机农业、生态农业、循环农业等有益经验结合起来，率先在对全省农业发展具有战略意义的领域，如陕北苹果和红枣产业、关中现代设施农业、陕南特色观光农业等方面实现低碳化发展。

（2）建立低碳农业产销体系。

通过规划实行合理休耕轮作，加强节水灌溉水质管理和维护，开展耐、抗旱品种和高氮素利用效率作物品种的选育，严格控制化学农药用量，推广生物农药和物理、生物防治等措施进行种植制度低碳化改造。通过发展规模化养殖，集中处理牲畜粪便，增加作物秸秆综合利用水平，推动畜牧场减废与资源再利用等措施实现养殖业低碳化。通过发展现代农产品物流技术、无害加工保鲜技术、农产品信息交通网络，鼓励农产品和农资的低碳运销实现加工物流环节的节能减排。强化农产品生态标识制度，在现有"有机产品"、"绿色食品"和"无公害农产品"标准中逐步加入有关碳排放量的参考标准。

（3）开发应用低碳农业适用技术。

通过改进和创新土肥技术，推广配方施肥、缓控释肥提高肥料的利用率、保护环境、节约能源，简化农作物生产技术，帮助农民节本增收，可以大力发展和推广此类技术，降低耕地碳排放。以秸秆为原料进行新能源开发或转化节约和替代大量的木材与煤炭资源,减少大量温室气体的排放;将沼气技术作为农业基础设施加以发展,以提升农业废弃物的综合利用水平;在有条件的地方结合设施农业、新农村建设大力推广使用太阳能、风能、水能等清洁能源。

(4)推动农业碳汇及生态补偿。

在保持现有林业生态计划的基础上完善林业工程经营管理体制,继续推进植树造林步伐,开展碳汇造林试点及计量监测,为进一步建立陕西省林业碳汇市场创造条件。通过草地可持续经营,发展本土化的草种培育、适量放牧、改良家畜品种、荒漠化治理等方式增加草原碳汇,维护草地碳平衡。通过合理的补偿机制鼓励农民进行低碳农业生产,特别是通过完善退耕还林补偿机制、荒山造林补偿机制;待时机成熟引入国际上CDM机制,对不同区域之间农业发展过程中因为碳排放差异所导致的利益不平衡进行跨区域、跨流域生态补偿。

3. 草地生态系统碳汇增进

陕西草地总面积为317.68万公顷,其中天然草地258.46万公顷。由于地形复杂多样,从南到北横跨3个气候带,形成了陕西草地资源独有特点:(1)草地资源分布不均衡,陕北居多,关中、陕南较少。陕北北涉毛乌素沙地南缘,南接渭北旱塬,共有草地125.2万公顷,占全省草地总面积的51.6%,关中、渭北及秦岭北麓有草山草坡44.6万公顷,占18.4%。陕南秦巴山区有草地72.88万公顷,占30%。(2)草地类型和牧草种类多样。全省天然草地包罗了中国天然草地的主要类型,有野生植物1908种,其中主要牧草和饲用植物约700余种,是构成草地的基础牧草。(3)天然草地呈强烈地带性差异。全省由南到北依次呈现山地稀树灌木草地—山丘暖性灌木草地—山地稀树温性灌木草地—温性灌木草地—丘陵草甸草原—丘陵干草原—梁塬干草原7种类型地带性草地植被,草层高度由陕南的60~100厘米逐渐下降到陕北的4~8厘米,盖度由70%~80%下降到22%~38%,产草量由7530公斤/公顷下降至750公斤/公顷。

草地生态系统是最大的陆地生态系统,由于过去数十年不合理的利用,尤其是过牧超载,草地退化问题比较突出。近年来,国家采取退耕、退牧还草等草地植被恢复措施,恢复退化草地生态系统的结构与功能。显然,恢复草地植被,在改善生态环境的同时也将增加草地的固碳水平。

此外，加强草地管理，减轻放牧强度，优化放牧方式，防治草原病虫鼠害，建立优质高产人工草地，也是提高草地固碳潜力的有效途径。研究指出，采取减轻放牧强度、草地围封、人工种草等措施，可以使中国草地的固碳潜力分别增加0.66亿吨、0.12亿~0.18亿吨和0.14亿吨。2009年陕西省通过《陕西省实施〈中华人民共和国草原法〉办法》，从立法角度加强了对陕西草原生态的保护。

4. 湿地生态系统碳汇增进

湿地开垦、改变自然湿地用途和城市开发占用自然湿地是造成中国自然湿地面积削减、功能下降的主要原因。发展低碳经济，增加碳汇，需要对湿地进行保护和恢复工作。要加强湿地立法，完善湿地保护的政策和法律法规体系，降低人类活动对湖泊的干扰，抓紧抢救损失严重但固碳能力很高的黄河和渭河湿地。从20世纪80年代以来，陕西省先后建立了陕西渭南渭河、西安泾渭、安康瀛湖、神木红碱淖和合阳黄河等6个湿地类型自然保护区，保护区总面积14.7万公顷，保护湿地8.6万公顷，至今已使全省30%的天然湿地得到有效保护。与此同时，还全面完成了全省湿地资源调查。陕西省是湿地资源较为贫乏的省份之一，100公顷以上的湿地总面积为29.3万公顷，仅占全省总面积的1.4%，不及全国平均水平的一半。但是湿地生物多样性资源极其丰富，全省共有湿地高等植物53科114属193种，湿地鸟类9目20科95种。

陕西省湿地保护总体规划确定，分近期、中期、远期三个阶段，近期为2005~2010年，中期为2011~2020年，远期为2021~2030年。

（1）近期目标（2005~2010年）。建立陕西省湿地保护协调机制和管理体系，初步形成湿地保护区网络体系，使一些重要天然湿地得到全面保护，湿地面积萎缩和功能退化的趋势初步得到遏制，同时，努力使湿地保护、管理和《湿地公约》的履约能力大为增强并得到有效运行。在该规划期内，划建湿地自然保护区5个，晋升国家级保护区4个（其中建设国际重要湿地2个）；开展湿地保护和合理利用示范工程2项；建设陕西湿地科研宣教中心；新建陕西湿地监测中心1处，基层湿地监测管理站3处；实施退耕（牧）还湿（湖、草）2万公顷，恢复野生动物栖息地0.8万公顷。

（2）中期目标（2011~2020年）。进一步加强陕西省湿地保护区网络建设，建立和完善湿地保护的法制法规体系、管理体系和科研监测体系，全面提高湿地保护、管理和合理利用能力，使70%以上天然湿地得到良好保护，天然湿地无净损失，湿地生态环境得到明显好转。在该规划期内，划建湿地自然保护区4个，晋升国家级保护区3个（其中建设国际重要湿地1个）；开展湿地保护和合理利用示范工程2项；新建基层湿地监测管理站4处；实施退耕（牧）还湿（湖、草）4万公顷，恢复野生动物栖息地1万公顷。

（3）远期目标（2021~2030年）。全面提高陕西省湿地保护和合理利用的法制化、规范化和科学化水平，使湿地资源保护和合理利用进入良性循环。在该规划期内，划建湿地自然保护区4个，晋升国家级保护区2个；实施退耕（牧）还湿（湖、草）5万公顷，恢复野生动物栖息地2万公顷；新建基层湿地监测管理站4处。

到2030年，使陕西省湿地自然保护区总数达到22个，其中国家级9个（含国际重要湿地3个）。使全省95%以上天然湿地得到有效保护。建立比较完善的湿地保护、管理与合理利用的法律、政策和监测科研体系。形成较为完整的湿地区保护、管理、建设体系，使陕西省成为湿地保护和管理的先进省份。

三、陕西低碳经济发展的配套支持体系

为了有效地贯彻实施低碳经济的相关政策措施和途径，政府应出台与各种政策相配套的法律法规和相关保障制度。目前欧美国家已开始实施促进二氧化碳减排的法律和政策，如征收碳税，对节能、可再生能源等二氧化碳减排技术给予税收优惠或财政补贴。中国低碳经济的发展呈现了良好的增长趋势，为保证这种良好势头的发展，中央政府已经不断细化、完善各种配套支持体系，而省级地方政府应根据国家低碳经济发展的国家立法和制度，尽快研究和出台相应的地方配套支持体系。

（一）建立发展低碳经济的地方法律法规体系

作为由国家制定和执行的社会行为准则，法律对推动低碳经济发展

具有重要的作用。目前，中国在促进低碳经济发展的政策法律体系方面仍处于薄弱的状态，有关立法在体系上并不完善，如石油、天然气、原子能等主要领域的能源单行法律仍然缺位，同时也缺少能源公用事业法，这会导致能源与环境相协调的作用领域不够全面，为此中国制定了《煤炭法》《电力法》《节约能源法》《可再生能源法》《清洁生产促进法》《循环经济促进法》等法律。另外，中国还积极制定并实施了减缓气候变化的《节能中长期规划》《可再生能源中长期发展规划》《核电中长期发展规划》等一系列约束性目标，显示了中国政府高度重视应对气候变化、保障能源安全、实现低碳发展的决心，也为低碳经济在中国的发展创造了良好的法律与政策环境。

目前，陕西省在国家法律法规的基础上，结合陕西低碳发展的实践，已制定出台了一系列相关法规：《陕西省秦岭生态环境保护条例》（2008）、《陕西省渭河流域生态环境保护办法》（2009）、《陕西省环境保护条例（征求意见稿）》（2010）、《陕西省人民政府办公厅关于加快发展循环经济的指导意见》（2010）、《陕西省实施〈中华人民共和国循环经济促进法〉办法（征求意见稿）》（2010）、《陕南循环经济产业发展规划（2009—2020年）》（2009）、《陕西省循环经济促进条例》（2011）。

《陕西省循环经济促进条例》规定县级以上政府是循环经济的责任主体，并且把循环经济发展列入目标责任考核范围（条例第四条、第十三条和第十六条规定），县级以上政府要限制钢铁、水泥、电力、煤炭等高耗能、高耗水、高污染企业的建设和发展，淘汰落后工艺、技术和设备，不符合循环经济发展的，不得进入开发区和工业园区，固定资产投资项目不得审批。该条例在国家法的基础上结合陕西省的实际做了一些有特点的规定，它是社会全方位的，大到工业化的生产，小到道路设置合适不合适，最大的亮点就是让全社会动起来，让各个部门各个单位都有循环经济的责任。

由于低碳经济涉及广泛，相关法律较为多样，应该理顺现有法律体系，对需要进行立法的，必须进行广泛的调研，对问题进行深入分析，明确相关法律法规的指导思想、基本原则、具体的法律制度和权责体系，对已经颁布实施的专项法律，要适时进行合理修改制定其相关配套的实施细则；通过立法，明确政府、企业、公众在推行低碳经济方面的义务和职责，逐步将低碳经济发展工作纳入法制化轨道，使低碳经济发展达到有法可依、有法必依、执法必严、违法必究。制定地方配套的实施细则。在建立基本法律的基础上，应逐渐发布一系列符合陕西实际情况、具有较强可操作性的实施细则。

（二）发挥财政对低碳经济发展的促进作用

税收是一种基于市场的政策工具，它通过明确的价值信号，鼓励生产者和消费者调整生产与消费模式，实现节能减排；同时，又能对市场提供持续性的激励。中国当前税制对实现节能减排的作用比较有限，因此，发挥税收促进低碳经济发展的政策思路为：（1）在现有税制框架内对有关税种进行重构，将资源税、消费税、增值税、企业所得税、车船税等涉及节能减排的部分，都列入可调整的范围，包括扩大征税范围、提高税率、改变计税依据等。（2）实施以低碳经济为导向的税收优惠政策，除运用税率式优惠外，应更多地运用包括加速折旧、税前列支、投资抵免等税基式优惠政策，调动各方面发展低碳经济的积极性。（3）考虑开征碳税，碳税是针对二氧化碳排放的目的税，以减少二氧化碳排放为目的，以煤、石油、天然气等化石燃料的含碳量或企业的二氧化碳实际排放量为计税依据，对发展低碳经济具有直接的促进作用，也是发达国家比较推崇的一个税种。

政府对有利于低碳经济发展的生产者或经济行为给予补贴，是促进低碳经济发展的一项重要经济手段。发达国家大多都采取财政补贴来促进新能源和可再生能源产业的发展。借鉴发达国家经验，中国应该对低碳相关产业给予一定的补贴，但应该注意：（1）补贴应该在特定群体的消费环节而不在流通环节体现。如果财政补贴补在流通环节，会进一步加大价格体制的扭曲程度，如果补贴降低了能源产品的终端价格，会导致比没有补贴时更多的能源消费和更大的污染排放，同时也会使财富分配向企业倾斜，达不到调节公平的目的。（2）补贴的方向在高端而不在低端。由于新能源产业可以享受国家补贴政策，所以出现很多地方一窝蜂开展新能源项目的情况。但目前国内新能源产业技术水平比较落后，行业竞争力不强，行业内企业在产业链的低端环节盲目扩张。有些项目根本不具备起码的技术条件，也不进行项目的评估，这实际上与国家的财政补贴政策不明朗有直接关系。因此，对于补贴政策应该有一条界线，国家在发展新能源，审批项目的时候要设立一定的标准，避免不计成本的、不计投资效益的无序竞争，不能只要与新能源搭上边就可以享受补贴，补贴政策应该明确体现国家的政策导向，应该补贴技术研发，而不应补贴低端的生产加工。

2011年，陕西省采取资本金注入、贷款贴息、补助三种支持方式，用环保产业发展专项资金、低碳资金，重点支持十大环保产业园区基础设施及重大设备制造配套项目等。大型污水垃圾处理设备、除尘脱硫脱硝设备、环境监测仪器仪表、节能和资源综合利用装备，环保重大技术研发等服务业项目，大幅度提升产品附加值的工业废弃物、再生资源等资源综合利用项目，十大环保产业园区基础设施及重大设备制造配套项目等，都在陕西省环保产业发展专项资金支持范围之内。属于国家《产业结构调整指导目录》鼓励类，符合陕西省优势产业发展方向，符合国家和陕西省环保产业发展规划、行业准入条件和项目管理的有关规定的项目。项目总投资应不小于3000万元，并按照有关规定办理了核准或备案、环保、土地等手续，符合开工条件的在建或新开工项目。在陕西省行政区域内已开工的在建项目或年内能开工、项目实施主体具有独立法人资格的新建项目等，均可按照要求申请资金支持。对获得国家和省级科技进步奖、获得国家发明专利或年产值5000万元以上的企业优先给予支持。

（三）探索低碳经济发展的金融支持体系

碳交易正逐渐催生一个新兴的、规模快速扩张的碳金融交易市场，包括直接投融资、碳指标交易和银行贷款。在这种形势下，金融机构迫切需要开发关于碳排放权的商品并提高金融服务水平。围绕碳交易提供金融服务和不断开发金融衍生产品成为金融创新的一个新趋势。为碳交易提供中介服务是商业银行环境金融创新的一个常见途径。此外，商业银行还直接参与开发与碳排放权相关的金融产品和服务，并通过贷款、投资、慈善投入和创造新产品及新服务等手段，刺激公司客户开发可持续环保产品和技术的积极性，进一步促进现有环保技术的应用和能源效益的提高，推动绿色环保产业的发展。借助于碳交易和碳金融交易，风险投资基金开展节能减排的投资、融资业务。目前，国外投资机构和从事碳交易的风险投资基金已进入中国，对具有碳交易潜力的节能减排项目进行投资、融资。

中国面临的节能减排形势日益严峻，运用金融杠杆，推行"绿色金融"不仅是助力低碳经济的现实需要，也是顺应国际潮流，实现中国金融业与国际接轨的必然选择。然而随着碳金融逐渐成为抢占低碳经济制高点的关键，为了顺利地推进中国低碳经济政策的顺利实行，应进一步发展低碳经济金融政策支持体系。可从以下三个方面着手，逐渐完善中国低碳经济发展的金融支持政策。

第一，制订碳金融发展的战略规划。政府应充分认识碳资源价值和相关金融服务的重要性，准确评估面临的碳风险，从宏观决策、政策扶持、产业规划等方面来统筹碳金融的发展，加大宏观调控力度。发展碳金融是系统性工程，需要政府和监管部门按照可持续发展的原则制定一系列标准、规则，提供相应的投资、税收、信贷规模导向等政策配套。进一步出台鼓励支持政策，开辟CDM项目在项目审批、投融资、税收等方面的绿色通道，营造有利于碳金融发展的政策环境。

第二，健全碳金融监管和法律框架。中国碳金融的发展尚处于起步阶段，因此，金融监管机构要更新服务理念，转换监管方式，探索监管创新服务新思路。金融监管当局应规范碳金融管理机制，并积极吸取国际上的先进经验，对相关碳金融业务的具体风险因素进行分析，出台相关的风险控制标准，指导金融机构合理地开展碳金融业务。国家有关部门应当加强协调，要制定和完善碳金融方面的法律法规，用法律法规来保障碳金融市场的规范化。

第三，建立碳金融市场。由于低碳产业有赖于高标准技术创新的支持与推动，对其技术密集型要求与知识密集型要求更高，因此，简单的金融市场并不能满足其高级化金融需求，必须加快高级化金融市场。目前，北京、上海、天津、广州、徐州等城市已经通过碳交易所、环境交易所、产权交易所、能源交易所或者其他形式开始碳排放项目交易与绿色金融项目服务，但是还没有形成统一的、标准化的期货合约交易中心。应尽快建立和健全经济、行政、法律、市场四位一体的新型节能减排机制，引进先进的排放权交易技术，组织各类排放权交易，培育多层次碳交易市场体系。

陕西省应在上述三个方面积极尝试构建陕西地方性低碳发展的金融支持体系。陕西省政府一直在排污权交易市场构建方面做着不懈的努力，2010年6月5日，随着陕西省委常委、副省长洪峰为陕西省排污权交易中心鸣锣开市，经过长期筹划的西北五省首场排污权拍卖交易会在西安沪灞商务区开始交易，拍卖会以SO_2为交易标的，起拍基价为2500元/吨，最高成交价为4200元/吨，最终总成交额达944.9万元。但这些努力还远远不够，应对全球暖化是人类经济面临的重大课题，发展低碳经济也是陕西经济发展的必由之路，构建陕西碳排放权交易市场是当务之急。

（四）加快制定区域低碳技术标准

低碳技术标准对于低碳技术的研发至关重要。目前，国际上对低碳技术的界定并无明确定义和标准，但随着气候变化谈判的不断深入及各国履行减排义务，有关低碳技术、低碳产品认定等诸如此类的国际规则、标准等将逐步成熟。技术标准在全球市场上扮演着市场边界和围墙的角色。要防止中国低碳技术市场"被占"，就必须迅速建立低碳产业的中国技术标准平台，而且要努力把中国标准变成国际标准。

中国拥有巨大市场，有潜在的研发能力和量产能力，中国的崛起正提高着国际谈判能力，这三方面优势为我们在低碳领域创立国际技术标准提供了基础。我们要以长远和全局的眼光规划好低碳产业发展，应集中力量制定统一的技术攻关计划，同步实施创新战略、产业化战略和技术标准战略，特别要支持低碳技术设备制造企业以技术创新和技术标准占领市场的战略。

建立中国低碳产业的技术标准平台可以分几步走。首先，由于低碳技术不像信息技术那样有明显的网络特征，对兼容性要求不是非常高，这就为我们提供了建立中国技术标准的机会。其次，根据中国科技新的发展纲要，中国要在2020年成为技术标准的出口国。其中，低碳技术标准的输出应是一大重点。一方面，要在国际技术标准组织中力推中国标准；另一方面要鼓励西方主要生产厂家以中国技术标准生产产品，让中国标准借助中国企业和外国企业两个车轮进占国内和国际两个市场，进而成为国际标准。最后，要开展技术标准的国际合作，可根据中国的利益，利用自己巨大市场的优势，在国际上选择合作伙伴建立技术标准同盟。

（五）陕西应加强国际国内低碳技术的合作与交流

"低碳技术"是发展低碳经济的重要支撑，也是低碳经济政策体系得以实施的保证。目前，欧盟、美国、日本等国家或地区的低碳技术相对成熟，国内各省市低碳技术发展也不平衡，因而陕西应加强国际国内低碳技术的合作与交流。

第一，在低碳技术研发方面。在低碳技术的研发中，欧盟的目标是追求国际领先地位，开发出廉价、清洁、高效和低排放的世界级能源技术。美国实施了清洁煤计划，开发创新型污染控制技术、煤气化技术、先进燃烧系统、汽轮机及碳收集封存技术等。日本重点开发削减温室气体的捕捉及封存技术，化石能源的减排技术装备，如投资燃煤电厂烟气脱硫技术装备，形成了国际领先的烟气脱硫环保产业。

第二，在低碳技术创新方面。低碳技术是低碳经济发展的动力和核心，低碳技术的创新能力在很大程度上决定了中国能否顺利实现低碳经济发展。一方面应制定低碳技术和低碳产品研发的短期、中期、长期的规划，重点着眼于中长期战略技术的储备，使低碳技术和低碳产品研发系列化，做到研发一代，应用一代，储备一代；另一方面，应加强国际交流与合作，积极开展碳捕捉和碳封存技术、替代技术、减量化技术、再利用技术、资源化技术、能源利用技术、生物技术、新材料技术、绿色消费技术、生态恢复技术等的研发。结合中国实际，有针对性地选择一些有望引领低碳经济发展方向的低碳技术，如可再生能源及新能源、煤的清洁高效利用、油气资源和煤层气的勘探开发、二氧化碳捕获与埋存、垃圾无害化填埋的沼气利用等有效控制温室气体排放的新技术，集中投入研发力量，重点攻关，促进低碳技术和产业的发展。

第三，在低碳技术的引导方面。中国应借鉴国外经验，建立绿色证书交易制度，它是建立在配额制度基础上的可再生能源交易制度。在绿色证书交易制度中，一个绿色证书被指定代表一定数量的可再生能源发电量，当国家实行法定的可再生能源配额制度时，没有完成配额任务的企业需要向拥有绿色证书的企业购买绿色证书，以完成法定任务。通过绿色证书，限制高碳能源的使用，引导企业研发和采用低碳技术，发展低碳的可再生能源；制定和实行低碳产品优先采购政策，优先采购经过生态设计并经过清洁生产审计符合环境标志认证的产品，通过低碳产品优先采购引导企业对低碳技术进行战略投资，大力开发低碳产品，提高产品竞争力。通过制定和实施低碳财政、税收、融资等优惠政策，引导企业淘汰落后产能，加快技术升级，有效降低单位GDP碳排放的强度，实现低碳发展。

在国际低碳技术的合作与交流方面，陕西省与比利时安特卫普省合作交流卓有成效。2010年，由两省政府共同倡导的低碳技术与节能减排学术研讨会在西安召开，中比双方专家学者共同探讨能源化工和建筑领域的节能减排及高碳能源低碳化利用方面的问题。在建设西部强省征程中，陕西能源化工产业实现了大发展。发展新能源、新材料，推进高碳能源的低碳化利用技术对陕西而言尤为重要。安特卫普省先进的经验和技术对陕西有着重要的借鉴意义和支撑作用，双方专家深入研讨，找到了相互结合、转化的有效途径，推动陕西在高碳能源低碳化综合利用方面实现新发展。安特卫普省和陕西省在能源化工业、低碳技术和节能减排研究应用方面的交流与合作，有得于双方共同应对挑战，实现双赢发展。

低碳革命的大幕已经拉开，中国各级政府、各类企业和全体人民要高度重视温室气体减排导致的国际经济格局和贸易规则的变化，充分认识低碳革命给产业发展、国际贸易、生活消费等带来的一系列重大影响，切实转变发展观念、创新发展模式、提高发展质量。这不仅关系到我们的产业繁荣、国家实力和生存环境，也关系到我们每个人的财富、健康和未来。

四、陕西低碳经济发展的趋势和前景展望

从世界低碳经济发展的情况来看，一方面，主要发达国家加快向低碳经济转型，如美国奥巴马政府推行绿色新政，培育新能源产业；欧盟促进经济复苏与低碳经济转型战略结合；日本投资低碳革命，低碳经济作为新的发展模式，成为危机时期世界经济增长的重要推力。主要发达国家凭借低碳领域的技术和制度创新优势，制定和实施发展低碳经济的中长期战略规划，力图在新一轮的世界经济增长中获得强有力的竞争优势。另一方面，全球碳交易市场迅速扩大。根据世界银行统计，2005~2008年，全球碳交易额年均增长126.6%。世界银行预计2012年全球碳交易额将达到1500亿美元，有望超过石油市场而成为世界第一大市场。在全球碳交易中，欧盟排放交易体系一直占主导地位。

在低碳经济发展的繁荣景象背后，我们也应该看到，发达国家的温室气体减排行动试图通过世界经济贸易的传导机制，给尚未承担减排义务的发展中国家带来影响。如果欧美等发达国家将应对气候变化与国际贸易挂钩，实施所谓的碳关税，将改变国际贸易竞争格局，对发展中国家出口贸易构成严峻挑战。

中国作为一个处于工业化和城市化阶段的发展中大国，经济和贸易增长与资源、环境约束的矛盾日益突出，随着世界低碳经济趋势深入发展，传统的高碳经济和贸易发展模式面临严峻挑战。我们要迎接低碳经济的挑战，更要抓住低碳经济的机遇，应从战略的高度重视低碳经济发展，积极借鉴发达国家低碳经济发展经验，逐步建立中国发展低碳经济的政策框架，走上新型工业化发展道路。未来中国低碳经济发展的主要趋势表现为三大方面：一是低碳服务业将迎来大发展；二是新能源产业投资会加快，特别是在可再生能源、风电、核电、新能源汽车等领域投资会加速；三是低碳税收将发挥重要作用。

在低碳经济发展的国际国内宏观背景下，陕西省区域低碳经济的发展充满机遇和挑战。根据国内外低碳经济发展的趋势，陕西省未来低碳经济发展的趋势可从以下三个方面来阐述。

（一）陕西低碳发展前景看好，充满挑战

发展低碳经济没有现成的道路可走，也没有相当成熟的经验可以借鉴，因此对于中国而言应当走出一条中国特色的低碳之路，从根本上讲，低碳经济与中国传统理念及当前可持续发展理念是相同的。当前在中国这样一个大国背景下，国内区域社会经济发展极不平衡，在这种条件下发展低碳经济难度巨大。而陕西地处西部地区，经济总量偏小，社会经济发展状态仍属于欠发达状态；生态环境非常脆弱，因此陕西省要发展低碳经济也同样要走出一条符合自身资源环境条件的具有地域特点的低碳之路。

1. 低碳经济是陕西能源与环境和谐发展的助推器

能源是经济增长的引擎，中国经济的高速增长使其对能源需求始终保持强劲增长的态势。在中国经济的高速发展过程中，能源安全（持续稳定供应）越来越成为制约中国经济持续增长的"瓶颈"，尤其是石油的可获得性。从1993年起，中国成为石油进口国，1996年成为原油进口国，目前

中国已经成为仅次于美国的世界第二大石油消费国，成为世界上最大的石油进口国之一。2007年石油的进口依存度达到46.6%。2003年以来，国际原油市场的油价格不断攀升。虽然中国非常注重能源结构的清洁化，但国内替代选择方式有限，以煤炭为主的能源结构在相当长的一段时期难以改变。考虑到国际社会对中国石油进口的过度敏感，以及中国从西方国家在第一次和第二次石油危机时期获得的经验，中国必须重视能源供给安全。节能减排、发展低碳经济有助于中国能源安全目标的实现。

在能源瓶颈问题日益突出的同时，环境生态的压力更为严重，工业废水、废气和固体废弃物的排放量均保持较高的增长率，经济运行成本和社会成本进一步扩大。中国大量的大气污染物排放如二氧化碳、二氧化硫、氮氧化物等都是由燃煤引起的。2001年世界银行发展报告列举的全世界20个空气污染最严重的城市中，有16个在中国。而2011年国际环境研究组织报告的目前全球污染最严重的十大城市，其中中国山西临汾市榜上有名。随着中国能源战略西移，陕西省作为新兴能源战略接续地，对于中国未来能源安全具有重要战略意义。但是随着高碳能源的大规模开发，陕西的未来命运会不会像国内其他能源基地一样资源枯竭，环境严重污染，不适应人类居住呢？可以肯定的是，如果按照传统能源开发利用模式，陕西未来不容乐观。幸运的是在当前国际、国内低碳经济的紧迫形势下，对于国内低碳经济发展会形成一种倒逼机制，即发展低碳经济是经济转型的必由之路。在这种倒逼机制下，给陕西省发展提供了前所未有的机遇。陕西省发展低碳经济可以加速调整能源结构，改变能源利用方式，提高能源利用的效率，有助于能源开发利用与区域保护环境和谐发展目标的实现。

2. 低碳经济是陕西经济与环境融合的最佳选择

发展低碳经济是中国经济与环境融合的最佳选择。在全球气候变化的大背景下，发展低碳经济正成为各级部门决策者的共识。节能减排，低碳经济的发展，既是解决全球变暖的关键措施，也是落实科学发展观的重要手段。解决我国的环境问题关键在于要落实科学发展观，把经济与环境的融合落实在行动中。有效利用能源、实施节能减排是低碳经济发展的核心内容，制定低碳经济发展战略、促进可持续发展是低碳经济的发展方向。这就要求进行科学的规划，发展低碳经济，高效利用土地、能源、资源，保护环境，实现业布局低碳化、循环化。低碳经济是绿色经济的重要内涵，需要构建绿色经济系统，绿色交通体系，绿色物流体系，绿色农业体系，发展绿色建筑，倡导绿色消费。

陕西省已经将低碳发展的具体目标体现在陕西省"十二五"规划纲要之中。纲要指出："十二五"期间，陕西以大幅降低能源消耗强度和二氧化碳排放强度为目标，加快发展低碳产业和清洁能源，推广低碳产品和技术。通过技术、市场、政策等多种手段降低工业、交通、建筑等领域温室气体排放。大力开展低碳城市、园区、企业、社区、村镇建设活动，推动全民参与低碳社会建设。牢固树立低碳理念，广泛宣传和普及低碳生产、生活知识，引导低碳消费，倡导低碳生活。大力开展植树造林，增加森林蓄积量，增强固碳能力。二氧化碳排放强度下降15%，固碳能力年递增2%左右。

3. 低碳经济是陕西践行可持续发展理念的具体模式

低碳经济是将能源、环境、经济三者联系起来的一种可持续发展理念和模式。低碳经济以降低对自然资源依赖为目标，以能源可持续供应为支撑，在发展的过程中注重生态环境的保护，是可持续发展的经济。发展低碳经济就是要在保持现有经济发展速度和质量不变甚至更优的条件下，通过改善能源结构、调整产业结构、提高能源效率、增强技术创新能力、增加碳汇等措施实现碳排放总量和单位排放量的减少及能源的可持续供给。换句话说，低碳经济的发展理想状态是不会损害能源可持续供应、践踏生态环境的，低碳经济的发展只会进一步增强能源的可持续供应能力，进一步优化生态环境，确保能源、环境、经济三大系统的和谐发展。

对于新兴能源资源大省而言，能源开发利用是个双刃剑，在传统发展模式下，能源大规模开发和利用在短期内能带动经济快速增长，然而从长期看，很容易带来严重的"资源诅咒"现象。对于新兴能源接续地的陕西省而言，能源开发利用要避免"资源诅咒"，真正实现能源开发利用的可持续发展理念，其切实可行的模式就是低碳经济道路。

（二）陕西未来核心低碳技术预见

1. 国家低碳技术的关键技术和大规模应用路线图规划

促进经济向低碳排放模式转型，已成为新一轮国际经济竞争的主要着力点。不过中国仍然面临着极大的挑战，离低碳社会还有着不小的差距，其主要原因之一就是低碳技术仍以中低端为主。目前发展低碳经济的核心技术及国际资本的主动权，毫无疑问还不在中国。欧盟低碳技术路线的重点是清洁能源技术优先发展；美国奉行全面发展低碳技术道路；日本侧重于节能技术重点发展道路。这注定将是一个追赶和不断自主创新的过程。而中国低碳技术正循序突破，近期国家重点发展的领域包括清洁煤技术、新能源汽车、智能电网、新能源规模发电等。相关研究表明，中国未来低碳技术的关键技术和大规模应用路线图已初步明晰，详见表11-1。

表11-1　　　　中国低碳技术的关键技术和大规模应用

分类	第一阶段 （2010~2020年）	第二阶段 （2021~2035年）	第三阶段 （2036~2050年）	远期 （2050年后）
能源供应	水力发电 第一代生物质利用 超超临界发电 IGCC 单/多/非晶硅光伏电池 第二代和第三代核电	风力发电技术 薄膜光伏电池 太阳能热发电 电厂CCS 分布式电网耦合技术 第四代核电	氢能规模利用 高效储能技术 超导电力技术 新概念光伏电池 深层地热工程化	核聚变 海洋能发电 天然气水合物
交通	燃油汽车节能技术 混合动力汽车 新型轨道交通	高能量密度动力电池 电动汽车 生物质液体燃料	燃料电池汽车 第二代生物燃料	第三代生物燃料
建筑	热泵技术 围护结构保温 太阳能热利用 区域热电联供 LED照明技术 采暖空调、采光通风系统节能	新概念低碳建筑	新概念低碳建筑	新概念低碳建筑
工业	工业热电联产 重点生产工艺节能技术 工业余热、余压、余能利用	工业CCS 先进材料	工业CCS 先进材料	工业CCS 先进材料

资料来源：根据中国科学院能源领域战略研究组2009年报告、中国低碳经济途径研究课题组2009年报告、国家技术前瞻课题组2008年报告、中国低碳经济发展研究报告2011年报告整理。

2. 陕西低碳技术发展基础

依据国家低碳技术的关键技术和大规模应用路线图的规划，陕西省发展低碳经济也必须依靠低碳技术创新的支持，然而低碳技术的创新进步同样也不能"等、靠、要"，需要大力发展低碳技术。低碳技术投入需要大量资金，且收效慢，因此陕西低碳技术的创新与发展必须结合自身区域经济发展阶段和资源及环境优势尽快制订符合区域社会经济利益的低碳技术发展路线。

发展低碳经济的目的是实现经济社会发展与生态环境保护的双赢，符合可持续发展理念，也是世界经济发展的大势所趋。在建设西部强省征程中，陕西能源化工产业实现了大发展并期望继续壮大，发展新能源、新材料，特别是大力推进高碳能源的低碳化利用对陕西尤为重要。陕西的低碳技术已经有三类开始发展。

第一类是二氧化碳收集利用技术。典型代表是榆林天然气化工公司，该公司从2003年开始相继建成了3套二氧化碳回收装置，每年收集利用二氧化碳12万吨，增产甲醇4.33万吨，对化工行业资源集约利用起到了示范引导作用。

第二类是以二氧化碳为原料的工艺技术。具有代表性的云化绿能有限公司，该公司为西北地区首家以二氧化碳为原料生产精细化工产品的企业。已经投产的以甲醇和二氧化碳为原料生产碳酸二甲酯的装置，如果按照每年产20万吨计算，每年可利用二氧化碳14万吨，节约89250吨标煤，减少二氧化碳排放36.9万吨。

第三类是低碳节能技术。例如，陕西海浪公司研发的高效节能微排放燃煤锅炉，燃烧率高达98.8%，热效率88.4%，节煤30%，各项污染物排放均低于国家标准，破解了燃煤锅炉污染大的难题，技术达到国际先进水平。根据《陕西省低碳试点实施方案》，"十二五"在推广上述低碳技术的同时，还将积极引进推广国际先进的整体煤气化联合循环发电系统（IGCC）技术，加快推进与美国、荷兰等国家进行的二氧化碳捕集、地质封存和综合利用等科技合作项目。

3. 陕西低碳技术近期发展目标

陕西应在已有低碳技术发展的基础上，结合陕西区域经济发展阶段和资源及环境优势及产业结构特点等确立未来低碳技术发展目标及重点和方向。

陕西近期低碳技术发展目标，初步形成节能减排、清洁能源、自然碳汇等关键低碳技术的研发、推广和应用体系，建立西安、榆林、宝鸡、杨凌四大低碳技术基地。

（1）节能减排技术。六大高耗能行业低碳技术水平取得重大进展，工艺流程与系统节能降耗装备技术达到国内先进，余热利用技术居于国内先进；洁净煤技术取得重大突破；煤代油技术达到国内领先；智能电网技术保持国内先进水平。建筑节能、交通运输、现代农业、环保领域低碳技术进步显著，新能源汽车技术达到国际先进水平，产业基本形成。全面实施新建建筑50%的节能设计标准。减少化石燃料燃烧，工业生产过程的温室气体排放得到有效控制，减少农业、城市废弃物甲烷和氧化亚氮等温室气体排放，增加生态系统土壤碳储存，使陕西省国内生产总值碳排放强度显著降低。

（2）清洁能源技术。力争太阳能、生物质能源技术国内领先，重点技术领域实现突破性进展；煤层气抽采利用技术得到较快发展；开展风电关键技术研究和配套关键设备研发。国家级技术中心取得新突破，新建省级技术中心10家。清洁能源得到较快发展，农村秸秆综合利用率提高到85%，力争实现包括天然气、煤层气在内的清洁能源利用量占全省能源总量的9%左右；优化能源结构，培育一批大企业集团，建设一批省级新能源特色产业基地。

（3）碳汇技术。大力开展植树造林和森林抚育经营，力争森林覆盖率达到45%左右，活立木蓄积量达到4.7亿立方米，林地保有量1.84亿亩，加大森林培育力度，大幅度提高碳汇能力；林业碳汇技术保持国内领先，建成碳汇计量、监测体系。二氧化碳捕获及封存（CCS）关键技术研究取得进展，并开展规模化应用。

4. 陕西低碳技术发展的重点和方向

（1）低碳技术发展的重点行业与领域：①煤炭行业。重点发展洁净煤高效洁净燃烧和先进发电技术，开展煤炭高效洁净转化技术研究，发展煤炭加工领域技术，促进煤的清洁高效开发和利用。②有色冶金行业。重点研发推广应用铜熔炼新工艺和废水闭环处理循环使用新技术；开展系统节能降耗装备技术及余热余压利用技术研究；重点研发高性能铝材。③建材行业。发展新型水泥窑外分解技术和余热利用技术，推广玻璃浮法工艺，促进玻璃行业节能；开发秸秆成型建材开发利用新技术。④建筑行业。重点开展新型墙体材料、节能门窗、太阳能及浅层地能等可再生能源与建筑一体化应用等领域技术研发，开展建筑能耗监测评价，大力发展绿色建筑。⑤化工行业。重点开展化肥、石油化工及煤化工等生产过程相关节能、减排技术研究。⑥电力与半导体照明材料领域。重点发展智能电网技术和火电厂循环冷却水余热利用技术。重点发展LED（发光二极管）产业技术和OLED（有机发光二极管）产业技术。⑦汽车行业。大力发展新能源汽车技术，重点发展混合动力汽车和纯电动汽车技术，推进高效节能电机及控制技术创新。⑧环保领域。重点加强城镇生活垃圾处理技术和污泥处理技术的研究，引进吸收国外先进环保设备制造技术。⑨城市与民用节能领域。重点开展城市供热和制冷技术、绿色照明技术研究，研发高效节能办公及家用电器技术。⑩现代农业。重点发展农业废弃物综合利用技术和生态农业技术，推进农林机械节能。开发生物农药，积极推广生物防治技术，推广农作物秸秆机械化还田技术。

（2）清洁能源开发利用低碳技术主要表现在几个方面。

一是太阳能光伏开发利用技术。应用和发展高纯度多晶硅提纯、切片技术及晶体硅太阳能电池技术，重点开展薄膜电池和光伏发电系统的关键技术研究。

二是生物质能开发利用技术。推广应用秸秆固化、气化技术，大力发展秸秆直接燃烧发电技术，重点开展秸秆热解液化和秸秆发酵生产燃料乙醇关键技术研究和应用。

三是煤层气（瓦斯）抽采利用技术。重点加强煤层气（瓦斯）抽采利用基础理论研究和科技攻关，推广应用先进适用的技术和装备。

（3）碳汇技术及碳封存与碳捕获技术。发展高效碳汇林（草）定向培育技术，开展森林碳汇的计量监测等技术研究，开展CCS关键技术研发。

（三）陕西碳交易区域市场选择

1. CDM项目

碳交易就是把碳排放权作为一种商品，形成二氧化碳排放权的交易。自2003年全球兴起低碳经济以来，碳交易和碳交易市场迅速发展。目前，中国碳排放权交易的主要类型是基于项目的交易。中国是《京都议定书》的非附件一国家，因此我们并不能直接开展基于配额的交易。对于中国而言,碳交易及其衍生市场发展前景广阔。中国拥有巨大的碳排放资源,碳减排量已占到全球市场的1/3左右,居全球第二。据世界银行测算,全球二氧化碳交易需求量超过2亿吨。发达国家在2012年要完成50亿吨温室气体的减排目标,中国市场出售的年减排额已达到全球的70%,这意味着未来至少有30亿吨来自购买中国的减排指标,特别是CDM市场潜力巨大。中国的CDM潜力占到世界总量的48%。而就现实情况来看,中国在联合国气候相关机构成功注册的项目也居于世界第一。中国成功注册的CDM项目居世界第一位,总量达到622个,占34.78%。此外,世界银行的分析数据显示,截至2012年,中国每年产生超过1.84亿的减排额度,占到了实际每年减排额度的近60%,远远超过了其他发展中国家。在这个"碳时代"中,中国无疑将会成为一个极具影响力的国家。

从项目规模上看,中国大型和超大型项目竞争力强,提供的碳减排量大,可开发潜力大。碳减排潜力低于10000吨二氧化碳/年的小型CDM项目数量很可观,但是相比大型CDM项目而言,其交易成本占总项目成本的比率就显得很高,小项目在经济上缺乏足够的竞争力。

根据联合国环境署(UNEP)Risoe中心的统计,截至2012年2月1日,陕西省进入联合国清洁发展机制(CDM)项目申请流程的项目总数共113个,其中水电项目37个,风电项目29个,节能项目18个,煤层气项目15个,还有其他各种类型项目共14个。

根据中国清洁发展机制网和国家发改委CDM项目数据库管理系统的统计,截至2012年1月中旬,国家发改委已经批准的在陕CDM项目85个,其中有41个在联合国CDM执行理事会(EB)获得注册,9个项目已获得正式签发。已注册成功的项目预计总转让减排量达到1704.75万吨二氧化碳。目前已获得签发的项目累计签发的减排量达到64.08万吨二氧化碳,已获得的总计收入达到258.89万欧元,421.77万美元。2011年,陕西省共有12个项目获国家发改委批准,16个项目获得注册,8个项目已获得正式签发。获批准的项目预计温室气体减排量达589.78万吨二氧化碳,注册成功的温室气体预计减排量达到397.27万吨。

在已获国家批准的85个项目中,申报项目较多的市包括:安康22个、榆林16个、汉中12个及渭南11个。按国内减排类型统计,新能源和可再生能源的项目53个,占总项目比重为63%;节能和提高能效的项目23个，占比27%；甲烷回收利用的项目8个，占9%。按照《联合国气候变化框架公约》（即UNFCCC）的减排类型统计，占比最高的为水电项目共40个，占比48%；其次为节能类型项目共23个，占比为27%。

在已注册成功的项目中，按国内减排类型统计，占比最多的新能源和可再生能源项目及节能和提高能效项目分别为28个和9个，占总项目比重分别为69%和22%；按照UNFCCC减排类型统计，占比最高的水电项目及节能类型项目分别为26个和9个，分别占64%和23%，其他各类项目占13%。

2. 碳交易市场

日本和欧美等发达国家已经建设了较为成熟的碳交易市场，并通过碳交易取得了显著的环境和经济效益。2010年8月，国家发改委提出在全国开展碳交易试点，相关工作在"十二五"期间展开，这一决定开启了国内碳交易市场发展的序幕。此前，国内很多省市都对建立碳交易市场进行了尝试，其中山东、上海、福建、江苏、江西等省已先后正式在工业企业推广自愿减排协议试点。目前，中国已有多家碳交易所，但还没有形成成熟的碳交易市场。按照目前发展态势，围绕碳交易所将形成庞大的产业群，对地方经济发展起到极大的促进作用。陕西省作为新兴能源资源大省，碳排放属于重型碳排放区，碳减排压力指数居全国前列，应尽快谋划，以建立碳交易市场作为发展低碳经济的突破口，加速推进新兴工业化建设。

目前，陕西尽管在CDM项目上有一定发展，但仍显不够，需要在未来一定期间督促主要高耗能能源化工工业企业参与CDM项目。碳交易所建设缺乏战略规划。2010年6月5日陕西环境权交易所成立。但这家机构距离真正的碳市场交易机构还有很大差距，自愿减排市场发展落后。陕西省在自愿减排方面还没有出台具体规划，错过了CDM项目的最好发展期。如果在已启动的自愿减排市场中不能走在市场前端，将可能再次错失机遇，给未来的减排工作造成不可挽回的损失。为此，陕西省应从以下方面进一步推进碳交易市场的发展。

（1）加大对碳交易市场建立的推动力度。一是研究制定碳交易市场规划。建议由省发改委牵头，成立省一级的面向国内外的碳交易中心。二是加大对CDM项目的政策扶持。要贯彻好国家对碳交易扶持的相关优惠政策，并针对陕西实际进一步出台鼓励措施，开辟CDM项目在项目审批、投融资、税收等方面的绿色通道，营造有利于碳交易发展的政策环境。要多方面筹措资金，采取贴息、奖励等方式，加大财政支持力度，调动项目企业发展碳交易的积极性。三是尽快打造高效的CDM咨询服务平台。可借鉴山东、上海等省市经验，由省发改委或省科技厅牵头，在现有CDM项目办公室的基础上成立CDM项目咨询机构，也可与具有专业咨询能力的高校或机构联合成立CDM项目咨询服务机构，为项目业主提供专业的咨询服务。

（2）加强CDM项目的金融扶持力度。融资问题是制约陕西CDM项目快速发展的重要因素。结合中国目前的产业政策导向、金融机构发展趋势和CDM项目发展的特殊性，应从四个方面加大对CDM项目的金融支持，激发CDM项目的发展潜力。一是积极配合、推进陕西各大商业银行绿色信贷服务。目前，商业银行提供的绿色信贷已经成为各省CDM项目融资渠道中的主要方式。陕西各环保部门及其他相关部门应积极配合各大商业银行调整授信结构，积极支持以CDM项目为代表的节能减排项目，增加对节能减排等环保领域的授信投放。二是积极培育专业贷款担保机构。信用担保是当前世界各国扶持中小企业发展的一种行之有效的"低成本、高效率"的融资方式。陕西可通过财政注资、引导民间资金入股等形式，成立专门面向CDM项目的贷款担保公司，拓宽CDM项目的融资渠道。三是推动CDM项目债券发行模式创新。中国现行的《企业债券管理条例》对企业发行债券条件要求很高，大多数CDM项目很难满足相关条件，需要政府推动债券发行方式的创新，帮助CDM项目突破企业债券融资瓶颈。可以尝试为解决中小企业融资困难曾实施过的集合债模式，由省发改委将多个CDM项目捆绑打包，发行CDM项目集合债，由财政部门进行再担保以提高债券信用级别，解决CDM项目发展的融资困难。四是加大低碳技术研发领域资金扶持力度。可考虑由政府、企业、项目业主、保险公司共同出资设立低碳技术研发风险基金，为企业解决研发资金不足等问题，同时在财税方面推出有利于企业研发的创新政策，如对低碳技术转让费、研究开发费按一定扣除率计算进项税额，对专利、非专利技术转让予以减免税优惠。在省专项资助资金的分拨上向自主研发成绩突出的企业倾斜，尽一切可能为企业研发创造条件、减轻负担。

（3）迅速启动自愿减排市场。应尽快启动自愿减排市场发展规划与部署，并做好三个方面工作：一是在全省工业企业中开展节能减排自愿协议试点工程，对参与自愿协议试点的企业优先给予优惠政策，优先组织和推荐申报国家节能减排项目，优先获得节能专项资金支持，优先获得政府组织的中介机构提供的政策、技术、管理等咨询服务，优先获得融资、担保等扶持项目。二是依托陕西环境权交易所，通过募集资金运作，增加陕西及周边地区的森林碳汇，为全省自愿减排市场提供广阔发展空间。要建立全省自愿减排项目注册签发系统，使项目购买者能够用电子账户方式获得统一注册签发的减排信用额，确保减排信用额的真实性和唯一性，杜绝减排市场上的欺诈行为。三是在省、市建立各级节能技术服务中心。组织专家为大型能耗企业提供免费服务，包括节能培训与宣传、能源管理体系建设及考评指导、清洁生产审核咨询、节约量认定咨询、项目专项能源审计、项目节约量的计算、节能产品推介、合同能源管理推介、实施节能技改项目技术支持、节能项目申报指导等。

（4）逐步发展单边模式CDM项目，实施减排项目的战略储备。单边模式CDM即由东道国自行提出并投资，减排成果完全由东道国获得的项目模式。单边CDM项目与多边CDM项目相比，能够掌握更多的话语权，在交易价格上有更多的提升空间。目前，国际碳排放权交易价格还比较低，未来价格总体上将呈上升趋势，陕西可尝试成立碳排放权交易资源的战略投资机构，同时鼓励企业开发单边模式的CDM项目，在项目通过认证后对项目进行收购，实施战略储备。在未来国际市场行情好转时，用资源来提升市场话语权。

（四）创建未来低碳发展典范区域：关中—天水经济区

2009年6月国家批复《关中—天水经济区发展规划》，规划确定了关中—天水经济区的总体目标定位：建设成为西部及北方内陆地区的"开放开发龙头地区"，以高科技为先导的先进制造业集中地，以旅游、物流、金融、文化为主的现代服务业集中地，以现代科教为支撑的创新型地区，领先的城镇化和城乡协调发展地区，综合型经济核心区，全国综合改革试验示范区。农业方面，要建成全国重要的在世界上有重要影响的果业、畜牧业基地，建成全国农业示范基地和航天育种基地。经济每年以12%的速度增长，到2020年农民人均纯收入达到11500元。规划实施以来，关中—天水经济区社会经济总体发展状况良好，取得了显著的成绩，正在向总体目标所指出的方向前进。

然而，从"十一五"末期开始，关中—天水经济区的发展也面临着一系列问题，最突出的两个问题是产业结构不合理和生态环境污染严重。为此，陕西省在"十二五"发展规划中，也针对关中—天水经济区的发展做出了专门部署：全面实施《关中—天水经济区发展规划》，在率先发展的基础上突出创新，加快建设"一高地四基地"，建成有重要影响的创新型区域，为建设创新型国家进行有效探索。创新体制机制，重点推进统筹科技资源改革，优化要素配置，激发创新活力。创新产业发展路径，突出发展先进制造业、战略性新兴产业、现代农业和现代服务业，形成若干优势产业集群，在新型工业化道路上迈出更大步伐。创新城镇发展模式，充分发挥西安国际化大都市带动作用，促进规模扩张与内涵提升相协调、老城改造和新城建设互促进、要素投入和科学管理共加强，走出一条城镇协调、城乡统筹、工业化和城镇化紧密融合的新路子。

在"十二五"发展规划的新阶段，关中—天水经济区的发展面临着新的问题和情况。如何在新的发展环境中找到经济区发展的战略制高点，这是经济区进一步快速发展的重大战略问题。关中—天水经济区需要在过去三年发展的基础上，深入总结取得的成绩和分析存在的问题。抓住应对当前气候环境治理和国家发展战略性新兴产业等挑战和契机，确定"低碳关天"为未来新一轮发展期关中—天水经济区的战略制高点。"低碳关天"是关中—天水经济区在新一轮西部大开发中必然的战略选择，经济区应以战略性新兴产业为路径和抓手全面建设"低碳关天"，力争在"十二五"发展规划期末，建成西部乃至全国有影响力的低碳发展典范区域。"低碳关天"也必然会对陕西省未来低碳经济发展做出更大的贡献。

参 考 文 献

一、中文部分

[1] 丹尼斯·米都斯等.李宝恒译.增长的极限[M].长春:吉林人民出版社,1997.

[2] R.科斯.社会成本问题[A].见:R.科斯等.财产权利与制度变迁[C].上海:上海三联书店,上海人民出版社,1996.

[3] 2050中国能源和碳排放研究课题组.2050中国能源和碳排放报告[M].北京:科学出版社,2009.

[4] IPCC:"2006年IPCC国家温室气体清单指南",http://wenku.baidu.com/view/ff18b0956bec0975f465e25e.html.

[5] 保罗·萨缪尔森,高鸿业译.经济学(下册)[M].北京:商务印书馆,1982.

[6] 鲍健强,苗阳,陈锋.低碳经济:人类经济发展方式的新变革[J],中国工业经济,2008(4):153-160.

[7] 庇古·金镝译.福利经济学[M].北京:华夏出版社,2007.

[8] 查冬兰,周德群.地区能源效率与二氧化碳排放的差异性——基于Kaya因素分解[J].系统工程,2007,25(11):65-71.

[9] 车江洪.论自然资源的价值[J].生态经济,1993(4).

[10] 陈滨,孟世荣等.中国住宅中能源消耗的CO_2排放量及减排对策[J].可再生资源,2006(5),75-79.

[11] 陈刚.集体行动逻辑与国际合作——《京都议定书》中的选择性激励[D].北京:外交学院,2006.

［12］陈刚.京都议定书与国际气候合作［M］.北京：新华出版社，2008：153-155.

［13］陈靓.碳交易：市场机制降低碳排放［N］.深圳晚报，2010年5月11日.

［14］陈茜，苏利阳，汝醒君.发达国家不同发展阶段碳排放与经济增长的因果关系分析［J］.生态经济，2010（4）：52-55.

［15］陈诗一.能源消耗、二氧化碳排放与中国工业的可持续发展［J］.经济研究，2009（4）.

［16］陈诗一.中国碳排放强度的波动下降模式及经济解释［J］.世界经济，2011（4）.

［17］陈文颖，吴宗鑫，何建坤.全球未来碳排放权"两个趋同"的分配方法［J］.清华大学学报（自然科学版），2005（6）：850-855.

［18］陈晓春，张喜辉.浅谈低碳经济下的消费引导［J］.消费经济，2009，25（2）：71-74.

［19］陈征.自然资源价值论［J］.经济评论，2005（1）.

［20］丑洁明，叶笃正.构建一个经济—气候新模型评价气候变化对粮食产量的影响［J］.气候与环境研究，2006，11（3）：347-353.

［21］崔成.清洁发展机制项目基准线确定方法［J］.中国能源，2002（9）.

［22］戴亦欣.中国低碳城市发展的必要性和治理模式分析［J］.中国人口·资源与环境，2009（3）.

［23］邓华，段宁."脱钩"评价模式及其对循环经济的影响［J］.中国人口资源与环境，2005，14（6）：44-47.

［24］段茂盛，刘德顺.清洁发展机制中的额外性问题的探讨［J］.上海环境科学，2004（4）.

［25］冯国亮.低碳经济与住宅产业［J］.住宅产业，2008（9），30-40.

［26］冯之浚.低碳经济的若干思考［J］.中国软科学，2009（12）：18-23.

［27］付晓敦，狄升贯，王新岐.城市道桥与防洪［J］.2011（5）.

［28］付允，马永欢，刘怡君，牛文元.低碳经济的发展模式研究［J］.中国人口、资源与环境，2008，18（3）：14-19.

［29］高振宇，王益.我国生产用能源消费变动的分解分析［J］.统计研究，2007（2）.

［30］管清友.碳交易计价结算货币：理论、现实与选择［J］.当代亚太，2009（1）.

［31］郭安丽.火电亏损，七省电价或上涨［N］.中国联合商报，2010年09月25日.

［32］郭金兴.1996—2005年中国农业剩余劳动力的估算［J］.经济史.2008（1）.

［33］郭立珍.我国低碳消费文化建设路径探析［J］.现代经济探讨，2011（8）.

［34］国家电力监管委员会：《电力监管年度报告》，2009.

［35］国家能源局：《2009年电力工业指标》，2010.

［36］国家统计局能源统计司、国家能源局综合司：《中国能源统计年鉴2010》，中国统计出版社，2010.

［37］国务院发展研究中心课题组.全球温室气体减排：理论框架和解决方案［J］.经济研究，2009（3）：4-13.

［38］国务院关于加快培育和发展战略性新兴产业的决定.新华网.2010.10.18. http://news.xinhuanet.com/politics/2010-10/18/c_12672851.htm.

［39］何承耕.自然资源和环境价值理论研究述评［J］.福建地理，2001（4）.

［40］何建坤.我国自主减排目标与低碳发展之路［J］.清华大学学报（哲学社会科学版），2010，25（6）：122-129.

［41］何炼成，李忠民.中国发展经济学概论［M］.北京：高等教育出版社，2001.

［42］侯纲，李冰.城市低碳交通研究［J］.2011（7）.

［43］胡昌暖.资源价格体系.价格形成机制和价格形式［J］.中国经济问题，1992（4）.

［44］胡初枝，黄贤金.区域碳排放及影响因素差异比较研究——以江苏省为例［C］.第二届全国循环经济与生态工业学术研讨会，6.3-6.4.

［45］胡锦涛在中国共产党第十七次全国代表大会上的报告.新华网.2007.10.24. http://news.xinhuanet.com/newscenter/2007-10/24/content_6938568.htm.

［46］胡秀莲,李俊峰.关于建立我国清洁发展机制项目运行管理机制的几点建议［J］.中国能源,2001（8）．

［47］胡玉敏,杜纲.中国各省区能源消耗强度趋同的空间计量研究［J］.统计与决策,2009（11）．

［48］解三明.中国经济增长潜力和经济周期研究［M］.北京:中国计划出版社,2001.

［49］金涌,王垚,胡山鹰.低碳经济:理念、实践、创新［J］.中国工程科学,2008（9）．

［50］蓝宇.能源危机及其对策［J］.经济师,2002（3）．

［51］郎春雷.全球气候变化背景下中国产业的低碳发展研究［J］.社会科学,2009（6）:39-47.

［52］李臣,张瑞.中部六省碳排放影响因素的动态面板数据分析［J］.广西财经学院学报,2012（1）:42-46.

［53］李坚明,孙一菱,庄敏芳.台湾二氧化碳排放脱钩指标建立与评估［A］.见中华发展基金管理委员会:两岸环境保护与永续发展研讨会论文集［C］.2005.

［54］李京文.21世纪中国经济问题专家谈［M］.郑州:河南人民出版社,1999.

［55］李晔,邹迪明.低碳交通的内涵、体系构成及特征［A］.见:2011中国城市规划年会论文集［C］.2012.

［56］李忠民,陈向涛,姚宇.基于弹性脱钩的中国减排目标缺口分析［J］.中国人口·资源与环境,2011,21（1）:57-63.

［57］李忠民,韩翠翠,姚宇.产业低碳化弹性脱钩因素影响力分析［J］.经济与管理,2010,24（9）:41-44.

［58］李忠民,庆东瑞.经济增长与二氧化碳脱钩实证研究——以山西省为例［J］.福建论坛:人文社会科学版,2010（2）:67-72.

［59］李忠民,宋凯,孙耀华.碳排放与经济增长脱钩指标的实证测度［J］.统计与决策,2011（14）．

［60］李忠民,姚宇,庆东瑞.产业发展、GDP增长与二氧化碳排放脱钩关系研究［J］.统计与决策,2010（11）:108-111.

［61］李忠民,庆东瑞.经济增长与二氧化碳脱钩实证研究:以山西省为例［J］.福建论坛（人文科学版）.2010（2）:67-72.

［62］列宁. 论所谓市场问题［A］. 见：列宁全集（第1卷）［M］. 北京：人民出版社，1955.

［63］林伯强，孙传旺. 如何在保障中国经济增长前提下完成碳减排目标［J］. 中国社会科学，2011（1）：64-76.

［64］林伯强. 电力消费与中国经济增长：基于生产函数的研究［J］. 管理世界，2003. 11.

［65］林毅夫. 21世纪中国经济问题专家谈［M］. 郑州：河南人民出版社，1999.

［66］刘春兰，陈操操，陈群，朱世龙，王海华，李铮. 1997~2007年北京市二氧化碳排放变化机理研究［J］. 资源科学，2010（2）：235-241.

［67］刘晶茹，王如松. 中国家庭消费的生态影响——以家庭生活用电为例［J］. 城市环境与城市生态，2002，15（3）：40-42.

［68］刘思华. 可持续发展经济学［M］. 武汉：湖北人民出版社，1997.

［69］刘笑萍，张永正，长青. 基于EKC模型的中国实现减排目标分析与减排对策［J］. 管理世界，2009（4）：75-82.

［70］刘易斯. 二元经济论［M］. 北京：北京经济学院出版社，1989.

［71］罗莉. 美国的排污权交易制度及其对我国的启示［J］. 世界经济文汇，2001（6）.

［72］罗丽艳. 自然资源的代偿价值论［J］. 学术研究，2005（2）.

［73］罗婷文，欧阳志云. 海口市生活垃圾碳输出研究［J］. 环境科学，2004，25（6）：154-158.

［74］罗婷文，欧阳志云等. 北京城市化进程中家庭食物碳消费动态［J］. 生态学报，2005，25（12）：3252-3258.

［75］罗运俊，何梓年，王长贵. 太阳能利用技术［M］. 北京：化学工业出版社，2004，25-28.

［76］马克思恩格斯全集（第24卷）［M］. 北京：人民出版社，1972.

［77］马友华，王桂苓等. 低碳经济与农业可持续发展［J］. 生态经济，2009（6）：116-118.

［78］穆海林，宁亚东等. 中国各地域能源消费及SO_2、NO_x、CO_2排放量估计与预测［J］. 大连理工大学学报，2002，42（6）：674-679.

［79］潘仁飞，陈柳钦．能源结构变化与中国碳减排目标实现［J］．发展研究，2011（9）：85-88．

［80］齐培潇，郝晓燕，乔光华．中国发展低碳经济的现状分析及其评价指标的选取［J］．干旱区资源与环境，2011，25（12）：1-7．

［81］钱程．人造树有效减缓全球变暖［N］．中国石化报，2010，3（12）．

［82］琼·罗宾逊，陈彪如译．现代经济学导论［M］．北京：商务印书局馆，1982．

［83］全球环境战略研究所（IGES）．2006年IPCC国家温室气体清单指南［M/OL］．http://www.ipcc-nggip.iges.or.jp：1.21-1.25．

［84］饶群．长三角地区能源消费碳排放分析［J］．水电能源科学，2011（5）：189-192．

［85］任杰，贾涛，吕迎．河南省低碳经济发展研究［J］．河南科学，2011（2）：231-234．

［86］尚文英，河南省能源消费碳排放量演变及其与经济增长关系的研究［J］．经济经纬，2011（3）：39-42．

［87］世界环境与发展委员会．王之佳，柯金良译．我们共同的未来［M］．长春：吉林人民出版社，1997．

［88］世界环境与发展委员会．我们共同的未来［M］．北京：世界图书出版社，1987．

［89］宋德勇，卢忠宝．中国碳排放影响因素分解及其周期性波动研究［J］．中国人口资源环境，2009（3）：18-24．

［90］苏方林，宋邦英，侯晓博．广西碳排放量与影响因素关系的VAR实证分析［J］．西南民族大学学报（人文社科版），2010（9）：140-144．

［91］孙耀华，李忠民．中国各省区经济发展与碳排放脱钩关系研究［J］．中国人口·资源与环境，2011（21）．

［92］孙毅，张如石．资源的价值补偿浅议［J］．经济纵横，1990（3）．

［93］谭丹，黄贤金．我国东、中、西部地区经济发展与碳排放的关联分析及比较［J］．中国人口·资源与环境，2008，18（3）：54-57．

［94］汤春玲．长株潭地区低碳消费模式研究［J］．经济纵横，2011（1）．

［95］汤姆·泰坦伯格．严旭阳译．环境与自然资源经济学［M］．北

京：经济科学出版社，2003.

[96] 唐蓉，杨海真，王峰. 崇明发展低碳经济产业的研究 [J]. 四川环境，2009（3）.

[97] 王灿，张坤民. 清洁发展机制中的基准线问题 [J]. 世界环境，2000（4）.

[98] 王海鹏，田澎，靳萍. 基于变参数模型的中国能源消费与经济增长关系研究 [J]. 数理统计与管理，2006（3）.

[99] 王俊松，贺灿飞. 能源消费、经济增长与中国CO_2排放量变化——基于LMDI方法的分解分析 [J]. 长江流域资源与环境，2010（19）：18-23.

[100] 王明霞. 脱钩理论在浙江循环经济发展模式中的运用 [J]. 林业经济. 2006（12）：40-43.

[101] 王珊珊. 河南省电力行业温室气体减排潜力分析 [D]. 郑州：郑州大学，2010.

[102] 王舒曼，曲福田. 可持续发展的自然资源价值观 [J]. 南京社会科学，2000（5）.

[103] 王小鲁. 中国经济增长的可持续性 [M]. 北京：经济科学出版社. 2008.

[104] 威廉·J. 鲍莫尔，华莱士·奥茨. 环境经济理论与政策设计 [M]. 北京：经济科学出版社，2003.

[105] 卫兴华，刘菲. 不能用否定劳动二重性来否定劳动价值论 [J]. 经济纵横. 2008（1）.

[106] 魏楚，杜立民，沈满洪. 中国能否实现节能减排目标：基于DEA方法的评价与模拟 [J]. 世界经济，2010（3）：141-160.

[107] 魏涛远，格罗姆斯洛德. 征收碳税对中国经济与温室气体排放的影响 [J]. 世界经济与政治，2002（8）.

[108] 魏一鸣，刘兰翠，范英，吴刚等著.《中国能源报告（2008）：碳排放研究》，北京：科学出版社，2009：57-78.

[109] 魏子清，周德群. 基于LMDI分解的江苏省能源消费影响因素实证分析 [J]. 价格月刊，2009（2）.

[110] 吴彼爱，高建华，徐冲. 基于产业结构和能源结构的河南省碳排放分解分析 [J]. 经济地理，2010（11）：1902-1907.

［111］吴玉鸣. 中国区域研发、知识溢出与创新的空间计量经济研究［M］. 北京，人民出版社，2007.

［112］夏堃堡. 发展低碳经济，实现城市可持续发展［J］. 环境保护 2008（3）.

［113］辛欣. 英国可再生能源政策导向及其启示［J］. 国际技术经济研究. 2005（3）.

［114］徐国泉，刘则渊，姜照华. 中国碳排放的因素分解模型及实证分析：1995-2004［J］. 中国人口·资源与环境，2006，16（6）：158-161.

［115］徐国伟. 低碳消费行为研究综述［J］. 北京师范大学学报（社会科学版），2010（5）.

［116］徐华清. 国际温室气体排放贸易分析及对策建议［J］. 环境保护，1999（1）.

［117］许广月. 我国碳排放影响因素及其区域比较研究：基于省域面板数据［J］. 财经论丛，2011（2）：14-18.

［118］许宪春. 中国未来经济增长及其国际经济地位展望［J］. 经济研究. 2002（3）：27-35.

［119］晏智杰. 自然资源价值刍议［J］. 北京大学学报（哲学社会科学版），2004（6）.

［120］杨艳琳. 自然资源价值论［J］. 经济评论，2002（1）.

［121］杨子晖. 经济增长、能源消费与二氧化碳排放的动态关系研究［J］. 世界经济，2011（6）.

［122］姚宇，韩翠翠. Kaya公式的扩展和产业低碳化发展研究——以陕西交通运输业为例［J］. 陕西行政学院学报，2011（4）.

［123］姚宇，韩翠翠. 陕西工业产业低碳化影响因素分析［J］. 新西部，2010（20）：22-23.

［124］尹敬东，周兵. 碳交易机制与中国碳交易模式建设的思考［J］. 南京财经大学学报，2010（2）.

［125］尤会杰. 中部地区碳排放现状及影响因素分析［J］. 决策参考，2010（35）：122-124.

［126］于天飞. 碳排放交易市场研究［D］. 2009.

［127］余政达. 台湾地区工业节能及二氧化碳减量潜力评估，Http:freedownloadbooks.net/余政达-pdf.html.

[128] 袁琼. 低碳交通运输与经济可持续发展 [J]. 2012 (3).

[129] 岳婷, 龙如银. 基于 LMDI 的江苏省能源消费总量增长效应分析 [J]. 资源科学, 2010 (7): 1266-1271.

[130] 张浩, 王永贵. 低碳消费偏好机理及其引导路径 [J]. 消费经济, 2010, 26 (6).

[131] 张京凯, 陈廉. 我国排污权有偿使用和交易的实证研究 [J]. 上海政府法制研究, 2009 (9).

[132] 张坤民, 潘家华, 崔大鹏主编. 低碳经济论 [M]. 北京: 中国环境科学出版社, 2008: 539-550.

[133] 张坤民. 低碳世界中的中国: 地位、挑战与战略 [J]. 中国人口资源环境, 2008 (3): 1-7.

[134] 张雷. 中国能源消费的部门结构变化及产业结构演进的政策选择 [J], 国际石油经济, 2008 (7): 15-22.

[135] 张培刚. 农业国工业化 [M]. 武汉: 华中科技大学出版社, 1992.

[136] 张晓曦, 张帅. 资源环境危困的深层成因及其对策 [J]. 经济纵横, 2007 (4).

[137] 张颖, 王灿, 王克, 陈吉宁. 基于 LEAP 的中国电力行业 CO_2 排放情景分析 [J]. 清华大学学报 (自然科学版), 2007, 47 (3): 365-368.

[138] 张中祥. 排放权贸易市场的经济影响 [J]. 数量经济技术经济研究, 2003 (9).

[139] 赵奥, 武春友. 中国 CO_2 排放量变化的影响因素分解研究——基于改进的 Kaya 等式与 LMDI 分解法 [J]. 软科学, 2010 (12): 55-59.

[140] 赵敏, 张卫国等. 上海市能源消费碳排放分析 [J]. 环境科学研究, 2009, 22 (8): 984-989.

[141] 赵敏. 低碳消费方式实现途径探讨 [J]. 经济问题探索, 2011 (2).

[142] 赵一平, 孙祁红等. 中国经济发展与能源消费响应关系研究——基于相对"脱钩"与"复钩"理论的实证研究 [J]. 科研管理. 2006, 27 (3): 128-134.

[143] 郑林昌, 付加锋, 李江苏, 中国省域低碳经济发展水平及其空间过程评价 [J]. 中国人口资源与环境, 2011, 21 (7).

［144］中国共产党第十七届中央委员会第五次全体会议公报. 新华网. 2010. 10. 18. http://news.xinhuanet.com/politics/2010-10/18/c_12673082.htm.

［145］中国可再生能源发展战略研究项目组. 中国可再生能源开发战略研究丛书. 太阳能卷［M］. 北京：中国电力出版社，2008，192-197.

［146］中国可再生能源发展战略研究项目组. 中国可再生能源发展战略研究丛书·综合卷［M］. 北京：中国电力出版社，2008.

［147］中国人民大学气候变化与低碳经济研究所. 低碳经济［M］. 北京：石油工业出版社，2010：52.

［148］周宏春. 世界碳交易市场的发展与启示［J］. 中国软科学，2009（12）.

［149］周建. 我国区域经济增长与能源利用效率改进的动态演化机制研究［J］. 数量经济技术经济研究，2008.9.

［150］朱勤，彭希哲，陆志明等. 中国能源消费碳排放变化的因素分解及实证分析［J］. 资源科学，2009（12）.

［151］主春杰，马忠玉，王灿，刘子刚. 中国能源消费导致的CO_2排放量的差异特征分析［J］. 生态环境，2011（5）：1029-1034.

［152］庄贵阳，潘家华，郑艳等. 低碳经济的概念辨识及核心要素分析［J］. 国际经济评论，2010（4）：88-101.

［153］庄贵阳，中国经济低碳发展的途径与潜力分析［J］. 国际技术经济研究，2005，8（3）.

［154］庄贵阳著. 低碳经济：气候变化背景下中国的发展之路［M］，北京：气象出版社，2007：28-30.

二、英文部分

［1］Ang B. W., Liu N. 2007. Handling zero values in the logarithmic mean Divisia index decomposition approach［J］. Energy Policy 35.

［2］Ang B. W.. 2005. The LMDI approach to decomposition analysis: a practical guide［J］. Energy Policy 33, 867-871.

［3］Badi H. Baltagi, 2001. Econometric Analysis of Panel Data（Third Edition）. John Wiley & Sons, Chichester, England.

［4］Barrett, S. Self-Enforcing International Environmental Agreements.

Oxford EconomicPapers, 46, 1994, 878-894.

[5] Can Wang, Jining Chen, Ji Zou. 2005. Decompostion of energy-related SO_2 emission in China: 1957-2000 [J] .Energy, 30: 73-83.

[6] Carraro, CarloSiniscalco, Domenico. Strategies for the international protection of the environment [J] .Journal of Public Economics, 1993, 52 (3) 309-328.

[7] David Gray, Jillian Anable, Laura Illingworth and Wendy Graham. Decoupling the link between economic growth, transport growth and carbon emissions in Scotland [R/OL] .2006: 3-48. http://en. scientificcommons. org/42399527.

[8] Dieta T, Rosa E A. 1997. Effects of population and affluence on CO_2 emissions. Proceedings of the National Academy of Sciences of the United States of America, 94 (1): 175-179.

[9] Dong Xiangyang, Yuan Guiqiu. 2011. China's greenhouse gas emissions. dynamic effects in the process of its urbanization: a perspective from shocks decomposition under long-term constraints [J] .Energy Procedia, 5:1660-1665.

[10] Ehrlich P R, Holden J P. 1971. Impact of population growth. Science, 171:1212-1217.

[11] EViews 5. 0 Uesr's Guide, Quantitative Micro Software. 2004.

[12] Fan Y, Liu L C, Wu G, et al. 2007. Changes in carbon intensity in-China: empirical findings from 1980-2003. Ecological Economics, 62（3-4）: 683-691.

[13] Fisher Vanden K, Jefferson G H, Liu H, et al. 2004. What is driv-ingChina's decline in energy intensity?Resource and Energy Economics, 26 (1): 77-97.

[14] G. I. pek Tunc-, SerapTu ̈ ru ̈ t-As-Ik, ElifAkbostancl. 2009. A decomposition analysis of SO_2 emission from energy use: Turkish case.[J] Energy policy 37, 4689-4699.

[15] G. P. Hammond, J. B. Norman. 2011. Decomposition analysis of energy-related carbon emissions from UK manufacturing[J] .Energy 35, 1-8.

[16] Gatersleben, Birgitta, Linda Steg, Charles Vlek, 2002, Measure-

ment and Determinants of Environmentally Significant Consumer Behavioro, Environment and Behavior, 34 (3): 335–362.

[17] Geller, E. Scott, 2002, The Challenge of Increasing Proenvironment Behavior, in Handbook of Environmental Psychology, R. G. Bechtel, A. Churchman, Eds. New York: Wiley.

[18] Govinda R. Timilsina, Ashish Shrestha. 2009. Transport sector SO_2 emission growth in Asia:Underlying factors and policy options [J] .Energy Policy, 37: 4523–4539.

[19] Granger. C. W. J. Investigating Causal Relations by Econometric Models and Cross-Spectral Methods. Econometrica, 1969. 37 : 424–438

[20] Greening L A. 2004. Effects of human behavior on aggregate carbon intensity of personal transportation:comparison of 10 OECD countries for the period 1070–1993. Energy Economics, 26 (1): 1–30.

[21] Herry Consult GmbH, Max Herry and Norbert Sedlacek. Decoupling Economic Growth and Transport Demand Case StudyAustria [R/OL] .OECD. [2003-10-20] .http://www. sourceoecd. com.

[22] Hetty Consult GmbH, Max Herry and Norbert Sedlacek. Decoupling Economic Growth and Transport Demand Case Study Austria. K/OL. OECD. 2003-10-20.

[23] Hoe, l M. Global Environmental Problems: The Effects of Unilateral Actions Taken by One Country. Journal of Environmental Economics and Management, 20, 1991, 55–70.

[24] Ian D. McAvinchey, 2002. Modelling and forecasting in an energy demand system with high and low frequency information [J] .Economic Modelling, 20, 207–226.

[25] IPCC. Summary for Policymakers of climate change 2007: mitigation contribution of working group III to the fourth assessment report of the intergovern mental panel on climate change. . London: Cambridge University Press, 2007.

[26] J. W. Tester et al, Sustainable Energy: choosing among Options [M] . US: MIT Press, 2005.

[27] Jackson, Tim, 2006, Motivating Sustainable Consumption, are view

of evidence on consumer behaviour and behavioural change. GUILDFORDSurrey: Sustainable Development Research Network.

[28] James P. LeSage, 1999. Spatial Econometrics [M].Toledo, Department of Economics University of Toledo.

[29] Jiahua Pan, Xianli Zhu, Ying Chen: "Fulfilling basic development needs withlow emissions–China's challenges and opportunities for building a post-2012 climate regime", Governing Climate: the Struggle for a Global Framework Beyond Kyoto, edited by Taishi Sugiyama, published by IISD, Dec. 2005.

[30] Jian Chai, Shubin Wang, Shouyang Wang, Ju. e Guo. 2012. Demand Forecast of Petroleum Product Consumption in the Chinese Transportation Industry [J].Energies, 5:577-598.

[31] John Asafu-Adjaye, 2000. The relationship between energy consumption, energy prices and economic growth: time series evidence from Asian developing countries [J].Energy Economics, 22, 615-625.

[32] John Harkness Dales. Pollution, property & prices: an essay in policy-making and economics [M].New Horizons in Environmental Economics, 1968.

[33] Juan Antonio Duro, et al. International inequalities in per capita CO_2 emissions: a decomposition methodology by Kaya factors [J].Energy Economics, 2006, 28:170-187.

[34] Jukns Romualdas. Transition Period in Lithuania–do We Move to Sustainability? [J].Journal of Environmental research, engineering and management, 2003 (4): 9.

[35] Kaya Yoichi. Impact of Carbon Dioxide Emission on GNP Growth: Interpretation of Proposed Scenarios [R].Presentation to the Energy andIndustry Subgroup, Response Strategies Working Group, IPCC, Paris, 1989.

[36] Luc Anselin, 2005. Exploring Spatial Data with GeoDaTM: A Workbook.[M].Urbana: Center for Spatially Integrated Social Science.

[37] Marlon G. Boarnet, 1998. Spillovers and the Locational Effects of Public Infrastructure [J] Journal of Regional, 3, 381-400.

[38] OECD. Indicators to Measure Decoupling of Environmental Pressure from Economic Growth. 2002 [R/OL].http://www. olis. oecd. org/olis/2002doc.

nsf/LinkTo/sg-sd (2002) 1-final. 2008-9-26.

[39] OECD. Indicators to Measure Decoupling of Environmental Pressure from Economic Growth. 2002（R/OL）. http://www. olis. oecd. org/olis/2002doc. nsf/LinkTo/sg-sd (2002) 1-final. 2002-5-16.

[40] OECD. Indicators to Measure Decoupling of Environmental Pressurefrom Economic Growth. 2002［R/OL］http://www. olis. oecd. org/olis/2002doc. nsf/LinkTo/sg-sd (2002)1-final. 2008-9-26.

[41] Organization for Economic Co-operation and Development (OECD). Indicators to Measure Decoupling of Environmental Pressure andEconomic Growth［R］.Paris: OECD, 2002.

[42] P. Baer, T. Athanasiou, S. KarthaandE. Kemp-Benedict, TheGreenhouseDevelopmentRightsFramework : TheRighttoDevelopment in a Climate ConstrainedWorld, 2008. http://www. ecoequity. org/docs/TheGDRsFramework. pdf.

[43] Pachauri. S, D. speng, Direct and indirect energy requirements of households in India. Energy Policy, 2002,36 (6): 511-523.

[44] Pan Jiahua. Fulfilling Basic Development Needs with Low Emissions-China s Challenges and Opportunities for Building a Post-2012 Climate Regime, in Taishi Sugiyama, ed. , Governing Climate: The Struggle for a Global Framework beyond Kyoto［J］.International Institute for Sustainable Development(IISD) , 2005, 87-108.

[45] Policymakers of climate change 2007: mitigation contribution of working group III to the fourth assessment report of the intergovern mental panel on climate change. London: Cambridge University Press, 2007.

[46] Revised 1996 IPCC Guidelines for National Greenhouse Gas Inventories, J. T. Houghton et al. , IPCC/OECD/IEA, Paris, France［M/OL］.http://www. klima. ph/resources/IPCC/GL/invs6. htm：1-20.

[47] Romualdas Juknys. Transition Period in Lithuania-Do We Move to Sustainability?［J］.Environmental Research, Engineering and Management, 2003, 26 (4) :4-9.

[48] Ruffing K. Indicators to measure decoupling of environmental pressure from economic growth［J］.T. Hak, B. Moldan and AL Dahl, Sustainability

indicators: a scientific assessment, 2007: 211–222.

[49] Schipper, l, . Bartlett, S, . et al. Linking life-style and energy use: a matter of time?Annual Review on Energy. 1989, (14): 271–320.

[50] Shafik, B and yopadhyay. Economic Growth and Environmental Quality: Time Series and Cross-Country Evidence. World Bank Policy Research Working Paper. Washington DC: World Bank. 1992.

[51] Soytas U, Sari R, Ewing B T. Energy consumption, income, and carbon emissions in theUnited States [J].Ecological Economics, 2007, 62 (3): 482-489.

[52] State and Trends of the Carbon Market (2004) [R] World Bank, Washington DC, June, 2004.

[53] Stern N. The Economics of Climate Change: The Stern Review[M]. Cambridge ,UK: Cambridge University Press, 2006.

[54] Tapio P. Towards a theory of decoupling: Degrees of decoupling in the EU and the case of road traffic in Finland between 1970 and 2001 [J]. Journal of Transport Policy, 2005, 12 (2) :137–151.

[55] UK Government. White EnergyPaper, Our Energy Future: Creating a Low Carbon Economy [EB/OL][2010-03-12] . http://www. Berr · gov · uk/file 10719 · pdf.

[56] Wang C, Chen J, AOU J. 2005. Decomposition of energy-related SO_2 emissions inChina:1957-2000. Energy,30 (1): 73-83.

[57] Weber, C. , A. Perres. Modeling lifestyles effects on energy demand and related emissions [J].Energy Policy, 2000. 28 (8) :549–566.

[58] Wu L, Kaneko S, matsuoka S. 2006. Dynamics of energy-related SO_2 emissions inChina during 1980 to 2002:the relative importance of energy supply-side and demand-side effects. Energy Policy, 34 (18:3549-3572.) .

[59] York R, Rosa E A, Dietz T. STIRPAT, IPAT and ImPACT: analytic tools for unpacking the driving forces of environmental impacts, Ecological Economics, 46 (3): 351-365.

后 记

我们对低碳经济问题的研究始于2007年,是国内最早从事该领域研究的学术团队之一。当年我的老朋友日本名古屋大学薛进军教授访问母校陕西师范大学,向我们阐述了低碳经济概念。马上意识到这正是对我们长期思考经济发展与环境、资源问题的一种概括,随即我们提出要大力开展低碳经济发展的研究。在此之后,我们提议将人口资源与环境经济学作为陕西师范大学的重点学科发展,成立了陕西师范大学低碳经济学研究团队,成员主要是陕西师范大学国际商学院人口资源与环境经济学教学研究领域的教师和我所带的博士、硕士研究生,规模有40余人。2009年5月成立了陕西师范大学全球气候变化与环境经济研究所。

学术团队成立之后,我们立即着手对低碳经济发展的研究,开始了基于中国含义的低碳经济研究,试图从经验、理论、实证和政策机制的不同层面去阐述低碳经济对中国发展有何意义,中国该如何走低碳发展路子等问题。从2009年开始,截至目前,我们团队已经在包括《中国人口资源与环境》《经济学动态》等期刊上发表学术论文60余篇,其中有些论文的引用率已经超过百余次,所建立的弹性脱钩因果链分析方法(简称LYQ)也已被众多学者采用。

本书各章的写作人员是李忠民、姚宇、王保忠、庆东瑞、陈向涛、孙耀华、李剑、赵阳阳、韩翠翠、夏德水、王树斌、于庆岩、郭玉晶、刘卫波、宋凯、尕丹才让等。最后由我、姚宇和王保忠统稿、定稿。

在本研究中我们汲取了大量的研究成果,有的已列在参考文献中,还有不少的可能没有列入,在此一并对各位专家、学者的真知灼见表示衷心的感谢!对著名经济学家何炼成教授、汪应洛院士、李佩成院士、薛进军教授、石英研究员、侯甬坚教授长期以来的支持和帮助表示衷心感谢！对经济科学出版社范莹副编审的辛勤工作表示衷心感谢！

  研究无止境，我们团队的这些研究只是抛砖引玉，真诚欢迎大家批评、指正！

李忠民

2017 年 5 月 28 日